探索
希伯來書

Exploring Hebrews

一本靈修注譯書

喬治‧賴特◎著

獻詞

謹以此書獻給比爾・莊遜（Bill Johnsson），
他下了許多功夫幫助我明白希伯來書的壯麗。

聖經的版本和譯本

◆

英文聖經譯本

KJV（King James Version）《欽定版譯本》

RSV（Revised Standard Version）《修訂標準版譯本》

NIV（New International Version）《新國際版譯本》

NASB（New American Standard Bible）《新美國標準版譯本》

ESV（English Standard Version）《英文標準版譯本》

TM（The Message）《信息版譯本》

◆

中文聖經譯本

《新標點和合本》

《聖經新譯本》

《現代中文譯本》

目錄

第八編　耶穌─在信仰生活上效法祂

第九編　結語

《聖經探索叢書》的出版構思

　　《探索希伯來書》是我希望能夠收編為一系列簡明的靈修注釋叢書的第一冊，藉以幫助讀者更明白聖經。《聖經探索叢書》雖然按照平信徒的需要和能力為依歸，但深信牧者和其他教會領袖也能從中獲益。

　　除了適合個人靈修之用，《聖經探索叢書》的「探索」格式將有助教會作小組研習之用，也會加強組員在每週聚會的參與程度。為了方便個人和小組的研讀，每一冊《聖經探索叢書》皆備有一本包含十三課的研習指引，幫助讀者從淺讀聖經邁向研究聖經。（要下載免費的英文研習指引，可登入www.adventistbookcenter.com 搜尋Exploring Hebrews，然後點擊 "Click for Details"，按照顯示在網頁底部的指示下載。）

　　最好視每一冊《聖經探索叢書》為一本靈修注釋書。除了力求展現每段經文的釋經學原意（exegetical meaning），作者不會停在這原意中，而還會進一步把經文的意義實際應用到二十一世紀信徒的日常生活之中。

　　《聖經探索叢書》並不專注於研究每一節經文的細節，而是讓讀者能整體的掌握每卷書的主題和風格，及每段經文如何切合經文的上下文義。故此，此系列不會試圖解決所有疑難或回答一切與某段經文相關的所有疑問。

　　為力求做到簡明易懂，《聖經探索叢書》的舊約和新約系列會處理每一卷書的全部經節。每一章把經文分成小段，緊接著經文的是注釋部分。這樣，讀者便無需來回又翻聖經又翻注釋。

　　關於注釋部分的份量，乃務求做到足夠解釋有關主題，又同時切合個人、家庭、或小組的研讀需要。

　　每一卷書的譯本都是出自我個人手筆，並沒有版權。雖然譯

文是根據原文翻成，但我同時也參考了幾個英語譯本。我的譯本並不追求以技術取勝，而是希望能夠考慮翻譯的各方面問題，並盡量保留經文的原意。要達成這個目標，我盡可能採取逐字逐句的翻譯原則，當直譯不能夠充分表達神的信息時，我就按照原文和文化的意思，翻譯成當代的英語[註1]。

喬治・賴特
安得烈大學
密西根州柏林泉市

註1：本書每一章的經文小段全部採用《新標點和合本》聖經。若作者之譯本對經文的解釋構成特殊意義，則譯者會加註說明，或把作者的譯本翻成中文，並以「作者譯本」註明，或採用《新譯本》聖經及《現代中文譯本》聖經，或按照作者所引用之英文譯本翻成中文。原書無註，所有附註均為譯者加上。

前言

希伯來書在聖經中並不是最淺白的經文，但研讀它卻可能最使人獲益。它不僅提供了耶穌在二千年前升天之後一直為基督徒工作的事，還讓男女信徒們日常生活有所依憑。再者，它讓讀者對神和對神的應許有無比的信心，並為每一位提供絕無僅有的原動力，去持守基督徒的道路。

我的生命因為閱讀希伯來書而改變。由於它的信息會使你的屬靈生命充滿力量，因此它也同樣會改變你。它能夠支持處於靈性高峰的信徒，也同時讓處於靈性低潮的信徒重新振作。故此，這本書適合所有不論處於任何境況中的信徒。

這冊靈修注釋書可作為一般的讀物，又可配合研習指引一併使用。本注釋書幫助讀者明白希伯來書的信息，以及有關信息如何應用在個人和信徒群體身上，研習指引則幫助個人靈修的讀者尋找到希伯來書的意思。

我特別感謝邦妮·貝爾斯為手稿打字；感謝杰拉爾·惠勒指導本書的整個出版過程；感謝珍妮特·R·約翰遜在我首次提出本書出版計畫時予以鼓勵；我還要感謝安得烈大學給與時間和支持，讓我進行研究和寫作。

我相信讀者會因為《探索希伯來書》而蒙福，因為他們學習更認識神，並應用所學去活出完全信靠的生命。

《希伯來書》導論

　　你即將開始研究聖經最重要書卷中的一卷。但在進入希伯來書的本文之前，先看看一些背景將對我們有幫助。

希伯來書的寫作目的

　　關於希伯來書的寫作目的，作者惟一說得明顯的話記載在來13：22，經文稱他的作品為「勸勉的話」。如果這短語的意思跟徒13：15所記載的相若，那就表明這封信最初的來源，是在某個特定場合所作的一次講道，之後在講章的結尾附上個人的問安（來13：20–25），使之符合書信的體裁。

　　這一篇風格獨特的講章瀰漫著大量的神學思想，不過，在神學論證中作者又會稍作停頓，以便給與讀者實用的生活原則，包括警告和應許。

　　講道者的目的可見於講章的警告之中。這本書警戒其讀者，切莫從基督的信息中隨流失去（2：1）、被誘惑不信（3：7–12）、硬心（3：13–15）、靈性不長進（5：11–14）、把神的兒子重釘十字架（6：6）、踐踏神的兒子（10：29）、褻漫施恩的靈（10：29）、棄絕神的警告（12：25）。有些人已經停止教會聚會（10：25），有些則甚至可能已經公然離棄基督（6：4–6；10：26–31）。

　　這篇講章的收信人，不用懷疑就是希伯來的基督徒，他們已經接受了新的信仰，卻因為漸漸心生厭倦，如今正與誘惑他們重返他們所熟悉的、安舒的猶太傳統而搏鬥。

　　他們是要回歸猶太教，或是要設法同時堅持猶太教和基督教信仰，要理解這使他們迷惑的想法並不太難。畢竟，基督教能夠給他們的，跟之前的信仰所帶給他們的壯觀禮儀，兩者不能同日

而語。取代那仍然顯眼地存在、且輝煌燦爛的聖殿的，是基督徒
要在家庭中聚會，他們連一個聚集的中心地點都沒有。除此之
外，尚在襁褓階段的基督教運動既沒有地上的祭司，也沒有獻
祭。使徒行傳顯示，早期基督徒在一定程度上還繼續參與聖殿的
活動。於是很自然地，有人可能前所未有地強烈感到要返回猶太
教的祭儀，尤其是當他們面對的困難時刻愈多，而迫害又逐漸開
始升溫，正如他們在主後第一世紀六十年代所遭遇到的處境。在
這樣的環境下，信徒終於覺悟到以往的道路愈來愈有吸引力。

　　希伯來書在回應上述的心態與恐懼時，力陳基督教實際上在
每一方面皆比猶太教優勝。基督教有更美的聖所、更美的祭司職
任、更美的祭物、更美的約、還有更美的應許。此外，希伯來書
的作者又提出神學理據，解釋為甚麼基督教沒有舊有的祭祀。
耶穌「只一次」的死亡（7：27；9：12、26；10：10、12、14），並且把祭
司的職事轉移到天上（8：1-6）註1，就給舊的獻祭制度劃上句號。
一位作者解釋：「沒有祭祀正是新信仰最大的榮耀」（D. Guthrie, p.
33）。故此，對於凡蓄意背離那又新又優越之道路的人，警告的
經文向他們提出會招致的嚴重後果。

　　他們問題的解決辦法是，要鄭重所聽見的道理（2：1）、要
堅持（3：6、14；10：23）、要彼此相勸（3：13）、要竭力進入神的安
息（4：11）、要握緊基督教的盼望（6：18）、要追念往日蒙了光照
（10：32）、要忍耐（10：36；12：1）、信徒之間要有團契生活（10：
25），而最重要的，要有信心（11：1-40）。

　　希伯來書力言，當它的讀者明白耶穌的優越，祂的獻祭和祂
的祭司職事，他們便不會拒絕基督教「這麼大的救恩」（2：3）。
那些有信心又堅持到底的人，將與各世代的信心英雄一同進入神
的安息（11：39、40；參見本書第4章）。可是那些在明白了基督的事工的

重要性後，卻仍然繼續拒絕祂的人，他們是沒有盼望的（6：4-6；10：26、27）。

因此，這講章的訴求躍然紙上。希伯來書的作者渴望他的每位讀者正面回應基督。

《希伯來書》的主題

希伯來書的最重要主題可說浩如煙海，這可見於某些關於本書信的書名及其副題：《最聖潔的》（The Holiness of All）、《獻祭之後》（After the Sacrifice）、《又新又活的道路》（The New and Living Way）、《警告的書信》（The Epistle of Warning）、《致客旅書》（Letter to Pilgrims）、《有福的確據》（Blessed Assurance）、《讓我們向前進》（Let Us Go On）、《祭司職事書信》（The Epistle of Priesthood）、《懷著感恩的心堅持下去》（Perseverance in Gratitude）、《無比的信心》（In Absolute Confidence）。這每一本書均把希伯來書集中在一個不同的主題上，但又沒有忽略其他主題。這些主題可以概括為幾個廣義的題目：

一、耶穌的偉大

檢視上述作品的書名，顯示每本作品的焦點最終都是圍繞在耶穌身上。就是略略把希伯來書讀一遍，自會發現基督在整封信所處的中心位置。事實上，本信的頭四節經文，正是全本聖經最提綱挈領論及耶穌的經文之一。

那四節經文先為本信隨後的內容打穩基礎：當中的和諧布局顯示在於：第1章論到耶穌的神性，第2章討論祂的人性，第3和第4章將祂的優越性與摩西及約書亞的優越性做比較，第5至第7章論到祂更美的祭司職任，第8至第10章談到祂更美的約，第11至第13章指出基督是更美的路。散見於全本書的，還有基督再來的盼望，及耶穌是信心的創始成終者和開路先鋒。

希伯來書是關於耶穌基督和祂對我們的意義的一本卓越作品。還有，本書信展現了對耶穌的生命與職事的兩個反應——**信心與罪**。

二、信心

信靠基督一次的祭，並且信靠祂在天上的職事，才是最明智的抉擇，作者對此毫不懷疑。歷代以來，基督徒恰當地視希伯來書第11章為聖經中最偉大的信心經文。然而實情是，信心這個主題在全本書中俯拾皆是。信心是神客旅子民的身分標記。以下由威廉・尼爾（William Neil）所寫的話相當正確：「儘管表面看來，希伯來書似乎很關心猶太祭司與猶太祭祀，實際上此書卻是一個深切的基督教呼召，衷心呼籲人不論發生甚麼事情都要信靠神」（Neil, p. 18）。

三、罪

要是信靠是對耶穌正面的回應，那麼犯罪就是負面的回應。在兩段眾所周知的經文中（6：4−6；10：26−31），作者把拒絕耶穌的嚴重性舖陳出來。那些在真正明白基督教信息之後卻仍然棄絕耶穌的人，最終會落在了無希望的境地。在某種意義上，對於所有曾犯了拒絕祂的祭與職事的人，或者正處於這種危險中的人，希伯來書呼籲他們信靠耶穌。

四、救恩與充足的信心

這本書有一個最感動人心的重點是在來7：25，它說：「凡靠著他進到神面前的人，他都能拯救到底；因為他是長遠活著，替他們祈求。」

凡接受耶穌的人都「有這指望，如同靈魂的錨，又堅固又牢靠」（6：19），他們有「永遠的救贖」（9：12，新譯本），同時靠耶穌存著「充足的信心」得勝（10：22）。

另一方面，凡拒絕耶穌的祭和祂職事的就只有滅亡。他們一再釘死神的兒子，褻瀆祂為約所流的血，又褻慢施恩的聖靈。對於這樣的人，「贖罪的祭就再沒有了」（10：26－31；6：4－6）。他們已經拒絕了那惟一能夠抵銷罪的刑罰與權勢的祭物與事奉。

五、作客旅的基督徒生活

在世上，神的跟從者向來就是寄居的，是作客旅的。好像第11章中的偉人一樣，基督徒追求那超越這個世界的快樂，因為他們期待一個永恆的歸宿。他們和亞伯拉罕一樣，渴望一個在天上更美的家鄉，地上的生命對亞伯拉罕和對他們來說，都不過是一趟客旅奔走天路的歷程而已（11：13－16）。不只是整個猶太歷史中的男女信心偉人，連耶穌——信心的創始成終者與開路先鋒——也都在這個信心客旅之列。

六、基督再來

希伯來書反覆專注於天上的安息，這安息將要在耶穌再來時臻於完滿。「基督既然一次被獻，擔當了多人的罪，將來要向那等候他的人第二次顯現，並與罪無關，乃是為拯救他們。」（9：28）本書提到基督再來「那日子」的臨近，藉以激發有信心的生活樣式（10：25）。「因為還有一點點時候，那要來的就來。」（26節）因此，希伯來書勸告其讀者，切莫跟那些沉淪的人一同後退，終至滅亡（10：37－39）。他們反而應該保持信心，並且接受神歷代以來賜給忠於祂的子民的應許（11：39、40）。

《希伯來書》的結構

眾所周知，要替希伯來書理出其寫作大綱是困難的，其主要原因似乎是因為作者以兩條思路來建構全書的內容。一條是神學論證的主線，集中討論基督的優越，特別是祂大祭司的職事。另

一條則是一系列的實用原則。此兩條思路在整本希伯來書中交替出現。幾位作者替這本書的結構擬出大綱如下（參閱Craddock, p. 16）：

神學闡釋　　1：1－14

實用勸勉　　2：1－4

神學闡釋　　2：5－3：6

實用勸勉　　3：7－4：16

神學闡釋　　5：1－10

實用勸勉　　5：11－6：20

神學闡釋　　7：1－10：18

實用勸勉　　10：19－13：25

兩條思路貫穿全本希伯來書，它們不是各不相干，而是互相呼應，結合成一個共同的主旨。

喬治‧格思里（George Guthrie）指出，每一條主線都由一個「中心點」來代表本書內容的高潮所在。他認為，來6：4－8是「實用勸勉」內容的中心點，經文說：「論到那些已經蒙了光照、嘗過天恩的滋味、又於聖靈有分，……若是離棄道理，就不能叫他們重新懊悔了。因為他們把神的兒子重釘十字架，明明地羞辱他。」（6：4、6）

格思里稱，來8：1、2是神學闡釋內容的中心點，經文說：「我們所講的事，其中第一要緊的，就是我們有這樣的大祭司，已經坐在天上至大者寶座的右邊，在聖所，就是真帳幕裏，作執事；這帳幕是主所支的，不是人所支的」。兩節經文位於本書信兩個含有教導內容的大段落中間，即在5：1－10：18之間，為兩個大段落提供了一個過渡。第一個大段落（5：1－7：28），是關於耶穌被神立為大祭司；第二個大段落（8：3－10：18），描述被立的大祭司所獻更優越的祭。第8章的前兩節經文，在這兩大段經文中

間提供一個最重要的過渡（G. Githrie, Structure of Hebrews, pp. 146, 106）。

格思里解釋，兩組內容（神學論證與實用原則）「分道揚鑣，卻又朝著同一個目標亦步亦趨。每一組內容以各自的方式，達成激勵聽眾（在基督徒道路上）「能夠堅持不懈的目標」，「神學闡釋的內容藉著聚焦在被召的大祭司身上，以祂為信徒堅持到底的更優越基礎，來達成目標；勸勉的經文，則是透過重複的警告，應許及榜樣來激勵聽眾堅守信仰來達成目標。」（同上書p. 146）

下述大綱的思路，是以耶穌更美的祭司職任的神學論據為中心，我在適當的位置概括地使用「警告」和「應許」的字眼，來標記勸勉部分的大綱。

《希伯來書》的大綱

一、耶穌的優越（1：1–4）

二、耶穌比天使尊貴（1：5–2：18）

　　1. 耶穌的神性（1：5–14）

　　2. **警告**：聽從祂的話（2：1–4）

　　3. 耶穌的人性（2：5–18）

三、耶穌比摩西，約書亞更優越（3：1–4：13）

　　1. 摩西是僕人，耶穌卻是兒子（3：1–6）

　　2. **警告**：不可硬心（3：7–11）

　　3. **警告**：信徒務要堅持到底，好叫他們進入基督的安息（3：12–19）

　　4. **應許**：耶穌給與的安息，比約書亞給與的迦南安息更美（4：1–11）

　　5. **警告**：神的道能辨明人心中的思念與主意（4：12、13）

四、耶穌比亞倫優越（4：14–6：20）

1. **應許**：靠著大祭司耶穌，基督徒得到神全面的幫助
（4：14－16）

2. 耶穌具備作大祭司的資格（5：1－10）

3. **警告**：不要作不成長的基督徒（5：11－6：3）

4. **警告**：凡選擇離棄道理的人別無指望（6：4－8）

5. **應許**：神希望把更美的東西賜給基督徒，包括更確切充足的指望（6：9－12）

6. **應許**：神藉著耶穌的祭司職任，賜下如錨一般堅固牢靠的指望（6：13－20）

五、耶穌有更美的祭司職任（7：1－28）

1. 耶穌的祭司職任更美，因為麥基洗德的祭司職任比利未祭司職任更優越（7：1－10）

2. 耶穌的祭司職任更美，因為那是永遠長存的祭司職任（7：11－19）

3. **應許**：耶穌的祭司職任，能夠拯救凡靠著祂來到神面前的人（7：20－28）

六、耶穌有更美的約（8：1－10：18）

1. 祂在更美的聖所供職，就是在天上的真聖所（8：1－5）

2. 祂的職任本於更美的應許與更美的約（8：6－13）

3. 祂的事奉是有效的，因為那事奉是本於更美的獻祭（9：1－10：18）

七、信靠耶穌有更美的道路（10：19－11：40）

1. **警告**：由於盼望是仰賴耶穌的祭與事奉，故此凡選擇不斷拒絕祂的人都沒有盼望（10：19－31）

2. **應許**：凡堅持忍耐到底的基督徒，將得到極大的賞賜（10：32－39）

3. 舊約聖經提供了正面的榜樣（11：1-40）

八、在信仰生活上效法耶穌（12：1-13：17）

　　1. 基督是基督徒的榜樣，也是忍耐之心的創始成終者
　　　（12：1-2）

　　2. 作為神的兒女，基督徒在忍受神的管教時，要仰望耶穌
　　　（12：3-17）

　　3. **應許**：基督徒有耶穌作他們的中保，並有天上耶路撒冷的
　　　　國民身分（12：18-24）

　　4. **警告**：不要拒絕耶穌，因為凡如此行的將難逃滅亡
　　　（12：25-59）

　　5. 基督徒要彼此相愛（13：1-6）

　　6. 實用勸勉（13：7-17）

九、結語（13：18-25）

關於作者、寫作年代、收信人

　　關於作者的身分、希伯來書完全沒有記載。歷史上不同的論者認為，此書是出自包括保羅、亞波羅、巴拿巴等不同人的手筆。關於此書是由某位作者寫成的記載，最早由亞歷山大的教父革利免（Clement of Alexandria, c. 150-215）提出，他認為此信先由保羅以希伯來文撰寫，再由路加將之翻譯成希臘文。就其內容、文體、及語言風格來說，這書跟保羅已為人知的作品比較，既有雷同之處，又有明顯之別。嘗試調和這些相似及差異的論者提出，也許是保羅的某位傳道伙伴，在使徒保羅的指導下執筆成書。好消息是關於作者的問題，並不會影響我們理解本書信的信息。正因如此，本靈修注釋書跟隨希伯來書的文本，只以「我們的作者」或之類的稱謂來稱呼撰文者。

　　跟作者的身分一樣，本信的本文沒有記載成書的日期。由於
希伯來書給人的印象是，猶太人的獻祭制度及其祭司服事仍運作
如常，因此其作者可能是在公元70年猶太聖殿被毀之前撰寫此
書。如休‧蒙特菲阿爾（Hugh Montefiore）指出：「廢除舊的約最有力
的論據，原本應該是聖殿的被毀」（Montefiore, p. 3），書中卻沒有提
及這個論點，足見成書之時聖殿依然存在。

　　本書信的收信人，如信的名稱所指，有可能是猶太人基督
徒。從信的內容判斷，收信人是猶太人信徒而不是外邦人信徒。
文中滲透了舊約聖經的典故與引文，猶太祭儀，還有基督與諸如
摩西等猶太民族領袖之比較。因此，本書信的主題是針對猶太基
督徒為目標聽眾，或許「他們曾為了要果斷地跟猶太宗教一刀兩
斷而猶豫不決」（Morris, p. 5）。關於收信人所處的地理位置，本信
未提供足夠的資料以做出任何明確的結論。

《希伯來書》對二十一世紀的適切性

　　希伯來書在新約聖經中絕不是最受歡迎的作品。書中談到的
動物祭牲、祭司及各種祭祀活動，都是現代人不關心的世界。年
輕的司布真（Charles Haddon Spurgeon）是他的年代的偉大佈道家之一，
他以這樣的話表達了不少人對希伯來書的看法：「關於希伯來書
相當多的陳述，我有很鮮明——或者說得確切一點——難以忍受
的記憶，這記憶深深在我的腦海中，留下了令人最不快的印象。
我曾多麼希望希伯來人把這信留給他們自己好了，因為這信曾經
令一個外邦小子感到煩惱。」（Spurgeon, vol. 1, p. 48）

　　可是，儘管本信的示例並非經常對應我們的世界意識，信中
最主要的觀點對二十一世紀初期的重要問題，還是有顯著的關
聯。

就是對收信人的描繪也出乎意外地現代。基督徒依然遇到試探，在遇到逼迫，或者，在為了一件不大可能發生的事情感到沮喪時，便想放棄對基督再來的盼望。或許基督教不是他們問題的答案；又或許世俗主義，還有科技驚人的發現才是更好的道路；或許他們參加的那個死氣沉沉的小教會，在神的眼中顯得微不足道；或許一個朝氣蓬勃的超鉅型教會（megachurch）註2，又或者高度重視禮儀之教會（highly liturgical church）的隆重儀式才是答案。

許多人要抵抗的誘惑，是索性退出教會，停止聚會，完全忘記教會。然而，希伯來書鼓勵基督徒，不管表面情況如何，要堅持到底。本信告訴我們，基督徒的道路不是追求眼所能見的，而是追求眼所不能見的。

比爾·莊遜（Bill Johnsson）指出，希伯來書的最核心信息，乃是讓信徒對基督有「無比的信心」，他說：「我們的需要是跟希伯來信徒一樣，聆聽同一番信息。一定要有人提醒我們，我們所信奉的宗教的**真相**，這宗教無可比擬的**價值**——得有人再一次告訴我們神的榮耀，並且以一種我們能夠領會的方法告訴我們，好讓我們醒悟過來。我們必定要再次聽這道理，因為我們的宗教如此偉大，我們一定要以**認真**的態度對待。要是我們能夠領會救恩的莊嚴之處，要是我們能夠了解救恩超越的一面，以及救恩的神聖真相，我們便不會再做一個蒼白無力的基督徒。我們或者便會挺胸昂首，以堅定不移的目光去觀看世界。然後我們應該可以肯定知道，我們**到底是誰**，和我們將要成為**怎麼樣的人**」。對基督有無比的信心是人類最大的需要，「我們要對自己在神面前的地位有無比的信心，確信祂的國度至終勝利。」（Johnsson, In Absolute Confidence, pp. 30, 31）

根據希伯來書所說，那無比的信心就是仰賴**耶穌的身分**—作

為人和作為神的耶穌，並要仰賴**耶穌的工作**，就是祂為全人類一次獻上的祭，以及祂作為我們在天上聖所的崇高大祭司所做之工。因著基督的身分與工作，作基督徒的我們「只管坦然無懼地來到施恩的寶座前，為要得憐恤，蒙恩惠，作隨時的幫助」（4：16）；我們得以有勇氣，因為「凡靠著他進到神面前的人，他都能拯救到底；因為他是長遠活著，替他們祈求」（7：25）；我們得以「存著誠心和充足的信心來到神面前；……堅守我們所承認的指望，不至搖動，因為那應許我們的是信實的」（10：22、23）；我們得以相信，基督將要再來「向那等候他的人第二次顯現，……為拯救他們」（9：28）。

無比的信心對於我們這些依靠基督的人很重要，因為，面對今天我們世上眼目可見的榮華盛況，要為神和祂的國度而活真不容易（這從來就不容易）。雷蒙德・布朗（Raymond Brown）指出，「希伯來書知道，一個信徒若為了作基督徒而遭到排斥，其所付出的代價是，他們可能有時會感到被社會孤立，或者被同時代的人反對。這封信把耶穌描繪成一位憐憫的祭司，祂可以解答孤單這個問題。因著祂自己也曾經歷過困難，逆境，被拒絕，祂能夠透徹了解我們的『軟弱』。雖然如今祂已經是升入高天的主（4：14、15），是神尊貴的兒子，祂卻也是那位曾經受過百般試探，進而取得勝利的，滿有憐憫的人子。希伯來書所強調的真理是，在天上有一個人，當祂在世時祂有過艱困的經歷，祂忍受人們的敵對，祂知道我們的感受。希伯來書提醒我們，我們壓根兒不孤單，因為那位曾經在世的主仍然有憐憫和力量，祂是我們永不改變的朋友，與我們一同經歷每天的生活，並且決心與祂的子民永遠在一起（13：8）。」（R. Brown, p. 25）

故此，希伯來書有永恆的適切性，因為每一代的基督徒都需

要鼓勵，這也解釋了希伯來書第11章一直廣受歡迎的原因。這章經文呈現了舊約時代的信心英雄，把無比的信心寄託在相信神的應許之上。再者，經文引導困惑的信徒超越他們日常遇到的生活問題，超越每天在生命中可見的境況，從而追求那眼不能見的領域，就是那更偉大的真相，並且追求那座「神所經營所建造的」城（11：10）。由此觀之，希伯來書不僅把信徒指向那在過去和現在無比信心的根基（基督的祭與事奉），還指向耶穌再來這件榮美的未來事件，到那時，祂完成了祂的職事，就要為每位接受祂最重要的祭、職事、與聖約的人，完成祂已經展開了的事工。

英文書目

Ante – Nicene Fathers（《尼西亞前教父》）, 10 vols. Alexander Roberts, et al, eds. Peabody, Mass.: Hendrickson, 1994.

Apostolic Fathers（《使徒教父》）, 2d ed. J. B. Lightfoot and J. R. Harmer, trans. Michael W. Holmes, ed. Grand Rapids: Baker, 1989.

Balz, Horst and Gerhard Schneider, eds. Exegetical Dictionary of the New Testament（《新約釋經詞典》）, 3 vols. Grand Rapids: Eerdmans, 1990－1993.

Barclay, William. The Letter to the Hebrews（《致希伯來人書》）, 2d ed. The Daily Study Bible. Edinburgh: Saint Andrews Press, 1957.

Barton, Bruce B., Dave Veerman, and Linda K. Taylor. Hebrews（《希伯來書》）. Life Application Bible Commentary. Wheaton, Ill.: Tyndale House, 1997.

Berkouwer, G. C. Sin（《罪》）. Grand Rapids: Eerdmans, 1971.

Brown, John. Hebrews（《希伯來書》）. A Geneva Series Commentary. Edinburgh: Banner of Truth Trust, 1961.

Brown, Raymond. The Message of Hebrews: Christ Above All（《希伯來書的信息：基督至上》）. The Bible Speaks Today. Downers Grove. Ill.: InterVarsity Press, 1982.

Bruce, Alexander Balmain. The Epistle to the Hebrews: The First Apology for Christianity（《使徒致希伯來人書：基督教的第一卷護教書》）. Edinburgh: T & T Clark. 1899.

Bruce, F. F. The Epistle to the Hebrews（《使徒致希伯來人書》）, 2d ed. New International Commentary on the New Testament. Grand Rapids: Eerdmans, 1990.

Buchanan, George Wesley. To the Hebrews（《致希伯來人書》）. The Anchor Bible. Garden City, N. Y.: Doubleday, 1972.

Calvin, John. Commentaries on the Epistle of Paul the Apostle to the Hebrews（《使徒保羅致希伯來人書注釋》）. John Owen, trans. Grand Rapids: Baker, 1999.

Charlesworth, James H., ed. The Old Testament Pseudepigrapha（《舊約偽經》）, 2 vols. New York: Doubleday, 1983, 1985.

Craddicj, Fred B. "The Letter to the Hebrews." In The New Interpreter's Bible（〈致希伯來人書〉，載於《新解經者聖經》）. Leander E. Keck, ed. Nashville: Abingdon, 1998, XII: 1-173.

Delitzsch, Franz. Commentary on the Epistle to the Hebrews（《使徒致希伯來人書注釋》）, 2 vols. Thomas L. Kingsbury, trans. Edinburgh: T & T Clark. 1878, 1872.

DeSilva, David A. Perseverance in Gratitude: A Socio-Rhetorical Commentary on the Epistle "to the Hebrews."（《懷著感恩的心堅持下去：希伯來書的社會修辭學注釋》）Grand Rapids: Eerdmans, 2000.

Dods, Marcus. "The Episle to the Hebrews." In The Expositor's Greek Testament（〈使徒致希伯來人書〉，載於《評註者的希臘文聖經》）. W. Robertson Nicoll, ed. Grand Rapids: Eerdmans, 1988, IV: 219-381.

Ellingworth, Paul. The Epistle to the Hebrews（《使徒致希伯來人書》）. New International Greek Testament Commentary. Grand Rapids: Eerdmans, 1993.

Guthrie, Donald. The Letter to the Hebrews（《致希伯來人書》）. Tyndale New Testament Commentaries. Grand Rapids: Eerdmans, 1983.

Guthrie, George H. Hebrews（《希伯來書》）. The NIV Application Commentary. Grand Rapids: Zondervan, 1998.

——. The Sturcture of Hebrews: A Text-Linguistic Analysis（《希伯來書的結構：文本語意的分析》）. Grand Rapids: Baker, 1998.

Hagner, Donald A. New International Biblical Commentary（《新國際聖經注釋》）. Peabody, Mass.: Hendrickson, 1990.

Henrichsen, Walter A. After the Sacrifice（《獻祭之後》）. Grand Rapids: Zondervan, 1979.

Heppenstall, Edward. "The Covenants and the Law." In Our Firm Foundation（《我們的堅固根基》）, 2 vols. Wahsington, D. C.: Review and Herald, 1953, I: 435-492.

Heschel, Abraham J. The Prophets（《先知》）, 2 vols. New York: Harper Torchbookds, 1962.

Hewitt, Thomas. The Epistle to the Hebrews: An Introduction and Commentary（《使徒致希伯來人書：簡介與注釋》，丁道爾新約注釋）. Tyndale New Testament Commentaries. Grand Rapids: Eerdmans, 1960.

Holbrook, Frakn B., ed. Issues in the Book of Hebrews（《關於希伯來書的問題》）. Daniel and Revelation Committee Series. Silver Spring, Md.: Biblical Research Institute, 1989.

Hughes, Philip Edgecumbe. A Commentary on the Epistle to the Hebrews（《使徒致希伯來人書注釋》）. Grand Rapids: Eerdmans, 1977.

Jewett, Robert. Letter to Pilgrims: A Commentary on the Epistle to the Hebrews（《寫給客旅的信：使徒致希伯來人書注釋》）. New York: pilgrim Press, 1981.

Johnsson, William G. "Day of Atonement Allusions." In Issues in the Book of Hebrews (〈贖罪日的典故〉，載於《關於希伯來書的問題》), Frank B. Holbrook, ed. Silver Spring, Md.: Biblical Research Institute, 1989, pp. 105-120.

——. "Defilement/Purification and Hebrews 9:23." In Issues in the Book of Hebrews (〈污穢與潔淨，來9：23〉，載於《關於希伯來書的問題》), Frank B. Holbrook, ed. Silver Spring, Md.: Biblical Research Institute, 1989, pp. 79-103.

——. Hebrews: Full Assurance for Christians Today. Abundant Life Bible Amplifier (《希伯來書：給今日基督徒充足的信心》，豐盛生命聖經放大器). Boise, Idaho: Pacific Press, 1994.

——. In Absolute Confidence: The Book of Hebrews Speaks to Our Day (《處於無比的信心中：希伯來書給我們這個世代的話》). Nashville: Southern Pub. Assn., 1979.

Josephus. Complete Works (《約瑟夫作品全集》). William Whiston, trans. Grand Rapids: Kregal, 1960.

Kittel, Gerhard, and Gerhard Friedrich, eds. Theological Dictionary of the New Testament (《新約聖經詞典》), 10 vols. Grand Rapids: Eerdmans, 1964-1976.

Knight, George R. My Gripe With God: A Study in Divine Justice and the Problem of the Cross (《我緊握神：神的公義與十字架問題之研究》). Washington, D. C.: Review and Herald, 1990.

——. The Pharisee's Guide to Perfect Holiness: A Study of Sin and Salvation (《全然聖潔——法利賽人的指南：罪與救恩的研究》). Boise, Idaho: Pacific Press, 1992.

Koster, Craig R. Hebrews: A New Translation With Introduction and Commentary. The Anchor Bible (《希伯來書：新譯本，附簡介與注釋》，安克聖經大辭典). New York: Doubleday, 2001.

Lane, William L. Hebrews. 2 vols. Word Biblical Commentary (《希伯來書》，文字聖經注釋). Dallas: Word Books, 1991.

Lenski, R. C. H. The Interpretaion of the Epistle to the Hebrews and the Epistle to Jude (《希伯來書與猶大書之解釋》). Minneapolis: Augsburg, 1966.

Long, Thomas G. Hebrews. Interpretation: A Bible Commentary for Teaching and Preaching (《希伯來書》，教學與講道聖經注釋). Louisville: John Knox, 1997.

Luter, Martin. Commentary on Romans (《羅馬書注釋》). J. Theodore Mueller, trans. Grand Rapids: Kregal, 1954.

——. Luther's Works (《路德作品全集》), vol. 35, E. Theodore Bachmann, ed. Philadelphia: Muhlenberg Press, 1960.

Mishnah: A New Translation (《米示拿新譯本》). Jacob Neusner, trans. New Haven, Conn.: Yale, 1988.

Moffatt, James. A Critical and Exegetical Commentary on the Epistle to the Hebrews. The Internation Critical Commentary (《使徒致希伯來人書：評論與解釋》，國際評經注釋). Edinburgh: T & T Clark, 1924.

Montefiore, Hugh. A Commentary on the Epistle to the Hebrews (《希伯來書注釋》) Harper's

New Testament Commentaries.（《新約注釋》）San Francisco: Harper & Row, 1964.

Morris, Leon. "Hebrews." In The Expositor's Bible Commentary（《希伯來書》，載於《評註者聖經注釋》）. Frank E. Gaebelein, ed. Grand Rapids: Zondervan, 1981, XII: 1-158.

Murray, Andrews. The Holiest of All: An Exposition of the Epistle to the Hebrews（《最聖潔的：使徒致希伯來人書評註》）. Grand Rapids: Fleming H. Revell. 1993.

Nairne, Alexander. The Epistle of Priesthood: Studies in the Epistle to the Hebrews（《祭司職任書：使徒致希伯來人書之研究》）. Edinburgh T & T Clark, 1913.

Neil, William. The Epistle to the Hebrews. Torch Bible Commentaries（《使徒致希伯來人書》，亮光聖經注釋）. London: SCM Press, 1955.

Nicene and Post-Nicene Fathers（《尼西亞和後尼西亞教父》）first series, 14 vols. Philip Schaff, ed. Peabody, Mass.: Hendrickson, 1994.

Nichol, Francis D., ed. The Seventh-day Adventist Bible Commentary（《基督復臨安息日會參考文庫・聖經注釋》）, 7 vols. Washington, D. C.: Review and Herald, 1953-1957, VII: 387-494.

Owen, John. Hebrews: The Epistle of Warning（《希伯來書：警告的書信》）. Grand Rapids: Kregal, 1953.

Philo. The Works of Philo（《斐羅作品全集》）, new and updated ed. C. D. Yonge, trans. Peabody, Mass.: Hendrickson, 1993.

Robertson, Archibald Thomas. Word Pictures in the New Testament（《新約聖經的文字圖畫》）, 6 vols. Grand Rapids: Baker, 1960.

Robinson, Theodore H. The Epistle to the Hebrews. The Moffatt New Testament Commentary（《使徒致希伯來人書》，莫法特新約聖經注釋）. New York: Harper, n.d.

Rogers, Cleon L., Jr. and Cleon L. Rogers III. The New Linguistic and Exegetical Key to the Greek New Testament（《希臘文新約聖經：新語意與釋經研究》）. Grand Rapids: Zondervan, 1998.

Schnnemelcher, Wilhelm. New Testament Apocrypha（《新約次經》）, 2 vols., rev. ed. R. McL. Wilson, trans. Louisville: Westminster/John Knox, 1991, 1992.

[Spurgeon, C. H.] C. H. Spurgeon Autobiography（《司布真傳》）, 2 vols., rev. ed. Originally compiled by Susannah Spurgeon and Joseph Harrold. Edinburgh: Banner of Truth Trust, 1962, 1973.

Stedman, Ray C. Hebrews. The IVP New Testament Commentary（《希伯來書》，IVP新約聖經注釋）. Downers Grove, Ill.: InterVarsity, 1992.

Stott, John R. W. The Cross of Christ（《基督的十字架》）. Downers Grove, Ill.: InterVarsity, 1986.

Thomas, W. H. Griffith. Hebrews: A Devotional Commentary（《希伯來書：靈修注釋》）. Grand Rapids: Eerdmans, 1961.

Trench, Richard Chenevix. Synonyms of the New Testament（《新約聖經的同義字》）. Grand Rapids: Baker, 1989.

Turner, George Allen. The New and Living Way: A Fresh Exposition of the Epistle to the Hebrews（《又新又活的道路：使徒致希伯來書之新評注》）. Minneapolis: Bethany Fellowship, 1975.

Vermes, Geza, trans. and ed. The Complete Dead Sea Scrolls in English（《死海古卷英語全集》）. New York: Allan Lane; The Penguin Press, 1997.

Vincent, Marvin R. Word Studies in the New Testament（《新約聖經字詞研究》）, 4 vols. Mclean, Va.: Macdonald Publishing, n.d.

Walker, W. L. What About the New Theology?（《新約神學怎麼樣？》）Edinburgh: T & T Clark, 1907.

Westcott, Brooke Foss. The Epistle to the Hebrews（《致希伯來人書》）. Grand Rapids: Eerdmans, 1952.

懷愛倫《歷代願望》，台北：時兆出版社，2006年修訂版。

——.《善惡之爭》，台北：時兆出版社，1959年初版。

——.《先祖與先知》，台北：時兆出版社，1986年版。

——.《喜樂的泉源》，台北：時兆出版社，1997年版。

Wickham, E. C. The Epistle to the Hebrews（《使徒致希伯來人書》）. Westminster Commentaries. London: Methuen, 1910.

Wiley, H. Orton. The Epistle to the Hebrews（《使徒致希伯來人書》）, rev. ed. Kansas City, Mo.: Beacon Hill Press of Kansas City, 1984.

註1：職事（Ministry），或譯事奉，基督的職事包括了兩方面，一方面是祂在世時事奉人，包括傳講天國的福音、醫治、教導等；另一方面則是祂事奉父神，包括祂對神旨意完全的信服。而基督最大的事奉就是徹底獻上生命，為救贖罪人死在十字架上，這也是本文作者在頭兩章　再強調的「祭司式」職事。

註2：一般指每週聚會人數至少2,000人以上的教會，其特色是聚會地點多半在龐大，甚至華麗的建築物內進行，聚會模式採用現代音樂和多媒體工具。這類教會首盛行於美國，當中最多是無宗派的教會，但也有如神召會、美國長老會等宗派。超鉅型教會十分重視信徒的個人基督化道德教導，卻因此被批評忽視了對社會事務的關注，如社會不公義。

「你當竭力在上帝面前得蒙喜悅，
作無愧的工人，按著正意分解真理的道。」提摩太後書2：15

第一編 優越的耶穌
——導言

（來1：1-4）

聖子的本性

來1:1－3a

> [1] 神既在古時藉著眾先知多次多方地曉諭列祖，[2] 就在這末世藉著他兒子曉諭我們；又早已立他為承受萬有的，也曾藉著他創造諸世界。[3] 他是神榮耀所發的光輝，是神本體的真像，常用他權能的命令托住萬有。

試將你自己放在希伯來書首批收信人的位置。

生命真是沒有保障！生命真是不安全！生命在你決定成為基督徒之後更是充滿問題。

在你成為基督徒之前，你本來就必須面對生命一般的問題，可是自從成為基督徒之後，你的人生變得更加困難。你因為決志信主而導致生活困苦，而且逼迫又漸漸出現。除此之外，你已經有點疏遠猶太教、祭司制度、華麗的聖殿和當中的祭祀象徵、還有獻祭制度，這些曾經是你安定生命的保障，又是穩定你宗教經驗的錨。

你作為猶太基督徒的新鮮感已經日漸消失了，興奮的感覺已經過去，現在，不斷面對逼迫的你，開始重新估量當初的選擇。你是否選對了？你是否將那可以支持信仰的東西，去抵換一些不保證長遠平安的東西呢？該不該回頭去信猶太教？該不該重拾家

人和朋友的安慰嗎？

想像你是這群體的一分子。就在大家都無所適從之際，一個勸勉以書信的形式來到。這個教會（也許人數小得很，不會超過十五至二十人）聚集在某人的家中，教會領袖開始宣讀：「神既在古時藉著眾先知多次多方地曉諭列祖，**就在**這末世，藉著他兒子曉諭我們。」（來1：1–2）

信的內容沒有轉彎抹角，它針對讀者的心思和意念，其目的不僅為了帶來信息和信心，更是為了重振委身的意願。

這委身的基礎與委身給猶太教的基礎一模一樣——一、神的存在，二、神說話的事實。當猶太人讀創世記的頭三節經文，這兩方面就會在他們的腦海中閃過：「起初神創造天地……神說……」（創1：1、3）。

希伯來書第一個動詞的主詞是神，這是意味深長的，因為神是這本書的中心。新約聖經甚少提及神。希伯來書使用「神」這個字六十八次，利昂·莫里斯（Leon Morris）說：「平均而言，每七十三個字就出現一次」（Morris, p. 12）。

在希伯來書中神的存在固然重要，但更重要的是神並非被動的神，就像在舊約聖經中，祂是那位運行在人類生活中的神。尤有甚者，祂說話。按照聖經指出，人類從來沒有**發現神**。相反，是神**啟示**祂自己。希伯來書中的神與舊約聖經中的神都是積極主動的神。就像神在園中尋找匿藏的亞當和夏娃（創3：8–10）並向他們啟示自己一樣，祂也向世世代代的人啟示自己。

聖經中的神向迷失和慌張的人類說話。祂沒有撇下我們自生自滅，祂豐富的關懷無遠弗屆，將那引向安全和生命的道路啟示出來。

希伯來書宣告：「神既在古時藉著眾先知多次多方地曉諭列

祖，就在這末世，藉著他兒子曉諭我們」。這段經文的重點在於指出一個對比。

在舊約時代，神在燃燒著的荊棘中向摩西說話（出3：2-6），在聖殿的異象中向以賽亞說話（賽6：1-9），以微小的聲音向以利亞說話（王上19：12），在何西阿的家庭問題上跟他說話（何1：2）。神在不同時候啟示人時，曾利用異象、異夢、天使、烏陵和土明、自然現象，還有各種各樣的其他方法。

然而，所有這些神聖啟示的方法皆有一個共同性——它們都不完整。不管是個別地透過這些方法，還是集合所有這些方法一同使用，其所發出的信息都不能完全表達神向祂子民要說的話。到了現在，神自己親自說出最完整的信息。神最偉大的啟示是透過聖子耶穌表達出來的啟示。正如W・H・格里菲思・湯馬斯（W. H. Griffith Thomas）形容：「耶穌是完整的而非片斷的啟示；是永恆而非暫時的啟示；是最終的而非過渡的啟示；是在神裏面最大的而非屈居次等的啟示。」（Thomas, p. 21）。F・F・布魯斯（F. F. Bruce）以稍為不同的說法提出相同的觀點：「神啟示的故事，是一個向基督邁進卻不會超越基督的故事。」（Bruce, p. 46）

可是——也許希伯來書的收信人曾這樣想——是甚麼使基督的啟示至高無上的呢？為甚麼與給古時先知的啟示相比，基督的啟示更重要？

為了解答這些問題和疑難，希伯來書開宗明義就把理由列舉出來，指出聖子耶穌的啟示的優越之處。首先，耶穌不光是另一位先知，祂是被神「立為承受萬有的」（來1：5）。希伯來書引用詩2：8，當中提到彌賽亞（在來1：5重複），在此我們讀到聖子將承受列國的基業和地極的田產。因此，耶穌並不只是另一位先知而已，祂是神的兒子（見來1：4-14），有一天，祂將繼承並統治彌賽

亞王國。

構成耶穌啟示勝過先知啟示的第二個理由是，神曾藉著祂創造諸世界。這個事實不僅再度指示希伯來的讀者，重新注意關於神在創世記第1章的創造活動，還把耶穌放在創世活動的中心位置。這宣告反映了其他新約聖經作者的相同觀點：約翰說：「萬物是藉著他造的；凡被造的，沒有一樣不是藉著他造的。」（約1：3）。保羅補充：「因為萬有都是靠他造的」（西1：16）。這個思路引人注目之處在於，約翰福音1章關於創造的經文指耶穌是「道」（話──the Word），而在創世記中神是藉著祂的道（話）創造世界（「神說」）。同樣，希伯來書1章形容耶穌是神完完全全啟示的「道」。

關於耶穌之優越性的第三個理由是，祂是「神榮耀所發的光輝」。這觀點似乎指出，在耶穌裏我們得見神的榮耀。或者如一位作者形容：「就如陽光照遍大地一樣，從基督而來的神榮耀光輝照徹男男女女的心靈。」（Bruce, p. 48）

第四個理由是，聖子是神「本體的真像」。聖經說神照著自己的形像創造亞當（創1：26、27），**然而**只有當論到耶穌時，聖經才以祂為神**本體的真像**。由此觀之，祂就是我們所擁有從父而來的性情最完全的啟示，或者如耶穌在世時說，「人看見了我，就是看見了父。」（約14：9）希臘原文「本體的真像」指一個錢幣上

刻有按照硬模鑄造而成的圖像。因此，假使我們希望了解父神的形像，就必須檢視耶穌的生平、品格、教導。耶穌的一生反映神無盡的愛。我們並不是同時與一位忿怒的神和一位慈愛的耶穌相交，而是與一位愛世人的神相交，祂甚至將耶穌差遣到世界來，好把自己完美的特質彰顯出來（參閱約3：16）。

第五個耶穌是優越的理由是，祂用「祂權能的命令」或「祂大能的話語」托住萬有，祂以同樣的話語創造諸世界（參閱來11：3）。基督徒信靠的耶穌，既是創造主又是宇宙的維持者。基督徒的救主沒有在創世之後就把世界拋諸腦後。恰恰相反，基督的權能無時無刻維繫著和引導著受造物的運行。

故此，作為基督徒我們無所畏懼。舊約先知的神仍在說話，但神的話再不是有欠完整和錯漏百出的。這話是完全的啟示，因為是透過那位完好反映神榮耀和神真像的耶穌而發出的。聖子耶穌不純粹是神比較好的啟示和旨意，祂還擁有創造和維持宇宙的權能。要是祂具有這種權能，我們這追隨祂的人又何懼之有？

希伯來書將繼續論證，由於作基督徒的我們無所畏懼，所以我們能夠坦然無懼地信靠耶穌（來10：19；4：16），這無比的信靠是建基於神的身分，以及祂已經、正在、並將會成就的工作之上。與此同時，接下來的幾節經文，將引領我們更深入地探討基督徒的確據和無比信心的基礎。

聖子高升

來1：3b－4

> ³b祂洗淨了人的罪，就坐在高天至大者的右邊。⁴祂所承受的名，
> 既比天使的名更尊貴，就遠超過天使。

　　希伯來書收信人的問題是，他們對基督的理解實在太有限。
像今天我們一樣，我們仍然常常以有限的經驗和片面的知識去衡
量耶穌的價值。由於這個原因，我們的作者就在開頭的幾節經
文，從廣闊的宇宙層面把耶穌的面貌呈現出來，祂是一位超乎我
們認知範圍以外的基督。作為基督徒，當我們認識祂是誰，就不
會輕言離開祂。卷首幾節經文的用意，是讓我們和第一世紀的
基督徒對耶穌的本性（nature）〔註〕、權能、地位有一種比較全面的理
解。那新增的理解首先開始於頭數節經文，來1：3、4，茲再作
進一步解釋。

　　耶穌不僅是神的兒子、繼承者、全地的創造主、神榮耀所
發的光輝、神本體的真像、宇宙每天的維持者，第3節還告訴我
們，祂「洗淨了人的罪」。以「洗淨」這個詞為基礎，本書信帶
出其主題之一：基督是救主

　　過犯與罪惡從創世記第3章開始就一直困擾著人類的心靈，
經文記載亞當與夏娃試圖以無花果葉子遮掩罪過。人類歷史的主

要動力之一，是人與神的理想與關係失和所造成的罪。這個普遍的罪惡感已經推動了宗教在世界每一處角落出現。我找不到任何一種文化不存在某種形態的贖罪祭祀。人們不顧一切尋求洗脫犯罪所引致的後果。

一般除罪的途徑都是以人為中心，只要獻上合宜的、種類正確的或者足夠的祭物，一切就妥當了，而我們的良心也就好過一點了。在更傳統的文化中，這類祭物不外乎是食物、動物、甚至是人類，藉他們來嘗試平息超自然界神靈的怒氣。現代的方法則一般著重盡量作好人或努力做好事。然而基本的意義往往總是一樣：我們要靠一己之力潔淨自己，做到在神的眼中無罪。人的努力、人的投資、人的奉獻，代表了男男女女期望解決過犯，要在神的面前無可指摘。

希伯來書用五個字棄絕所有這些意圖與邏輯：「祂洗淨了人的罪」（Having made purification for sins）。耶穌已經坐在神的右邊了。作者使用的這五個字，彷彿吹響福音大能的喇叭，完全否定了一切人力自救的贖罪方法。

耶穌早已為我們做成了！基督是除罪的答案。祂，惟獨是祂，洗淨了人的罪。這潔淨不僅是希伯來書的主調，更是整部新約聖經的主調。

希伯來書不厭其煩地講述基督解決罪的工作，希伯來書從不以此為膩煩。書中的偉大要旨就是關於基督「獻了一次永遠的贖罪祭」（來10：12），且進入天上的聖所作我們的祭司，祂「不用山羊和牛犢的血，乃用自己的血……成了永遠贖罪的事」（來9：12）。

因此，耶穌所以是優越的第六個理由是[註2]，祂是救贖主，洗淨了人的罪。凡接受祂的祭和祭司中保的人，絕對無所畏懼，因

著有耶穌在加略山為他們所成就的，還有祂至今在天上一直為他們進行的祭司工作，他們便能夠勇敢地來到神的寶座前。

然而耶穌並不僅僅是救贖者而已，祂還是掌權者。來1：3告訴我們基督在「洗淨了人的罪」之後，「就坐在高天至大者的右邊」。右邊，當然是尊貴的位置。基督在獻了一次永遠的贖罪祭（來9：12；10：10、11），藉此洗淨了人的罪之後，祂就復活升天（來1：3；徒1：3、9）去領受尊榮。

這尊榮的背景有幾個可能性。一個是東方的君王與其繼承人共同管治的習俗。但希伯來書作者的意思看來更符合詩110：1所說：「耶和華對我主說：『你坐在我的右邊，等我使你仇敵作你的腳凳。』」希伯來書一再引用詩篇110篇，事實上，這節經文鞏固著整本希伯來書大部分觀點。

基督升天並「坐」在神的右邊，這一點尤其是作者所關注的。地上的祭司是站著履行職責的，因為他們要持續不斷地獻祭。而基督卻已經一次獻上生命（來10：10），從此再不用獻祭。祂獻祭的工作已經大功告成，從今以後，獻祭的工作再不需要重複。「坐」這個字就意味了獻祭的工作已經被畫上句號。

至此，作者對於為何聖子的啟示勝過舊約啟示的討論已經來到尾聲。基督是聖子，也是繼承者、創造主、神榮耀所發的光輝、聖父本體的真像、宇宙恆常的維持者、又是救贖者或救主、還是與神同在寶座上的共同掌權者。我們在聖經中找不到任何一處地方，對耶穌有如此崇高的描寫。因為祂是神最完全的啟示，我們和希伯來讀者都要聽祂的教導，把握祂的祭和祂在天上的工作。

耶穌的至高無上
祂是
1. 聖子和後嗣
2. 創造者
3. 神榮耀所發的光輝
4. 聖父本體的真象
5. 宇宙每天的維持者
6. 救贖主
7. 掌權者

作者以第4節總結頭三節的內容，又以第4節過渡到下一個觀點，這觀點將貫徹於第1章餘下的內容——「他，……比天使的名更尊貴」。

且慢，你或許正在想。為甚麼經文說耶穌變得更尊貴？祂不是一直都是更尊貴的嗎？我們不是剛剛才讀到，基督的啟示比舊約先知的啟示更優越，是因為祂又是創造主又是宇宙的維持者嗎？祂沒有變得比天使更尊貴。因為祂所擁有的身分，祂本來就比天使更尊貴。

不錯，不過這不是作者在這裏的重點。他稱基督比天使更尊貴，因為基督已經成就了連天使都沒能成就的作為。耶穌更加偉大，因為祂解決了罪，故此，當中有點意味了耶穌是同時因著祂的本性和祂在救贖計畫所成就的工作，而使祂比天使更尊貴。

在繼續研究下去之前，讓我們花一點時間檢視一下「更」這個字。這是作者喜愛的字之一。這字在新約出現的十九次中，有十三次都是作者使用的。譬如，其中與基督有關的就有：

1. 更美的指望（7：19）

2. 更美之約（7：22；8：6）

3. 更美之應許（8：6）

4. 更美的祭物（9：23）

5. 更美的家鄉（11：16）

6. 更美的復活（11：35）

7. 盼望更美的事（11：40）

　　希伯來書中有幾個關鍵的字有助於我們明白書中的道理，「更」是當中重要的一個。對希伯來書來說，基督以及與祂有關的事物都比其他選擇優越。

　　好了，我們已經來到希伯來書前言的尾聲。開頭的數節經文為我們帶來了聖經裏其中一個最莊嚴的部分，我們再找不到任何其他經文把基督放在如此崇高的地位，或者給信心和盼望打下如此堅固的基礎。

　　是的，生命不容易，基督徒要面對生命的挑戰和困難。但是基督幫助我們面對困境的能力卻是綽綽有餘的。基督徒的信心是仰賴創造主的大能、宇宙維持者的能力與智慧、還有掌權者的權能。除了這一切之外，還有信心把基督視為救主和救贖主，因祂藉著自己的生與死把罪解決了。

　　故此，我們需要把握和珍惜神藉基督所實現的應許，基督是神的榮耀和品格最完全的啟示。我們惟一的保障是緊握祂、祂的職事、祂的品格和祂的應許——不管有甚麼糟糕的事情發生在我們個人的生命中。祂是至善至美的，我們信靠祂，就滿有平安。

註1：指耶穌的神性與人性
註2：第一至第五個原因，參閱本書第一章

「你當竭力在上帝面前得蒙喜悅，
作無愧的工人，按著正意分解真理的道。」提摩太後書2：15

第二編 耶穌——
比天使更尊貴
（來1：4－2：18）

EXPLORING
HEBREWS

耶穌是神

來1：4－14

⁴ 他所承受的名，既比天使的名更尊貴，就遠超過天使。⁵ 所有的天使，神從來對哪一個說：你是我的兒子，我今日生你？又指著哪一個說：我要作他的父，他要作我的子？

⁶ 再者，神使長子到世上來的時候（或作：神再使長子到世上來的時候），就說：神的使者都要拜他。

⁷ 論到使者，又說：神以風為使者，以火焰為僕役；⁸ 論到子卻說：神啊，你的寶座是永永遠遠的；你的國權是正直的。⁹ 你喜愛公義，恨惡罪惡；所以神，就是你的神，用喜樂油膏你，勝過膏你的同伴；

¹⁰ 又說：主啊，你起初立了地的根基；天也是你手所造的。¹¹ 天地都要滅沒，你卻要長存。天地都要像衣服漸漸舊了；¹² 你要將天地捲起來，像一件外衣，天地就都改變了。惟有你永不改變；你的年數沒有窮盡。

¹³ 所有的天使，神從來對哪一個說：你坐在我的右邊，等我使你仇敵作你的腳凳？¹⁴ 天使豈不都是服役的靈、奉差遣為那將要承受救恩的人效力嗎？

你也許正在跟自己說：「嘩！這段經文真複雜。第1章的頭

四節經文倒還容易明白，這幾節可真太難了。」

不錯，但它們並非表面看來那麼複雜。要理解這段經文，關鍵是在當中的最先和最後的一節。第4節告訴我們基督「比天使更尊貴」，第14節則指天使「都是服役的靈」，奉差遣去服事接受基督救贖的人（參閱來1：3）。介乎第4至第14節之間的九節經文，使用七個引述句，再次提出基督在各方面都比天使尊貴的這個觀點。

在來1：1－3作者毫不懷疑地表示基督比先知更優越。如今，他以第4至14節證明基督在各方面都比天使更尊貴。

可是我們要問，為甚麼希伯來書要在這個題目上花那麼多篇幅？畢竟，希伯來書的作者在整本書中，通常都只引用一句話來澄清他的觀點。然而他卻在這段經文使用了七個引述句，這豈不是過火了？

容或真是過火了，我們的作者倒不認為是。顯然，他感到正要幫助他的聽眾處理一個非常實在的信心危機。

猶太歷史印證了上面的見解。在基督降生前的時期，猶太人早已對天使和他們在神計畫中的位置產生了濃厚興趣。猶太文獻把天使描繪成敬虔人的守護者，天使將敬虔人的祈禱帶到神面前，也按照神的旨意執行懲罰，並向人傳達神的啟示，還有，或許與希伯來書的論述最相關的是，天使作為神人之間的代求者，代表人向神代求（參閱以諾一書15：2）^{註1}。

這段時期的猶太歷史中，天使的領袖都被賦予名字：米迦勒、加百列、烏利爾、拉斐爾^{註2}。保羅甚至早已提醒歌羅西教會不可「敬拜天使」（西2：18）。

顯然，正因為猶太文化對大使論的廣泛興趣^{註3}，導致希伯來書的作者在論證基督比天使更偉大時，不惜大灑筆墨。當人們在

日常生活中漸漸感到神不在身邊，便想到向天使求助，由天使代替他們出面與神溝通，而危機就在於此。因此，作者必須展現耶穌是更偉大的，並且凡認識聖子的人都不需向天使求助，不靠他們在人與神之間作調停。希伯來書的作者透過一連串的經文證據，論證基督的位分高過任何天使，以此來達成他的任務。他通過四條論辯路線來完成他的目的。

首先，只有一人在聖經中被稱為「兒子」（來1：5），因此，耶穌的名號確實比天使更尊貴（1：4）。祂是「神的兒子」，這是一個從來沒有被冠於天使的名號。父神與兒子耶穌之間存在著一種獨特的關係，這關係並沒有發生在天使身上。不錯，有時舊約聖經以集體形式稱呼天使為「神的眾子」（伯1：6；2：1），莫里斯在寫以下這話時似乎相當正確：「從來沒有任何天使或者任何人被挑選出來，被賦予這段經文給基督的那種地位。」（Morris, p. 18）

其次，透過指出「神的使者都要拜他」（1：6），希伯來書說明聖子的超然地位。讀者可能早已發現，敬拜者比被敬拜者次一等。故此，我們再次發現基督比所有天使更尊貴。

第三，聖子是永恆不變的，而天使卻是受造的生靈（1：7–12）。本書信拿天使跟飄忽不定的風和火焰作比較，但是聖子的寶座卻是「永永遠遠的」（1：7、8）。身為創造主的聖子「立了地的根基」，祂的「年數沒有窮盡」，但一切受造界卻都有「滅沒」的潛在可能（1：10–12）。

第四，聖子坐在神的右邊掌權（如之前我們在1：3所見；1：13），天使卻是奉神差遣服事祂兒女的「服役的靈」（1：14）。

在第1章的結尾之前，希伯來書提出的論據，其份量已經達到相當可觀的地步。基督比先知和天使更尊貴；祂超過先知，因為祂是聖子、又是後嗣、是萬有的創造者、是神榮耀所發的光

輝、是父本體的真像、是宇宙每日運行的維持者、是獨一的救主和救贖主、祂並與神共同管治世界。耶穌高過天使，因為從來沒有天使被授予聖子這個崇高的名號，因為天使敬拜祂，因為祂是永恆不變和永遠長存的，又因為祂在神的右邊掌權。

簡單而言，不會有人跟聖子一樣。祂代表神最圓滿和最完整的啟示，因此對第一世紀的希伯來人和我們這二十一世紀的聖經讀者而言，最重要是盡心地效忠耶穌本人，並認真看待祂的話（參閱2：1、3）。

神的話在希伯來書中非常重要。基督的話不但代表了神話語的高峰，而且「神的道是活潑的，是有功效的，比一切兩刃的劍更快，甚至魂與靈、骨節與骨髓、都能刺入剖開，連心中的思念和主意都能辨明」（4：12）註4。因此，基督的道不但帶來救贖，也同時帶來審判。適切地論述基督，基督所啟示的神，及祂的救贖計畫，是希伯來書的中心信息。我們要透過耶穌側耳傾聽神的聲音，因為耶穌高過先知和天使。倘若我們漠視祂和祂的勸告，我們將面對最大的危險，正如第1章指明，**因為耶穌是神**。

註1：《以諾書》是猶太啟示文學，屬偽經之一，分成《以諾一書》、《以諾二書》和《以諾三書》。成書於公元前三世紀至一世紀。書中記載了洪水之前神與以諾同行三百年的故事，以及以諾所見的異象。
註2：在猶太典藉中，米迦勒、加百列、烏利爾、拉斐爾是四大天使，分掌神寶座的四方。
註3：在古代宗教研究中有「天使論」（Angelology）一門，專門研究天使的系統、階層、職責、其名字的象徵意義等。除猶太文化之外，基督教、東正教及伊斯蘭教也有這個傳統。
註4：作者所說的神的「話」，在這裏跟神的「道」有相關的意思。神的話在和合本聖經中有時也譯作神的道，這是要顯示希伯來文中神的話語的豐富含意，這含意就是神的話語不單是神說出來的話，更因這是神說出來的話，而含有這話語是宇宙萬有的源頭、規律、義理之所整的力量，因為中國文化中，也有從宇宙萬有的源頭、規律、義理衍生出「可說出來的話語」的思想，正如老子《道德經》首句「道可道」所表達的。無獨有偶，在希臘文中，尤其在斯多噶學派的思想下，話語一詞，若出乎神，也同樣可提升到指宇宙萬有的源頭、規律、義理的意思。

04
聽從祂的話

來2：1－4

> [1] 所以，我們當越發鄭重所聽見的道理，恐怕我們隨流失去。[2] 那藉著天使所傳的話既是確定的；凡干犯悖逆的都受了該受的報應。[3] 我們若忽略這麼大的救恩，怎能逃罪呢？這救恩起先是主親自講的，後來是聽見的人給我們證實了。[4] 神又按自己的旨意，用神蹟、奇事和百般的異能，並聖靈的恩賜，同他們作見證。

　　我該怎樣處理跟耶穌的關係呢？應該與祂和跟從祂的人繼續交往嗎？還是轉回到那「保證有效」又安定的猶太信仰——就是那相當顯眼的猶太信仰（或者，對我們這些現代人而言，還是去領受現代文化帶給我的回報與榮華）呢？這些都是希伯來書現在要著手處理的問題。

　　「所以」這兩個字在今天的經文中非常重要，它將2：1－4跟我們之前讀過的經文連接起來。

　　「所以」這兩個字同時領我們到希伯來書第一個重要的引伸主題。你記得本書的引言曾提及，希伯來書的結構牽涉一系列神學概念的闡述，它們交織在實用勉言之中，這些勉言包括警告與應許。

　　我們這就來到第一個警告。第1章告訴我們，基督和祂的救恩是何等偉大。現在本書信力勸我們更留心聽從基督，免得我們

隨流失去，使生命之船擱淺沉沒，賠上自己的生命。

來2：1強調希伯來書的讀者當「越發鄭重」所聽見的道理——就是他們早已聽過的救恩福音，這樣的要求並非偶然。希伯來書的頭幾節經文就是神對人說話，起初神透過先知傳話（1：1），但「就在這末世，藉著他兒子曉諭我們」（1：2）。因此，要聽從聖子的話，鄭重所聽見的道理。

為甚麼？**因為**耶穌是神的兒子；**因為**祂是創造主、宇宙的維繫者、掌權者，祂坐在神寶座的右邊；**因為**神全團的天使都拜祂；**因為**神自己稱祂為神；**因為**祂比天使更尊貴；**因為**救恩由祂而來。

這就是希伯來書第1章強有力的信息。耶穌，前無古人，後無來者。

「所以」，「當越發鄭重所聽見的道理」。來2：1－4是建基於第1章以及基督身分的神學真理之上的。

當然——我們的作者暗示——我們不一定要聽從基督，也不一定要鄭重所聽見的道理。反正神不勉強人。我們不一定要敞開心扉接受祂的話。神讓人取捨。

然而取而代之的，是作者以「隨流失去」（2：1）這字栩栩如生地描述。「隨流失去」這字的希臘原文意思甚為豐富。該字用來形容一些曾經流逝了或溜失了的東西，這詞可以用來指從指頭滑走的指環，或者一段被遺忘的事實。它也指一些從容器中悄悄地、甚至難以察覺地流走的東西。因此，它主要是指一些因為疏忽或者粗心而失去和無可挽回的事物。我們的經文認為，那些不留心聽從的人很可能會從教會的團契中流失，最終離開基督和祂的救恩。

我們還可以找到隱藏在「隨流失去」這字背後的另一幅文字

圖畫，這圖畫也是希伯來書的重要觀點。畫中是一艘沒有錨或者舵的船，一艘任意飄搖而擱淺在礁石上的船，又或是一艘因為不辨方向隨處飄流，因而錯過了安全避風港的船。希伯來書告訴我們，有些教友就是這類船，他們只是隨波逐流地過活，往往自討苦吃。

花一點時間想一想。威廉·巴克萊（William Barclay）在寫以下的話時準確地指出：「很少人會故意背離神或在一刻之間背離神；很多人（卻是）一天一天地、一點一點地遠離祂。」（Barclay, p. 13）

換言之，很多離開基督教的人都不是一覺醒來就宣佈：「我受夠了，今天我要拒絕基督教和所有代表基督教的東西。我要跟以前的自己劃清界線。」相反，他們只要慢慢停止下來，不再做基督徒該做的事情就夠了。他們不再像以往般勤讀聖經，他們開始疏懶祈禱，他們漸漸停止到教堂不再加入團契（見10：25）。他們背教並非一下子跟過往徹底決裂，倒比較像一點一滴的隨流失去。

警告一

聽從祂的話（2：1）。為甚麼？

因為祂比先知尊貴；祂是神最完滿的啟示（1：1-3）。

因為祂比傳遞律法的天使更尊貴（1：4-14；2：2）。

因為祂是永恆的主宰（1：2、5、8）。

因為漠視祂的道會招致災禍（2：1-3）。

因為聽從祂是轉向「洗淨罪過」，並且轉向那獨一的「大救恩」（1：3；2：3）。

因為……

對於隨流失去的情況，神的回答是：「我們當越發鄭重所聽見的道理」（2：1）。對於那聽從的人，希伯來書告訴我們，盼望將由此而生，而盼望本身就「如同靈魂的錨，又堅固又牢靠」（6：19）。

因此，希伯來書再提供一個船舶的隱喻。其所要談及的對比是拿隨流失去與靈魂的錨作對比，這與隨流失去與專注聽從的對比關係密切。按照來2：2－4的上下文，隨流失去暗示死亡之徑，而專注聽從則指生命之道。

來2：1－4中的對比並非只比較聽從與流失，第2和第3節還把焦點放在舊約頒布律法的信息與耶穌成全的「大救恩」之上。律法是神向人說的話，可是基督帶來的救恩卻遠比律法優越。倘若在舊約聖經中，神因為人拒絕順從祂的旨意而施以報應，那麼凡棄絕基督救恩的人後果將又如何呢？正如基督比天使更美，祂的啟示比先知的啟示更美，祂的救恩也是超乎一切地優越。希伯來書之後的數章經文將會論證，舊約聖經頒布的救贖只是一個影兒，藉以反照神透過耶穌的生命、死亡和天上的事奉所賜下的福分（第8至第10章）。

基督的救恩就是影兒反照的本物，故此，不要「隨流失去」，務要「越發鄭重所聽見的道理」。

在離開來2：1－4這段有力的警告之前，有必要來看看「報應」與「救恩」兩者的對比。一些現代作者迴避神懲罰人這個事實。希伯來書的作者倒沒有這個顧慮。事實上，耶穌也沒有，例如祂在馬太福音的五次（太18章）講道中，有四次是以三個審判的景象作結尾（太5－7、10、13、24、25章），而第五次（太18章）則在結論中以一個審判景象總結。有關審判和陰間的事，沒有人比耶穌談論得更多。照樣，保羅在羅馬書中也曾相當直接指出：「因為罪

的工價乃是死；惟有神的恩賜，在我們的主基督耶穌裏，乃是永生」（羅6：23）

作者不但沒有放棄拒絕基督就會招致報應這個主題，除了加以突顯這個事實之外，他更樂意拿「報應」與基督的「大救恩」（來2：3）兩相比較。

實際上，「大救恩」才是希伯來書真正的焦點。書中最重要的信息是依靠基督洗淨罪污的救恩（1：3）。一切警告都是向那些忽視所知道的救恩而流失的人發出的，可是希伯來書卻從來沒有停止高舉耶穌救恩之路。所有警告都是警號，而神學論證和應許則與大救恩息息相關。

基於這原因，希伯來書的首批讀者要更專注地聆聽福音的信息。這福音信息能使他們的靈命復興，並鼓舞他們的信心。對我們亦然。我們永遠不能擺脫隨流失去的可能性。我們惟一的保障是「鄭重所聽見」神救贖的信息。每當我們擁有的「成就」可能導引我們注視自己，學到隨流失去的新方法時，惟有鄭重聽從基督救贖的信息，才能穩住我們的錨。

05 耶穌是生活壓力的答案

來2：5－9

5 我們所說將來的世界，神原沒有交給天使管轄。6 但有人在經上某處證明說：人算甚麼，你竟顧念他？世人算甚麼，你竟眷顧他？7 你叫他比天使微小一點（或作：你叫他暫時比天使小），賜他榮耀尊貴為冠冕，並將你手所造的都派他管理，8 叫萬物都服在他的腳下。既叫萬物都服他，就沒有剩下一樣不服他的。

只是如今我們還不見萬物都服他。9 惟獨見那成為比天使小一點的耶穌（或作：惟獨見耶穌暫時比天使小）；因為受死的苦，就得了尊貴榮耀為冠冕，叫他因著神的恩，為人人嘗了死味。

希伯來書的這一章不是最淺顯的經文。事實上，它還可能是其中最困難的一章。

這章經文所以複雜，是因為大多數人都以為第5至第8節（引自詩篇第8篇）是論及耶穌的經文。幾乎所有英文聖經的譯本都犯上同一個錯誤，把第6節中希臘原文意指「世人」（son of man）的一字翻譯為人子（the son of man）註1。基督徒一般以為那個「人」是指耶穌。其實這段經文是泛指一般世人。詩篇第8篇原本並不是關於彌賽亞的經文。反而，那是反省創世記第1章的篇章，講述有關神按照自己的形像創造亞當和夏娃，並且派他們管理受造物（比較詩8：5與創1：26－28）。

　　因此，希伯來書在引用詩篇第8篇時，作者腦中想到的並不是耶穌，而是人類，包括收信的每一位首批讀者，推而廣之，還有我們這群二十一世紀的讀者。那麼我們必須問，希伯來書的作者要告訴我們甚麼與我們有關的事呢？

　　一、人類是非常重要的。我們的重要性足以讓神記念並眷顧我們（第6節）。

　　二、人類的起源始於一個有尊嚴的開始。我們的被造只是比天使微小一點（第7節）。也許你正在想，等一等，**我知道我的舊約聖經說甚麼。詩篇第8篇沒有說我們比天使微小一點，而是「比神微小一點」，那是引述創1：26、27，指神按著自己的形像創造亞當和夏娃。為甚麼希伯來書卻說「天使」而不是「神」？**理由有兩個：首先，作者幾乎每一次都引用《七十士譯本》（希伯來原文版本的希臘文譯本），而這個譯本因著某些原因，在詩8：5中是說「天使」而不是「神」。其次，希伯來書1章已經證明耶穌比天使尊貴，此處說「天使」正好符合作者的討論思路。他所強調重點非常清楚：人類享有在受造物中最崇高的地位。

　　三、人類被賜予榮耀尊貴為冠冕（第7節）。

　　四、神派人類管理祂手所造的，叫萬物都服在人的腳下（第8節）。這節經文令人回想起創1：28，神派人類「治理這地，也要管理海裏的魚、空中的鳥，和地上各樣行動的活物。」

　　希伯來書最初的讀者這時必定頗有點壓力。聖經作者所寫的到底是甚麼意思呢？**看看我們**——他們必定曾這麼想過——**我們的生命沒有「榮耀尊貴為冠冕」，肯定沒有太多東西讓我們管理，更別說有萬物服在我們的腳下了。相反地，我們遭到排斥、被迫害、被主流文化——猶太人的和羅馬人的文化——排斥。我們甚麼也不是呀！**

事實上，正是這種覺得自己一無是處的感覺驅使我們放棄基督教，轉歸又偉大、又有祭祀儀式、又有保障的猶太教。一個沒有實質內容的盼望有甚麼益處呢？榮耀尊貴的冠冕？說說倒很動聽，但我們心知肚明，自從加入教會之後，我們的榮譽和保障反而大不如前。基督教聽起來挺不錯，但它似乎不像它所應許的那樣。我們是否被那些領我們加入教會的宣教士愚弄和哄騙了呢？

希伯來書以第8節回應上面的想法：「只是如今我們**還不見萬物都服他**。」作者以此方式把一股張力呈現在讀者的面前。在第8節他宣告神「叫萬物都服他，……沒有剩下一樣不服他的」，可是在同一節經文的下半部分他卻指出，我們還未曾親眼見證神使萬物都服在人腳下的境況。

第一世紀基督徒的心靈與生命，曾經與一股嚴峻的張力搏鬥。他們有神榮美的應許，可同一時間，但在每天實際的生活中，他們卻鮮有經歷到甚麼榮美的事情。境況依舊。我們大部分人的處境跟他們沒有分別。總有一天，我們會發現自己落在試探之中，懷疑自己基督徒經驗的價值，甚至這經驗的真確性。為甚麼神的應許和我們的生活不相符合？

第9節就在這裏出場。第8節的整節經文均沒有為詩篇第8篇所說的「他」下定義。如前文所述，詩篇第8篇提到一般人──「世人」（a son of man）。但現在我們的作者卻把這個意義含糊的詞語注入第9節，並把它解釋為「人子」（the son of man）的意思。

第9節使我們的眼睛全面轉向耶穌。之前，第5節至第8節提到人類應有的**理想狀況**，以及使人困擾的**現實境況**。可是第9節卻顯示了那從神而來化挫折為理想的方法──耶穌：「惟獨見那成為比天使小一點的耶穌，因為受死的苦，就得了尊貴榮耀為冠冕，叫他因著神的恩，為人人嘗了死味。」

來2：5-9的思路

1. 神的心意是讓基督徒管理祂手所造的，使他們得著榮耀與尊貴（5-8a）。

2. 但基督徒的實際處境卻是失敗而非榮耀，困惑而非尊貴（8b）。

3. 好消息是基督能使基督徒跨越失敗和困惑，獲得神在創造人類時就已經賜與我們管理世界的權柄、榮耀、尊貴（9）。

是的，神原本按著自己的形像創造人類，並且派他們管理萬物（來2：6-8a；創1：26-28），可是到了如今我們並未見到這個榮耀（來2：8b）。好消息（福音）就在這裏出現：耶穌成為我們的一分子。同樣，祂——我們在第9節讀到——「成為比天使小一點」，又或者用馬太福音的形式說，童女「要生一個兒子，……要給他起名叫耶穌。」（太1：21、23）

然而——我們來到作者在來2：5-9要說的重點——即使耶穌成為人類的一員，祂的經驗與其他人類的經驗不同。耶穌已經真真實實的「得了尊貴榮耀為冠冕」。祂從死裏復活並且升上高天，坐在神的右邊得到這個榮耀（比較來1：3）。

耶穌也許跟其他人一樣，曾經歷過生命一切的艱難，可是祂堅持到最後而終獲全勝。得勝的關鍵在於——來2：9告訴我們——祂「嘗了死味」。基督因為死在十字架上而得勝。實際上「成了」（約19：30）這一喊聲是表達大獲全勝的歡呼之聲。祂在十字架上的死亡，使祂的復活和祂得到尊貴榮耀為冠冕成為可能。

不過，那只一次獻上的生命（來10：10）並非純粹為了把榮耀和尊貴加冕給基督，而是為每一位願意接受基督之人的祭，又願意效法祂，在人生困難中依然對神堅貞不屈的跟從者所準備的冠冕。祂已經「為人人嘗了死味」（2：9），這替代性的死亡

（substitutionary death）是神恩典的基礎，凡接受基督所預備的未來冠冕與榮耀的人，神就在這個基礎上賜恩給他們。

來2：5－9或許不是一看就懂的最淺白篇章，但是一旦讀懂了，就會發現這是一段威力驚人的經文，因為它呈現給我們的是一個縮小的福音世界。巴克萊幫助我們看到這經文的三個基本觀點：「一，神創造人類，使他們比自己微小一點，派他們管理萬物。二，人因為自己的罪而落入困苦與挫敗之中，再不能管轄世界。三，耶穌基督進到人類的困苦與挫敗的處境裏，透過祂的生命、受難、榮耀，要讓人性回歸到神起初創造人類的原意。」（Barclay, p. 17）

這一切對最初讀者的生命有甚麼意義呢？特別是，對我們的生命又代表了甚麼？

當中的意義在於，不應讓外在的環境勝過我們，或使我們洩氣。的確，我們的生命並不如我們想像的「榮耀」，教會又問題叢生，於是我們就很想放棄。但同樣真確的是，耶穌已經為我們戰勝，祂已經「得了榮耀尊貴為冠冕」（2：9）。凡願意接受祂為他們所獻之祭和祂「這麼大的救恩」（2：3）的人，都可以先來嘗嘗祂榮耀的滋味。

不過，不可忘記耶穌的一生極不容易。事實上，祂最後是死在十字架酷刑之上的。但不管外在環境如何，耶穌堅持到底，成為所有願意追隨祂的人的元帥（2：10）。希伯來書的收信人同樣要堅持到底，縱使他們也碰到那使他們的生命財產遇到危險的困境（10：32－34；12：7－10；13：3、13）。他們受試探感到想放棄基督，走回老路，但是希伯來書的信息卻宣告，惟一得勝之途乃是對未見之事懷抱信心（11：1）。他們跟年老的亞伯拉罕一樣，有應許但沒有事實為證。憑著信心亞伯拉罕「等候那座有根基的城、就是神

所經營所建造的。」（11：10）

今天，我們有著相同的應許、相同的困惑、相同的挑戰。我們惟一的保障是定睛在耶穌身上，祂曾為我們每位嘗了死味。在下一段希伯來書的經文中我們將會看到，因著祂的死，祂成了拯救我們的元帥（2：10）。

註1：作者第6節的譯文是 "But somewhere has declared, 'What is man that You remember him? Or son of man that You watch over him?" 其中son of man之前並沒有the定冠詞（用於名詞前，表示不言而喻的人、物、頭銜或獨一無二的事物等），這個翻譯與新國際版譯本（New International Version）、修訂標準版譯本（Revised Standard Version）及欽定版譯本（King James Version）不同，該三個聖經譯本在son of man 之前皆有定冠詞the，意指某一特定的人。The son of man在四福音中是屬於耶穌「人子」的稱號，見太8：20；24：30；可10：33、34；14：21；路9：58；24：7；約1：51；5：27等。中文譯本並沒有出現作者所說英文的翻譯問題。

耶穌成為完全

來2：10－13

> [10] 原來那為萬物所屬、為萬物所本的，要領許多的兒子進榮耀裏去，使救他們的元帥，因受苦難得以完全，本是合宜的。[11] 因那使人成聖的和那些得以成聖的，都是出於一。所以，他稱他們為弟兄也不以為恥，[12] 說：我要將你的名傳與我的弟兄，在會中我要頌揚你；[13] 又說：我要倚賴他；又說：看哪，我與神所給我的兒女。

這段經文真有趣，甚至令人吃驚，因為它以非傳統的方式談論神與耶穌。想一想，通常我們並不認為耶穌是那種需要達至「完全」的人。說耶穌需要達至「完全」，是否暗示祂有任何不妥之處或者祂曾經是一個罪人？同樣，我們也不會用「合宜」這詞語來表達一些出於神的作為，彷彿有些事情由宇宙萬物的創造主和管治者來做是不合宜的。

然而，把「完全」和「合宜」兩個詞語放在希伯來書論述的脈絡中，倒是相當適切的。就好像關於「合宜」這詞語，希伯來書1章已經相當有力地證明耶穌比天使尊貴。可是祂真的比天使尊貴嗎？在猶太人的眼中祂並不是。畢竟，申命記不是教導「凡掛在木頭上都是被咒詛的」（加3：13；申21：23）？耶穌豈不就是以罪犯的身分死亡嗎？死在十字架上的這種死亡，豈不是只留給被羅馬社會遺棄的人嗎？

　　猶太人和異教徒作者，迫不及待評論基督死亡的形式。猶太人向早期的基督徒指出：「你們這個所謂『基督』既不光彩也不名譽，竟至於連神律法中最後的詛咒都降在他的頭上，因為他是死在十字架上的。」（Justin, Dialogue With Trypho, chap. 32）羅馬人更不客氣，他們宣稱早期基督教的「瘋狂」在於，「他們把一位被釘十字架的人擺在僅次於永恆不變的上帝，創造主的位置。」（Justin, First Apology, chap. 13）註1

　　面對這些指控，希伯來書的作者不但沒有半點猶豫，他還宣稱，神來到世上為眾人「嘗了死味」（2：9）本是既合宜又合適的，好叫「許多的兒子進榮耀裏去」（2：10）。在加略山的十字架上，耶穌所作的替代性死亡是新約聖經的中心，像保羅在哥林多前書，便以死亡作為基督教的核心福音：「弟兄們，我如今把先前所傳給你們的福音，告訴你們知道。福音你們也領受了，又靠著站立得住；……我當日所領受又傳給你們的，第一，就是基督照聖經所說，為我們的罪死了，而且埋葬了。」當然，基督死在十字架上並不是福音的全部信息。使徒接著指出，基督不只是被埋葬了，祂在「第三天復活了」（林前15：1～4）。因著祂的死亡與復活，基督就能夠在啟示錄中宣告：「我曾死過，現在又活了，直活到永永遠遠，並且拿著死亡和陰間的鑰匙。」（啟1：18）

　　新約聖經反覆把人類救贖的錨，固定在耶穌的死亡和復活之上。祂為所有人嘗了死味（2：9），祂「只一次」獻上身體（10：10），「便叫那得以成聖的人永遠完全」（10：14）。又或者好像《歷代願望》一書所說：「祂為我們的罪，——祂原是無分的——被定為罪，使我們因祂的義，——我們原是無分的——得稱為義。祂忍受了我們的死，使我們能得祂的生。」（懷愛倫，8頁）

　　因此，不少別的基督徒作家跟希伯來書作出同樣的宣告，耶

穌必須在十字架上受苦死亡，為全人類嘗了死味，這本是「合宜」的。不但合宜，而且是祂作為「為萬物所屬，為萬物所本」的一位，所選擇「要領許多的兒子進榮耀裏去」的道路（2：10）。

論證至此，希伯來書的作者便再沒有進一步說明神的救贖計畫到底是如何進行的了。他只是堅決斷言，神的計畫是建基在基督的受苦與死亡之上（2：3）。正是基督的受苦與死亡，為靠耶穌而來的「大救恩」（2：10）立下根基，並且成了「領許多的兒子進榮耀裏去」的康莊大道。同時，人類在創世記1章因為墮落而終至失去的榮耀（參創2：5–8），也因為基督的受苦與死亡失而復得。正如克雷格・凱斯特（Craig Koester）指出：「神拯救大工的目標，與祂創造之工的目標是一致的：祂為了讓人類得榮耀而創造他們，因此祂當提供一條道路讓他們達到這個目標，這本是合宜的。」（Koester, p. 235）

與上述觀點有著密切連繫的是，耶穌是藉著在十字架上受苦而得以完全的（2：10；比較5：9；7：28）。我們不應該以為，基督需要完全就暗示祂曾經做錯了甚麼事情。恰恰相反，希伯來書指出，縱使耶穌在各方面都曾受過試探，祂「沒有犯罪」（4：15），祂「聖潔、無邪惡、無玷污」（7：26），而且因為祂是無可指責的，所以祂不需像亞倫祭司制度的成員般為自己的罪獻祭（7：27）。

也許我們正在想，**倘若耶穌是無罪的，那麼該怎樣理解神要使祂成為完全的說法呢？** 在繼續尋找答案之前，我們必須明白，聖經中的「完全」並不等於「無罪」。把「完全」等同於「無罪」，是一個悄悄混進基督教會的早期希臘哲學思想，至終形成了中世紀修道主義的部分基礎。

在聖經中，希臘文「完全」這個字意指「成熟」或「完整」。耶穌也許不用跟我們一樣，要在祂的生命中克服罪，但是

祂既取了人的樣式，就必須以道成肉身的兒子身分去學習某些事情。

威廉·莊遜（William Johnsson）解釋：「使聖子『得以完全』顯示了一個學習的過程。在學習信服神的心意上，耶穌不像我們。我們總是跌跌撞撞的學習；耶穌卻是透過持續不斷地順服神的心意來進行學習。隨著生命的經驗慢慢呈現，祂不斷學習到按神聖旨意而行的新意義。祂所以受苦，正是因為神的旨意挑戰祂去順服。然而祂繼續向前，堅持不懈把神的心意落實在自己的生命中，不管代價多大，祂總是永不退縮。最後的考驗也是最終的試煉。在客西馬尼，祂淚流滿面大聲哭號。然而祂還是繼續向前、向前，走向十字架！……因為祂經歷過，所以祂得以『完全』。祂的人生經驗——強烈又真實，使祂完成了在神聖計畫中早已命定由大祭司完成的天上職事。」（Johnsson, "Defilement," p. 101）

耶穌通過了人生經驗中的苦難，因而產生幾個結果。如前文所述，其中一個結果是，祂為恢復創1：26、27中所賜予人類的榮耀與管理世界的權柄，做好了準備。其次，我們成為耶穌的弟兄姐妹，更準確地說，來2：11稱，耶穌用稱呼親人的稱謂——弟兄姐妹——呼喚祂的跟從者，祂並不以為恥。

> **耶穌成為完全**
> 在希臘文中，「完全」（teleioō）的意思不是指成為無罪，而是指成為成熟或完美。
> 基督從沒有透過克服生命中的罪而達到完全，而是透過學習順服父的旨意，而那種順服會引導人走向十字架。

當你了解我們當中有些人的境況時，你便會明白「不以為

恥」這句話包含著一個有力的信息。希伯來書的收信人中，有人處於瀕臨不認基督的邊緣（6：4-8），有人缺乏信心且早已停止聚會（10：25），還有人明顯漠視基督徒的美德與道德規範（13：1-5）。看來情況沒有隨著時間的推移而有太大改變，只要回想為求自保而兩次不認妻子的亞伯拉罕、多次做出越軌行為的大衛、不時輕舉妄動的彼得、還有今天我們個人生命的境況就夠了。

實在難以置信，但卻又真實無比：耶穌，無瑕疵的聖子，認同我們，稱我們為弟兄姐妹也「不以為恥」。祂是那一位教導我們祈禱時，稱呼神為「天上的父」的神（太6：9）。祂不以我們為恥的這個事實，既可貴又不平凡。祂希望我們鼓起勇氣，因為就是我們自暴自棄，祂也從來沒有放棄我們。相反地，祂為我們各人經受苦難，取了原本屬於我們的死，好叫我們得著從祂而來的生命與榮耀（來2：9-13）。

耶穌藉受苦而成為完全，它所引伸出來的第三個結果是，祂成了我們救贖的「元帥」（2：10）。「元帥」（archēgos）這字的希臘原文意思相當豐富。路加在徒3：15中用它來表明耶穌是那位被殺的「生命的主（archēgos）」，「神卻叫他從死裏復活了」；徒5：31則記載，「神且用右手將他高舉，叫他作君王（archēgos）、作救主」。

一個archēgos是指這人先開始一些事情，好讓後來的人得以參與其中。希臘文文獻使用這個字來形容一位建立城市給人居住的英雄人物。這個字也指一個建立家庭的人，或者一所希臘哲學學院的創辦人。希臘人又用這個字表示燃起火炬為軍隊開路的指揮官。簡言之，archēgos是指一位開創先河的領袖人物（Rogers, p. 520）。

耶穌是我們救贖元帥的這個思想，讓人想到兩幅交錯在一起

的文字圖畫，它們是希伯來書的論點所描畫的。在一幅圖畫中，基督徒的人生是天路旅程的客旅，他/她以今天為起點，向著亞伯拉罕與列祖們所追尋的那座天上聖城進發（來11：8～16、39、40）。這幅文字圖畫反映在羅伯特‧朱厄特（Robert Jewett）所著《致客旅書》（Letter to Pilgrims）這本希伯來書注釋作品的題目上。另一幅圖畫是以色列人出埃及，這將是希伯來書第3和第4章的中心主題。我們會在這兩章經文中發現，耶穌是一位比摩西和約書亞更優越的開路先鋒，因為祂設法率領祂的子民進入安息。

凱斯特使用「元帥」這觀點，把客旅的天路之行與出埃及之行聯繫起來。「透過稱耶穌為救贖元帥（2：10c），作者認定祂是那位領人向前的先鋒，就像那些領以色列人穿越曠野抵達應許之地，或者領軍作戰贏得勝仗的先祖一樣……基督不是透過回避敵對權勢的衝突帶來救恩，而是透過克勝這些權勢，從而開拓一條道路，好使其他人可以進入神應許賜給他們的未來。」（Koester, p. 236）

有一些類似凱斯特所說的觀點，在希伯來書最後一段使用archēgos的經文中閃閃生輝：「我們既有這許多的見證人，如同雲彩圍著我們，就當放下各樣的重擔，脫去容易纏累我們的罪，存心忍耐，奔那擺在我們前頭的路程，仰望為我們信心創始成終（archēgos）的耶穌。他因那擺在前面的喜樂，就輕看羞辱，忍受了十字架的苦難，便坐在神寶座的右邊。」（12：1、2）

耶穌存心忍耐。憑著信心，我們務要存心忍耐。祂沒有因為羞恥、不安、甚至死亡而退縮不前。希伯來書的收信人，還有我們這些二十一世紀的收信人都當效法祂。祂是大元帥和大領袖，我們是祂的跟從者。不僅是跟從者，我們還能夠挺胸昂首，因為祂不以稱我們作弟兄姐妹為恥。而祂又豈只是元帥，祂也是救

主，代替我們獻上生命，好讓我們得著榮耀（2：9－13）。

　　不過，耶穌還有一個比這些更大的身分。祂是我們的大祭司，這是希伯來書接下來要討論的主題。

註1：游斯丁（Justin），主後第二世紀的古教父、護教士及殉道士。《與推芬對話》（Dialogue With Trypho）記載游斯丁就耶穌是預言中的彌賽亞的辯辭，反擊當時社會上普遍對耶穌和教會的毀謗和迫害。《第一護教辭》（First Apology）是游斯丁於公元155年寫給當時羅馬皇帝安東尼努‧比約（Antonius Pius, 公元138－161），著名的士每拿大主教坡旅甲（Polycarp）就是死在比約皇帝任內的迫害之中。

耶穌的人性

來2：14－18

¹⁴ 兒女既同有血肉之體，他也照樣親自成了血肉之體，特要藉著死敗壞那掌死權的，就是魔鬼，¹⁵ 並要釋放那些一生因怕死而為奴僕的人。¹⁶ 他並不救拔天使，乃是救拔亞伯拉罕的後裔。¹⁷ 所以，他凡事該與他的弟兄相同，為要在上帝的事上成為慈悲忠信的大祭司，為百姓的罪獻上挽回祭。¹⁸ 他自己既然被試探而受苦，就能搭救被試探的人。

自從神不得不把亞當和夏娃逐出伊甸園之後，直至如今人類一直在跟死亡的恐懼搏鬥。該隱在殺死他的弟兄後，肯定反映了這種恐懼（創4：14）。我們仍然害怕死亡。凡思考過死亡的人都明白，墳墓就是在世生命的終點。有人早死，有人遲死，但人人難逃一死。

希伯來書把死亡描繪成敵人，他轄制著那些因為怕死而成為奴僕的人。但希伯來書也同時把基督描繪成戰勝魔鬼的——就是「那掌死權的」（2：14、15）。這勝利是耶穌在世受苦（2：9、10）之後所帶來的第四個結果。^{註1}

新約聖經最偉大的教導之一是，當耶穌面對死亡時，祂不是奴僕，而是勝利者。為了成就祂的目標，作為神的祂取了血肉之

軀成為人類。引用馬太的話，祂成為了「神與我們同在」，好讓祂「將自己的百姓從罪惡裏救出來」（太1：21－23）。

每一本福音書的高潮都是耶穌的死亡與復活。四本福音書都是奇特的人物傳記，因為當中很少提及基督的生平，內容更多是集中在基督死在十字架上的歷程。然而最偉大的信息是，死亡和墳墓都轄制不了耶穌。祂在第三天從死裏復活，這就顯示了死亡的權勢並不是絕對的，這權勢是受神的大能所支配。是上帝支配的，祂是生命的主，是至高無上的；不是魔鬼支配的，他是死亡之主。

按照定義，基督徒是指那些相信耶穌的死亡與復活的人（林前15：1－4）。勝利沒有終止在耶穌身上，耶穌把勝利繼續傳給凡接納祂的人（林前15：20－23）。保羅告訴哥林多教會，耶穌的復臨是給基督徒帶來「死被得勝吞滅的時候」（林前15：54），因此，基督徒無需過著害怕死亡的奴僕生活，好像那些沒有指望的人。相反，他們能以復活的確據「彼此勸慰」（帖前4：13－18）。他們不再怕死，因為復活之主有「死亡和陰間的鑰匙」（啟1：18）。

為了成就祂的計畫，耶穌成了血肉之體（來2：14）。祂成為了人。好像摩西一樣，耶穌與神被奴役的子民站在同一位置（出2：11－15；4：18；來11：24－26），藉以拯救他們，正如凱斯特說：「當摩西帶領亞伯拉罕的後裔脫離為奴之地，法老的軍隊就被消滅了，神的子民得到釋放（出14：21－31；比較來2：14b－15）。當耶穌從死裏復活，祂就粉碎了魔鬼揮舞死亡為武器的能力，從而把亞伯拉罕的子孫從死亡的恐懼中救拔出來」（Koester, p. 240）。

到了第3和第4章，希伯來書的作者會以明確的教導，談論以色列人脫離埃及為奴之地的暗示（來2：14、15）。在那兩章經文中，我們將看到耶穌是一位比摩西更大的拯救者。摩西把神的子民從

當下的奴役處境之中領出來，但耶穌卻把祂的跟從者從怕死的恐懼中釋放出來。

不畏死亡的自由跟希伯來書的第一世紀讀者特別相關，因為他們正面對日趨嚴重的歧視和迫害。不畏死亡的自由對我們這一代容易受周遭環境威脅的人也同樣重要。希伯來書的信息指出，我們實在沒有甚麼需要畏懼的，因為耶穌藉著成為我們的一分子，已經打敗那最後的仇敵，就是掌死權的大魔頭，同時也就打敗了死亡本身。

耶穌經受了人的苦難所帶來的第五個結果是，祂「成為慈悲忠信的大祭司」（2：9、10、17）。在第17節，希伯來書轉變了對耶穌的描繪，祂從釋放奴僕得自由的一位，變成替人贖罪的祭司。

在新約聖經中，我們只有在希伯來書發現耶穌被稱為大祭司，而我們在2：17第一次遇到這個稱號。至此，作者還沒有詳細解釋基督的祭司身分（就有關主題，作者在希伯來書往後的內容將有更詳盡的交代）。反而，作者進一步集中討論基督的人性與祂祭司身分的關係，以及為甚麼人必須有在天上的大祭司——好為他贖罪（2：17）。

與第14節一樣，第17和18節都是思考耶穌在道成肉身之後，祂的身分與其他人的關係。第17節承接2：11－13，提及耶穌和我們之間的弟兄關係，告訴我們耶穌「凡事」與我們「相同」。不但如此，第18節還提醒我們，祂在世上也曾被試探受苦。

「他凡事該與他的弟兄相同」（2：17）這話表示，耶穌的工作性質使祂必須道成肉身，正如莫里斯指出：「耶穌的道成肉身並非漫無目的。道成肉身的特殊目的，是為了讓耶穌成為大祭司，換言之，道成肉身是為了拯救人類。」（Morris, p. 29）

作者在2：17、18的觀點是，因為耶穌有人類的經驗，因此

祂能夠體恤那些面對試探的人。祂能夠同情他們，因為祂也經歷過試探的威力。

我們從基督甘願與人類認同的這一點，發現了一個獨特之處。希臘思想中的神對人類是冷漠的。與耶穌和使徒同一時代的猶太神學家／哲學家斐洛（Philo）就倡議，大祭司的人性要具有這種冷漠，他曾經寫過，大祭司必須「顯出他超越憐憫，並且度過完全沒有悲痛的一生」（Philo, The Special Laws, I：115）。註2

耶穌跟希臘人理想中的神剛好相反。祂成為血肉之體（來2：14），又在強烈的試探下受苦，好叫自己「成為慈悲忠信的大祭司，……就能搭救被試探的人」（2：17、18）。聖經作者的論點是，倘若耶穌要完全照顧人類的需要，祂就必須成為跟他們有同一樣式的人。祂道成肉身與祂作為天上大祭司所帶來的福音是，我們有一位明白我們的救主，因為祂是我們的一分子——我們是祂的弟兄姐妹（2：10）。

除非我們曾經歷過與對方相同的經歷，否則，要了解對方幾乎是不可能的。因此，一個有膽量的人永遠不能夠完全明白一個畏首畏尾的人要面對的問題。同樣，一個從來沒有體驗過哀痛的人，不可能明白憂傷的人的切膚之痛。因為耶穌曾經成為人，所以祂能夠憐恤我們，並且能夠真正幫助我們。

需要「為百姓的罪獻上挽回祭」（2：17），是耶穌在天上大祭司工作的核心。「挽回祭」這詞不是日常用語，不過當中的理念不難掌握。把這個詞語放在今天研究的經文中去理解，其背後的基本意思是指，耶穌藉著死，已經一次有效地把罪解決了。

因此，基督徒不單有一位憐憫他們軟弱的大祭司，這人祭司還為救贖他們的罪獻上挽回祭——那是舊約的祭永不能做到的（9：9；10：1）。正如布魯斯指出，基督徒有「一位名符其實的大祭

司，祂塗抹人的過犯，撤除阻隔於神人之間的罪孽屏障。」這樣的一位神「乃是值得擁有的大祭司。」（F. F. Bruce, p. 88）

　　希伯來書的福音之一是，耶穌不僅是神（第1章），祂同時是人（第2章）。因此，擁有與神同等的一位以慈悲大祭司的身分，在天上聖所代表祂在地上的弟兄姐妹。因為祂有這獨特的祭司身分，作為基督徒的我們無所懼怕，就是死亡也不怕（2：14、15）。所以，不管外在環境如何令人灰心，我們「只管坦然無懼的來到施恩的寶座前，為要得憐恤，蒙恩惠作隨時的幫助」（來4：16）。

註1：有關耶穌經歷人類苦難之後的頭三個結果，參見第六章〈耶穌成為完全〉。
註2：斐洛（約公元前20－50年），深受希羅文化影響的猶太人，著有大量釋經文獻，在調和希臘哲學與希伯來思想上貢獻不少。

第三編　耶穌——
超越摩西和約書亞

（來3：1－4：13）

08

思想耶穌：祂比摩西尊貴

來3：1－6

[1] 同蒙天召的聖潔弟兄啊，你們應當思想我們所認為使者、為大祭司的耶穌。[2] 他為那設立他的盡忠，如同摩西在神的全家盡忠一樣。[3] 他比摩西算是更配多得榮耀，好像建造房屋的比房屋更尊榮；[4] 因為房屋都必有人建造，但建造萬物的就是神。[5] 摩西為僕人，在神的全家誠然盡忠，為要證明將來必傳說的事。[6] 但基督為兒子，治理神的家；我們若將可誇的盼望和膽量堅持到底，便是他的家了。

「思想耶穌！」這正是希伯來書的收信人所要做的事。其實，這也是我們需要做的的事。思想耶穌概括了希伯來書的全部內容，同時是新約聖經的寫作目的。

被翻譯為「思想」（katanoeō 一字的希臘原文，其意思不僅指匆匆一瞥或者留意事物。我們每天都在看，但未必能真正看得見。就以我的妻子，昨天穿甚麼衣服到教堂聚會為例，她經常問我是否喜歡她的打扮，而可憐的我——就像每一位典型的丈夫——連她昨天穿過甚麼都記不起，更別說衣服的顏色或款式的模樣了。我當然「看到」她穿甚麼，但我沒有好好地「思想」她穿甚麼。

「思想」這詞最完整的意思，是指為求理解而專注於某件事

情。耶穌在路12：27曾使用同一字，祂說：「你想百合花怎麼長起來」。耶穌的意思不是說我們只要對百合花看一眼就夠了，而是我們應該細心思想「神的眷顧」這個教訓。

從另一條思路考慮，「思想」的英文字根是拉丁文「星星」一字，其原意是凝視天上繁星。這令人想到一位天文學家耐心地、堅定地注目天際，務求有所發現。

> 「思想耶穌」！
> 「思想」（katanoeō）並非指隨便看一眼。其意乃指專心地看、全面檢視、為求理解而專注於某件事情。
> 思想耶穌是信徒生活的中心。

因此，「思想耶穌」意指沉思默想耶穌。其反面的意思是我們在來2：1讀到的，從主的生命，隨流失去。我們若想領會基督的生命對我們的意義，那麼，抱著冷漠、疏離、匆匆忙忙看一眼的態度是不夠的。反而，我們要小心翼翼注視祂、沉思祂、默想祂。

我們該拿誰作為思想的對象呢？今天的經文為我們提供了三個路標。第一個路標是作為神使者的耶穌（3：1）。這真夠有趣，新約聖經中只有來3：1稱耶穌為使者。「使者」一詞意指被差遣的人，故此意味了耶穌是眾使徒之首。神差祂（約8：42）去完成一個特殊使命，而新約聖經的所有使徒，都把宣揚耶穌這使命的重要性作為他們人生的意義。

第二個路標：我們該思想大祭司耶穌。這個主題最先在來2：17出埸，經文中「祭司」一字讓我們可以再次借助拉丁文典故，充分理解該字的意思。Pontifex是「祭司」的拉丁文，意指

建造橋樑的人。在宗教意義上，祭司在神人之間築起橋樑。祭司
必須能夠在神面前代表人，又能夠在人面前代表神。希伯來書的
頭兩章就表達了耶穌正是這樣的一位祭司——祂是完完全全的神
（第1章），又是完完全全的人（第2章）。因為耶穌是「神本體的真
像」，於是神便能夠藉著耶穌以最圓滿的形式向人類揭示自己
（1：1-3）。同時，因為耶穌成了「血肉之體」（2：14），祂道成肉
身，成了像我們一樣的人，於是祂就能夠作我們的慈悲大祭司。
簡單說來，耶穌是我們通往神的橋樑，祂是真正的大祭司，最偉
大的造橋者（Pontifex Maximus）。

　　第三個路標：我們必須思想耶穌，因為祂比摩西尊貴。如此
主張也許對你意義不大，但我們要記住，希伯來書原本的聽眾是
猶太人，對他們來說摩西是人中之龍。可是希伯來書第1章卻竟
教導我們，耶穌比先知和天使尊貴。在猶太人的眼中，先知和天
使都重要，但算不上超級。摩西才是舊約歷史的「明星」。

　　摩西在舊約中佔有特殊位置。他展露了史無前例的大能，藉
此拯救了他的百姓。他把杖伸向海，讓他的民在海中走過（出14：
21、22），又用杖擊打磐石，使以色列人得水喝（17：1-7）。因此，
他是猶太國最超卓的拯救者。

　　猶太人同時認為摩西頒布了國家的法律。律法在猶太人的世
界豈不是最重要的麼？摩西是人類管道，神透過他頒布十誡和利
未律法。猶太教從「摩西的律法」中找到其本身的意義。

　　除了以上所說之外，相對於其他先知，摩西與神之間還有著
一種獨一無二的關係。來3：2-5談及摩西在神的全家盡忠，作
者以民12：6、7作為這段經文的理據：「耶和華說：『你們且聽
我的話：你們中間若有先知，我耶和華必在異象中向他顯現，
在夢中與他說話。我的僕人摩西不是這樣，**他是在我全家盡忠**

的。』」。因此，摩西是神親自挑選來治理祂「全家」的管家。豈止是管家，民數記12章還進一步談到摩西是神的知己，神與他「面對面說話」，至於其他先知都只是透過異象和異夢與神溝通而已（12：8）。

神立摩西治理祂在舊約聖經中的「全家」。一個猶太人根本不能想像有誰還能有比摩西更崇高的地位、更尊貴的身分。

來3：1－6要說的重點可就在於此。即使是摩西，耶穌比他更尊貴。摩西也許曾是神全家的管家，但耶穌卻是這家的建造者。正如來1：2形容，神透過耶穌「創造諸世界」。再說，摩西雖是管家，耶穌卻是後嗣，祂與摩西的關係恰似以撒與以利以謝的關係（創15：2－4）。

這倒不是說摩西沒有榮耀。按出埃及記宣告，當從西乃山下來時，摩西「自己的面皮，因耶和華和他說話就發了光」（出34：29、30、34；林後3：12－18）。希伯來書第3章的重點是，在基督的榮耀和尊貴照耀之下，摩西的榮耀和尊貴變得黯然失色。耶穌「比摩西算是更配多得榮耀，好像建造房屋的比房屋更尊榮」（3節）。

假使我們認真地「思想」耶穌，並且發現祂確實比摩西尊貴，我們該怎樣回應呢？我們當「將可誇的盼望和膽量堅持到底」（3：6）。

「可誇」是一個值得注意的字，特別因為基督徒常被義正詞嚴地警告，不可誇口。也許問題不在於誇口本身，而在於我們在甚麼事情上誇口。出於自我中心和自私自利的誇口，永遠是摧毀性的。不過希伯來書所說的誇口，卻是誇口在基督裏的盼望。

最先閱讀希伯來書的基督徒，並沒有甚麼值得誇口的地方。他們經常遭到公開侮辱，有時他們的房產被社會上的其他人侵佔，有些讀者則被關進監牢。他們受到社會排擠，也許他們感到

自我形像有點低落，結果自然就想隨波逐流、任由世界同化、想從基督徒的停靠處隨流失去（2：1）。

希伯來書的勸勉正好與這些想法相反。基督徒要熱切默想耶穌（「思想祂」），要認識到耶穌比他們已離開了的猶太教更偉大，從而持定對祂的信心，培養可誇的盼望。

希伯來書已經說過，耶穌不以稱呼我們作弟兄為恥（2：11）。如今，不應以基督為恥（3：6）的這個呼召臨到作為基督徒的我們身上。我們各人都要和保羅一樣，要達到的境界是，能夠說出「我不以福音為恥；這福音本是神的大能，要救一切相信的」（羅1：16）。

思想耶穌！當我們曉得祂是誰，以及祂為我們所做的事情時，即使身處困難和氣餒之時，我們也會為我們的信仰感到自豪。

論到不信的教訓

來3：7－11

> ^{7} 聖靈有話說：你們今日若聽祂的話，^{8} 就不可硬著心，像在曠野惹他發怒、試探他的時候一樣。^{9} 在那裏，你們的祖宗試我探我，並且觀看我的作為有四十年之久。^{10} 所以，我厭煩那世代的人，說：他們心裏常常迷糊，竟不曉得我的作為！^{11} 我就在怒中起誓說：他們斷不可進入我的安息。

有時候教會真的使我很灰心。以史太太為例，不管對任何人或任何事，她都從沒說過半句好話。她批評丘先生已經夠糟了，畢竟他還真是頂麻煩的。可現在她的長舌竟伸到我的頭上來！還有那個輕浮的鍾弟兄，老是在教會事務上作威作福。

但我對教會本身感到更加洩氣。比起鎮上那些屬於某幾個宗派的華麗大教堂，我們那所小教會的人數真是小得可憐。老實說，我對自己的教會更沒有把握，面對全世界幾十億的人口，我們能有多大影響力？

還有從整體上看這基督教。聖經中耶穌最後的一句話是：「是了，我必快來！」（啟22：20）快來？二千年都過去了，我們還未曾見到祂。也許這使我上當了。基督教並沒有甚麼了不起。也許這基督教只不過是另一種騙走我的錢的把戲罷了。

我真是愈想愈火了。我不只沮喪，現在還感到忿怒，真的很想離開教會重過「正常」生活。我不僅仇視教會；我更仇視神。

來3：7－11是對類似上述的處境發出的勸勉。這一群基督徒每天與很多負面情況搏鬥，加上社會給他們帶來的麻煩正在變本加厲。耶穌往哪裏去了？距離五旬節聖靈沛降至今已經四十年了，耶穌依然不見蹤跡，還堅持下去幹嗎？

希伯來書的作者為了應付這種想法，於是就在來3：7、8引用詩篇95篇的話：「你們今日若聽他的話，就不可硬著心，像在曠野惹他發怒、試探他的時候一樣。」

這幾節經文有一個重要信息給希伯來書的讀者，但當你將聖經翻到詩95：8，你會發現經文的字句跟希伯來書的引文有點出入。希伯來書以「惹他發怒」取代了詩篇中「米利巴」一詞，而「瑪撒」則變成了「試探」。縱使如此，兩個說法都是正確的，因為詩篇95篇的經文直接引用希伯來原文，而希伯來書的作者則引用了舊約的希臘文版本（七十士譯本），這版本把希伯來文地名的實際意思翻譯出來。

不管如何，兩個地名和從中引申出來的意思，均對教會發出一個信息。「米利巴」和「瑪撒」令人聯想到出17：1－7和民20：1－13。摩西在這兩個事件中，都要處理一群諸多埋怨的百姓。其中一件發生在以色列民在曠野飄流四十年的初期，另一件則發生在四十年快將結束的時候。兩個故事都是述說一群悖逆的子民、口渴的烏合之眾，他們對摩西發怨言，對離開埃及後悔不已，他們失去了信靠神的心。

面對神把他們領出埃及、行神蹟賜下嗎哪、展現日間的雲柱和夜間的火柱的記號讓他們看見，他們還是以敵對的態度對待神，終於惹神發「怒氣」。神在怒中起誓，他們斷不能進入迦

南，還要在曠野飄流四十年，直至離開埃及的悖逆一代滅亡為止（來3：11；民14：20－35）。

來3：7－11領我們來到這封信的第二個嚴重警告。第一個警告呼應希伯來書第1章對耶穌神性的描述，告誡讀者要聽從耶穌（2：1-4）。第二個警告則伴隨有關耶穌比摩西更尊貴的論述，告誡讀者不可像以色列人對待摩西般硬心。兩個警告都是以循序漸進的方式論證：如果干犯，不聽從天使所傳的話（2：2）和干犯摩西都是錯誤的（3：8），那麼反叛耶穌——聖子（1：2、3）及那建造房屋的（3：3-5）就更是大錯特錯了。

在來3：7－11的警告中包含了幾個重要的教訓。第一，經文中的摩西是希伯來書讀者的榜樣。即使困難重重，他對神總是忠心到底（3：1-6）。但是，面對相同處境的以色列人，卻既沒有信心又不信服（3：7-11）。

這段經文不但勸告第一世紀基督徒，也勸告每個世代的基督徒。基督的死亡和復活使人得釋放（2：9、10、14－18），並在領受永恆產業時使人得到最後釋放，基督徒群體和曠野的民眾都是活在介乎這兩種釋放之間。希伯來書的首批讀者跟我們這一代基督徒所共同面對的選擇是，到底相信神會信實地領祂的子民進入榮耀，還是相信令人灰心的感覺，放棄盼望。

第二個教訓來源於「眼目所見」此一概念。來3：9、10告訴我們，曠野飄流的一代看到神的作為有四十年之久。他們見證了埃及十災、紅海被分開的神蹟、藉磐石出水、天降嗎哪、風送鵪鶉、叛逆者受懲（像可拉、大坍、亞比蘭）等神所彰顯掌管萬有的大能。可是，不管神在他們中間施行了多少神蹟，他們還是拒絕信靠主。

這裏包含了一個希伯來書的基本論點，這基本論點在基督徒的生活中絕不可少，那就是，以色列人看見和聽見神的作為，這

一點本身並沒有在他們心裏萌生信服神的心，因此，「這裏的含意指出，眼目所見非信之所繫（來11：1），神的應許方為信之所依」（Koester, p. 264）。

第三個教訓與神的忿怒有關。神在來3：10說：「我厭煩那世代的人」，又在第11節說：「我就在怒中起誓，『他們斷不可進入我的安息』」。神的怒氣不像人的怒氣。波鈞偉爾（G. C. Berkouwer）寫道，神的怒氣不是「非理性和難理解的」（Berkouwer, p. 359）。人的怒氣通常出於惡意，但神的忿怒或怒氣卻是出於祂對祂子民的大愛。神對摧毀祂子民的事情發怒，祂就是不能對罪惡無動於衷（出34：6、7；參見Heschel, vol. 2, pp. 64, 65）。當那些曾經被神從埃及為奴之地釋放出來的子民，在曠野一再發怨言（民11：1、10），又去拜別的神靈（出32：8－10），神的烈怒就特別傾降在他們身上。

因此，神會發怒，這在過去和現在都是事實。不過，我們必須記住的重點是，怒氣並不是關於神**終極的真相**（ultimate reality）。神會對罪和滅亡發義怒，此乃不爭之事實，但這怒氣往往離不開祂的慈愛和恩典。拿來3：7－11暗示的含意為例，最初神拯救以色列民，給祂的選民無微不至的照顧，只有當他們背叛神且執意行在自取滅亡的路上時，神便出於大愛讓他們醒過來，好使他們適可而止。神對古以色列人所發的怒火，是跟在恩典之後的，或者更明確地說，是神的恩典遭拒絕之後而來的。面對這樣的拒絕，神不能無動於衷。

神的義怒
「神發怒是因為神是愛，其次是因為罪傷害祂的兒女，並且違反了神愛人類的決心。」（W. L. Walker，What About the New Theology ?, pp. 148, 149）

先恩典而後怒氣，這個形式正好呈現在希伯來書的結構中。該書先提到基督犧牲自己為人類贖罪，把人從怕死的恐懼中釋放出來（2：9–18），隨後是關於神的忿怒（3：7–11）。忿怒的提醒只會跟在恩典的提醒後面。

故此，即使在希伯來書，神也把警告設計成那帶來悔改的勸勉。神所應許的恩典永遠在最顯著的位置。讀者有一個選擇：他們可以效法在曠野飄流的不信一代（3：7–11），或者可以選擇為神全家盡忠的摩西為信心的榜樣（3：1–6）。作者的用意是要使他們（也包括我們）醒悟，靠神的應許重拾信心——這應許的得著，要透過信心之眼，不一定需要每日的體會。

總之，作為現代讀者的我們和希伯來書的首批讀者，大家都面對同一個抉擇：選擇跟隨摩西的信心之路，還是跟隨那死在曠野、沒有信心的先祖。這挑戰將一直伴隨著我們，直至末時。

10 論到堅持到底的教訓

來3：12 – 19

> [12] 弟兄們，你們要謹慎，免得你們中間或有人存著不信的惡心，把永生神離棄了。[13] 總要趁著還有今日，天天彼此相勸，免得你們中間有人被罪迷惑，心裏就剛硬了。[14] 我們若將起初確實的信心堅持到底，就在基督裏有分了。[15] 經上說：「你們今日若聽他的話，就不可硬著心，像惹他發怒的日子一樣。」[16] 那時，聽見他話惹他發怒的是誰呢？豈不是跟著摩西從埃及出來的眾人嗎？[17] 神四十年之久，又厭煩誰呢？豈不他是那些犯罪、屍首倒在曠野的人嗎？[18] 又向誰起誓，不容他們進入他的安息呢？豈不是向那些不信從的人嗎？[19] 這樣看來，他們不能進入安息是因為不信的緣故了。

「今日」是希伯來書第3章和第4章最引人注意的字之一。在這兩章經文中，詩篇95篇中「今日」這字一共被引述五次──3：7、13、15；4：7（二次）。詩篇的歌詞呈現了一種迫切情懷，詩人呼喊：「惟願你們今天聽祂的話。你們不可硬著心，像當日在米利巴，就是在曠野的瑪撒。那時你們的祖宗試我探我，並且觀看我的作為。」（詩95：7-9）

同一種迫切情懷可見於希伯來書。**今日**是聽從神話語的日子（3：7）；**今日**是不可硬著心的日子（3：8）；**今日**是要謹慎的日

子，免得你們中間或有人存著不信的惡心，把永生神離棄了（3：12）；**今日**是彼此相勸的日子（3：13）；**今日**是將起初確實的信心堅持到底的日子（3：14）；**今日**是應當畏懼，讓應許存留的日子（4：1）；**今日**也是進入神安息的日子（4：7-10）。

簡單說，「今日」是一個關鍵的時刻，因為我們是在「今日」做出與來日命運有關的選擇，故此「今日」可能是得救的日子，也可能是滅亡的日子。

然而，要謹慎，「今日」不是長存無盡的。在希伯來書中，「今日」就是終結的時候，因而作者才會寫信告訴他的讀者，他們應當「**趁著還有今日，天天彼此相勸。**」（3：13）其意思是指現在就是接受勸告的時候了，時候將到，勸告會不再有效。

我們怎麼知道這「今日」的盼望最終會過去呢？讀一讀來3：16-19，作者在經文中提出三個問題，並總結出一個結論。首先，是誰硬心？是那些聽過神的話，又跟從摩西離開埃及的人——就是那些曾經體驗過從奴役之中得到神恩典救贖的人（3：16）。

第二，神向誰發怒？就是向那些聽到神的話並體驗過祂拯救之後，卻仍然反叛神而死在曠野的人（3：17）。那些人在遇到進入應許之地的連串問題時，口口聲聲說寧願死在埃及或留在曠野滅亡（民14：2）。

第三，神向誰起誓，說他們會死在曠野，並且永遠不得進入祂迦南地的安息？是那些不信神的應許和大能，因而不信從祂進入應許之地的命令的人（來3：18、19；民14：20-35）。

請注意，聖經不是說他們「沒有」進入應許之地，而是說他們「**不能**」進入。民數記清楚指出，在違背神的命令後，他們企圖透過摩西進入迦南地。在他們反叛之後沒多久，在神說他們會

倒在曠野（民14：1-36），未幾，民眾的領袖就承認他們有罪了，並且執意要直闖應許之地，即使摩西警告他們的行動已經太遲了，他們將敗北收場，他們連這忠告都不信從，意圖征服那地，結果遭到亞瑪力人和迦南人狠狠痛擊（14：39-45）。

他們「不能進入」（來3：19），因為為時已晚。**給那一代以色列人的「今日」已經完結了**。無獨有偶，希伯來書12章也將會提到，「今日」的盡頭已經臨到以掃的身上，「他因一點食物把自己長子的名分賣了。後來想要承受父親的祝福，竟被棄絕，雖然號哭切求，卻得不著門路」（12：16、17）。

給加低斯的以色列人和給以掃的「今日」都已經完結了[註1]。他們都明顯地任憑自己的心「被罪迷惑，心裡就剛硬了」（3：13）。曾幾何時，他們都有屬於自己的「今日」，可是他們任這一刻流逝，直到覆水難收的地步。正是在這樣的背景下，希伯來書重重複複地呼籲他的讀者，要趁著還有今日便作出正面的回應（3：7、13、15；4：7）。

在進一步闡釋曠野的民眾未曾善用「今日」這一主題上，希伯來書的作者象徵性地暗示，他認為信徒也可能面對同樣無望的處境，而這個暗示將在來6：4-6有格外清晰的交代。

故此，我們發現希伯來書第3章引古代以色列人的經歷為鑑，但同時又看見這樣的警告是一個應許。這個在第4章有更清楚說明的應許，也一樣是以「今日」為參照。倘若我們有可能在「今日」硬心，也可能在「今日」令人有信心和得到正面的發展，誠如威廉・拉納（William Lane）解釋：「『今日』標誌著個人傳記和歷史上新的一刻」（Lane, Vol. 1 p. 90）。

從基督徒的角度看，「今日」在我的生命中是最重要的日子。這是一個充滿無限可能的時刻，正因如此，我千萬不可以對

「今日」掉以輕心。

從正面來講，來3：12－19提供了一些如何善用「今日」的指引。首先，我們各人都要「將起初確實的信心堅持到底」（3：14）。本書信以那些有好開始的基督徒為對象，他們憑信接受了基督，並且有聖靈的恩賜，可是，因為任由信心隨流失去（2：1），他們正身處逐淡冷淡的危險中。

對付這個問題的答案是甚麼？他們要回想在信靠中的安慰和喜樂。置身在這個令人沮喪的世界，他們要讚美，因為與主同行有正面的意義和令人鼓舞的一面。他們要做一些能夠幫助自己的事，像我們說「撐下去吧！」，直到最後為止。或者用更正規的說法，基督徒要抱著信心，堅持到底，恐怕他們像曠野的人一樣，犯下相同的錯誤，選擇了另一條路，最終把「今日」的機會盡浪費掉了。

希伯來書所說的堅持到底，可不是一件個人的事情。剛好相反，信徒要彼此分享基督信仰和在耶穌裏的信心，藉此得著信仰伙伴，互勉互助。

我們當中有些人很容易忘記基督教是一個群體的宗教，它不是一個只著重個人獨處的宗教。保羅一再寫道，成為基督徒就是成為「基督身體」的肢體（弗1：22、23；4：12；西1：18、24；林前12：27）。成為基督徒就是歸屬於一個已經接受了基督作為他們生命主宰的群體。馬丁路德在形像化地描繪基督教必需具備的群體面貌時，有這樣一句妙語：「作一個獨行的基督徒，跟作一個獨行的通姦者同樣不可能。」

基督徒群體的功能之一，是在憂患的時刻彼此鼓勵，互相勸勉。來3：13特別提到這個思想，經文指出基督徒要趁著還有機會（「總要趁著還有今日」），「天天彼此相勸」，以致沒有一個會

「被罪迷惑，心裏就剛硬了」。

　　的確有許多事情值得他們互相勸勉，因為，基督樂於稱他們為弟兄姐妹（2：11），當然，也因為祂自己已經成為後嗣（1：2），作為後嗣的弟兄姐妹，他們可以確信神會成就祂一切的應許。

　　希伯來書其中一個偉大的主題是，基督徒對神為他們所預備的計畫可以坦然無懼或者懷著充足信心（4：16；6：11；10：22），就像神最終引領以色列人進入應許之地一樣，神也會把基督的跟從者領到天國完全的福氣裏（來4：1－10；11：39、40；12：28）。

　　由於彼此相勸能綻放潛在的力量，所以希伯來書的作者強調基督徒的團契生活。作者稍後將會向那些「停止聚會」的人提出警告（10：25）。

　　希伯來書第3章的好消息是，現在仍然是「今日」。不過，正因為仍有「今日」，我們便要善用時間和才幹堅守信靠的心，並且勸勉我們的信仰伙伴，携手朝向神所經營、所建造之城前進（11：10、16）。

註1：以色列人的悖逆發生在巴蘭曠野的加低斯，參見民13：26。

心靈的安息

來4：1-11

> [1] 我們既蒙留下，有進入他安息的應許，就當畏懼，免得我們（原文是你們）中間或有人似乎是趕不上了。[2] 因為有福音傳給我們，像傳給他們一樣；只是所聽見的道與他們無益，因為他們沒有信心與所聽見的道調和。[3] 但我們已經相信的人得以進入那安息，正如神所說：「我在怒中起誓說：『他們斷不可進入我的安息！』」其實造物之工，從創世以來已經成全了。[4] 論到第七日，有一處說：「到第七日，神就歇了他一切的工。」[5] 又有一處說：「他們斷不可進入我的安息！」
>
> [6] 既有必進安息的人，那先前聽見福音的，因為不信從，不得進去。[7] 所以過了多年，就在大衛的書上，又限定一日，如以上所引的說：「你們今日若聽他的話，就不可硬著心。」[8] 若是約書亞已叫他們享了安息，後來神就不再提別的日子了。[9] 這樣看來，必另有一安息日的安息為神的子民存留。[10] 因為那進入安息的，乃是歇了自己的工，正如神歇了他的工一樣。
>
> [11] 所以，我們務必竭力進入那安息，免得有人學那不信從的樣子跌倒了。

我閱讀聖經已經超過四十年了，我不得不承認，在過去四十

年來的大部分時間，今天這段經文對我來說一直是新約聖經最難
明白的章節之一。不過，儘管這段經文確實是以一個複雜的論辯
作開始，但它並不像驟然看來那樣令人費解。

　有兩個要訣有助破解這段經文的意思。第一個是，經文在希
伯來書整體論證中所處的位置。耶穌有最重要的信息給祂的子
民，第一章就曾在此論點上加以發揮，耶穌比先知尊貴，又比天
使尊貴，救恩藉著祂這一位神而來。

　耶穌是神最大的使者又是救恩的供應者，第二章以第一章的
這個論點為論證基礎，甫開始就指出，我們要聽從這位提供了
「大救恩」（2：1-3）的神，接著繼續為耶穌的肖像著墨，指出耶
穌是救恩的先鋒，祂為人捨命，由此勝了死亡，並成為完完全全
的人。第二章的最後一節提到，耶穌具備作慈悲忠信大祭司的資
格。因此，希伯來書的頭兩章經文所呈現的耶穌，就是解決罪的
答案。

　第三章的前六節經文，描述的是比摩西大的耶穌，經文力言
希伯來書的收信人要信靠耶穌。接下來的內容則談到，古以色列
人因不信不能進入神的安息（迦南地）。

　第四章承接第三章有關進入安息的應許，經文鼓勵希伯來書
的讀者竭力進入神的真安息（4：1、11）。第四章經文以一個事實作
為總結：在耶穌裏，基督徒有一位大祭司，他們可以靠祂坦然無
懼的來到施恩寶座前，耶穌是他們「隨時的幫助」（4：16）。

　從這個論點開始，希伯來書聚焦在作大祭司的耶穌身上（5：
1-10；7：1-28），祂是更美的祭物（9：1-10：18），也是更美的指望
（7：19）。

　所以，我們可以說，希伯來書的信息就是：耶穌是我們的不
安和罪的答案。這個結論領我們回到來4：1-11，從經文中我們

得知，要進入神的安息，耶穌就是答案。

「安息」這個字本身是解明來4：1－11的第二個要訣。這個字不僅在來3：11、18出現，在第4章裏，作者還會再多用這個字的名詞七次（第1、3節〔兩次〕、5、9、10、11節）、動詞三次（第4、8、10節），代名詞至少兩次（第1、6節）。

這樣看來，安息這概念在來4：1－11是絕對重要的，這一結論顯而易見。在這段經文中，安息不僅重要，進入安息同樣重要。經文在起首和結尾都有務必竭力進入安息的勸勉（4：1－3、11）。

我們經文的難題之一是，安息的意思似乎代表了至少三個各自不同，卻又彼此關聯的事物。

首先，安息代表最理想的安息（3：16－19），在創造週完結之後，神便歇了祂一切的工（4：4，引述創2：2）。

希伯來書第3、4章中的「安息」

- 迦南的安息——預表（type）
- 在基督裏的安息，當基督再來的時候最終得享天國的安息
   ——實體（antitype）
- 神在第七日創造設立的安息——是一切安息的原型（archetype）註1

其次，安息意指約書亞領以色列人在迦南安頓下來（3、5、8節）。誠然，第一代以色列人因著不信和悖逆而未能進入那安息（3：16－19），但是在約書亞的帶領下，第二代以色列人在離開埃及之後，確曾以勝利者的姿態進入迦南。故此，從某種意義上說，約書亞確曾令以色列得到安息，不過卻不是最終的安息。那就是說，約書亞雖然給他們安息，但另有比這更超越的安息。希

伯來書4章論說：「若是約書亞已叫他們享了安息，後來神就不
再提別的日子了。這樣看來，必另有一安息日的安息，為神的子
民存留。」（4：8、9）。E・C・威克漢（E. C. Wickham）指出：「約書
亞給他們的，是不充分的安息，那只能算是預表性的安息。」
（Wickham, p. 26）

第三，在基督裏終極性（ultimate）或說實體性（antitypical）的安
息，必將在末時臨到我們，這安息足可媲美創2：2所說神的安
息，也是迦南安息所指向與預表的安息（8–10節）。

那第三種安息是真正的安息，希伯來書總是把我們的注意力
引向這天國的安息（9：28；11：39、40）。客旅在世行走天路，這是
希伯來書其中一幅偉大的文字圖畫。神的子民像以色列人一樣，
朝著應許之地前進（3：7–18），又像第11章的亞伯拉罕和眾英雄們
朝著神的城前行（11：8–28）。在世上，基督徒是向著基督復臨前
進的客旅（9：8；11：39、40），基督是天路客旅的終極榜樣，是信心
的先鋒，祂走在祂子民的前頭，首先進入天國的安息（12：2；2：
10）。

所以，耶穌之所以比先知和天使尊貴，比摩西和約書亞尊
貴，乃是因為祂將引領祂的子民進入更美的安息。迦南的安息只
能算是安息的影兒，藉以反映神為祂子民所預備的真安息。

上述觀點把我們引向希伯來書4章一個引人注意的語言狀
況。除了在來4：9之外，安息這個字在第3章和第4章中都是同一
個字，每次所用的希臘原文都是katapausis或是這字的動詞。但
作者在第9節卻使用了一個顯然由他新創的字——sabbatismos。有
兩個原因導致這個引人注目的轉變。第一，這表示天國的安息恰
如創世記2章中由神設立的第七日安息日的安息。這個觀念對具
有猶太背景的基督徒來說古已有之，《米示拿》（Mishnnah）就以詩

篇92篇為「一首安息日的詩歌」[註2]，那是「一首歌頌將要來的世界，及永遠長存的圓滿安息日」的歌（《論連續獻祭書》7：4）。天國就像安息日的安息，這一點觸及希伯來書第一讀者的心靈深處。對他們而言，安息日就是預嘗彌賽亞時代的滋味。[註3]

安息一字由katapausis變成第9節的sabbatismos，其第二個引人注意的地方是，作者故意改變他的希臘文用字，從而暗示了他和他的讀者都在遵守安息日，以致他們能夠聯想到天國就是安息日之安息的延續。要是第七日安息日（參閱4：4、10）與他們的日常生活風馬牛不相及，又或者第七日安息日帶有負面含意——那是往後幾個世紀才發展出來的——像這樣子去變更字眼就顯得毫無意義了。

如之前我們所見，希伯來書第4章的論點集中在一個事實之上：神為祂的子民預備了獨一無二的安息，我們惟有憑著信靠與信從（4：1-3、11）才得以進入這安息。還有一個問題要解決：到底基督徒在基督裏的安息，是不是要等到末時才有的天國安息？還是信徒在今生今世就能經驗得到的呢？

我認為，那安息既在當今又在未來。在一方面，從某種意義說，成為基督徒意味了我們靠著耶穌在十字架上所成就的得安息，因此我們無需藉著行律法的功勞來尋找救恩。但是，耶穌的救恩安息不過是天國安息的前奏，是神為祂的兒女在基督再來的日子所預備的（4：8、9）。故此，神的安息同時具有當今和未來的含意。

與此同時，每位基督徒——包括第一世紀的讀者和我們——都有責任避免像曠野的以色列人般，因為不信與不信從而犯上同一錯誤（3：18、19）。反而應當用信心與所聽見神的道調和（4：2），免得我們不能達到目標。來4：11說得好：「所以我們務必

竭力進入那安息，免得有人學那不信從的樣子跌倒了。」

希伯來書的意思是，聽從耶穌，並且憑信心接受祂和祂為我們所成就的工，就是引向神安息的大道。隨流失去（2：1）則是另一條路。一條路引致在曠野飄流的命運，而另一條路則可得著在基督裏的屬天安息。

註1：Type，此詞源於希臘文的「typoein印上」、「typo記號、印記、模型、模範」，指某一事物為另一事物的範本。如亞當為基督的預表；Antitype，源自希臘文的「anti反」及「typos典型、原型、模範」，指一般標準典型的相反狀況，一人或一物由更早的一個典型或記號所代表或所預示；Archetype，源於希臘文的「archē原始、根源」及「typos典型、模型」，指任何事物最原始的形態。

註2：《米示拿》（Mishnnah）是猶太教律法書《塔木德經》（Talmud）的前半部和條文部分，共6卷，62篇，記載了猶太教士的口傳律法彙編，是猶太教律法權威的教導。

註3：按照猶太人的傳統，於公元前5世紀以色列亡國以致族人散居各地，猶太人一直相信將來必有一位出於大衛王的後裔興起，他是從耶和華而來的受膏者（the anointed one），被揀選重新統治以色列國，讓他們脫離外族的管治。彌賽亞時代不僅代表被壓迫者得到政治上的釋放，同時也是整個人類世界在各方面都得到更新的時候，是一個新世代的開始。在新約聖經中，耶穌基督就是那位被神差遣到世上的彌賽亞。

聖經與心靈的手術

來4：11－13

> ¹¹ 所以，我們務必竭力進入那安息，免得有人學那不信從的樣子跌倒了。¹² 神的道是活潑的，是有功效的，比一切兩刃的劍更快，甚至魂與靈，骨節與骨髓，都能刺入、剖開，連心中的思念和主意都能辨明。¹³ 並且被造的沒有一樣在他面前不顯然的；原來萬物在那與我們有關係的主眼前，都是赤露敞開的。

來4：11－13結束了從來3：7就開始的一個呼籲，這呼籲是本書信對其讀者發出的警告，以神在詩篇95篇的話為根據，勸告讀者不可硬心，好像曠野的以色列人。來3：7至4：7－10一直以神的話語作為論據基礎，這些話都曾被曠野的民眾拒絕，結果，神說他們將永不可進入祂的安息，他們會死在曠野（3：11、17）。故希伯來書第3章強調了詩篇95篇中神話語的消極意思。而神的話果然應驗了，曠野的民沒有進入迦南就滅亡了。同樣引用詩篇95篇，但來4：1－10的重點卻是積極的邀請：切莫隨從古以色列人的路，反而要進入屬神的安息。

基於以上的論點，第11節呼籲基督徒讀者要竭力進入神的安息。詩篇95篇的積極和消極含意再清晰不過了。就像神對古以色列人起誓說，那受責備的曠野一代要飄流四十年之久，同樣神說將有一更圓滿的安息要來的積極應許，也照樣會應驗。

教訓：神的話十分可靠，故此，不要懼怕，要竭力進入那安息，信靠祂的話。

希伯來書的作者非常關心神向人說的話。這書在開頭就指出，在耶穌裏有神最圓滿、最完整的啟示（1：1-3）。第2章強調讀者要越發鄭重所聽見有關耶穌的事蹟。至於第3和第4章，正如之前所述，透過責備和應許，說明神話語同時具有消極和積極的含意。

因此，關於神向人說話的討論，一直是希伯來書頭四章經文的主題。然而，到了4：12、13這書信才以最直接的話來表達其對神話語的見解：「神的道是活潑的，是有功效的，比一切兩刃的劍更快，甚至魂與靈、骨節與骨髓，都能刺入剖開，連心中的思念和主意都能辨明。」

本書信在這裏告訴我們幾件有關神話語的事情。第一，神的話是活潑的。這世上有些東西活像已經絕種的恐龍一樣，與我們的日常生活扯不上任何關係。神話語中的信息並非如此，這話是「永生」神的話（詩84：2）。神的話滿有大能，它向男男女女呈現活生生的事，就是對日常生活十分重要的事。此外，正像希伯來書再三重申的，神的話向每個人發出的要求，是他們必須面對的。神的話就在今天針對我們的生命說話，它賜給每個人的應許，他們可以領受，也可以拒絕。

其次，神的話滿有「功效」或「大能」，以賽亞書對此也曾約略提到，主向以賽亞說：「我口所出的話也必如此，決不徒然返回，卻要成就我所喜悅的，在我發他去成就的事上必然亨通。」（賽55：11）按照希伯來書3至4章的上下文，我們只要想想神的話是如何有效地對付了出埃及的民眾，神所起的誓使他們不得進入迦南，就可見神的話語既有大能又有功效。

關於神話語的大能與功效的第三點，乃是神的話比兩刃的利劍更鋒利。這劍可刺透「魂與靈、骨節與骨髓」，其意思放在希伯來書第4章的上下文看，是指「那些對神在聖言中發出的聲音漠不關心的人，將會發現神的話同時也是一件犀利的武器」（Lane, vol. 1 p. 102）。

布魯奇・韋斯科特（Brooke Westcott）在評論第12節對神話語的形容時說，這劍「比世上戰爭中最難對付的武器更屬害：它無孔不入，能穿透一切世上既有的組織，它鉅細無遺，檢視所有意念與想法」，「它透入人內心的最隱密深處」（Westcott, p. 102）。可以說，不論男女在神審判的話語面前都是「赤露敞開」的（4：13）。「赤露敞開」的希臘文與創3：7中「赤身露體」屬同一字，亞當和夏娃在背叛神之後，「才知道自己是赤身露體，便拿無花果樹的葉子，為自己編作裙子。」在審判全地之神的眼睛裏，一切事物都無所遁形，各人總有一天要面對神的審判寶座，還有祂透視人心的話。

這個思想領我們再看希伯來書的首批讀者。或許你還記得，他們因著周遭的反對，信心搖擺不定，當中有人猶豫是否該留在教會，還是向四周的批判、權勢和壓力低頭。

希伯來書的解決之道是正面迎戰這股搖擺不定的力量，經文實際上是說：「不要憂懼你們世上社會的權勢和批判，倒要敬畏神的審判和祂的話語。」（參閱4：1）你們各人都要為所採取的行動向神交帳。這個最後要交帳的觀念，毫無疑問讓他們想起耶穌在談及末後的審判時，曾提到有關運用才幹的比喻（參閱太18：23－35；25：14－30；路19：12－27）。

讀完這些強有力的話語之後，我們與希伯來書的最初收信人一樣，都發現自己面對一個相反的巨大落差——與神的審判相

比，今天世界的批判、誘惑和迫害算甚麼呢？答案再明顯不過了：**不算甚麼**。

審判這個主題遍及全本希伯來書。作者在全書中均提及**最後的審判**（參閱6：7、8；9：27；10：25－27），然而在4：12、13，作者提醒我們，就是**如今**（按照第3和第4章的上下文，就是「今日」）我們也要面對神的審判，就像出埃及的民眾在他們的年代也要面對神的審判一樣。

本書毫不猶疑地將讀者的真實罪過揭露出來，切望他們（我們）感受到自己是赤露敞開的，

- 好叫他們（我們）感到他們（我們）的需要，
- 好叫他們（我們）回應聖靈的呼喚（3：7），
- 好叫他們（我們）提防那顆不信的惡心（3：12），
- 好叫他們（我們）心存畏懼，免得他們受審判不得進入神的安息（4：1），
- 好叫他們（我們）竭力進入神的安息。

不過，希伯來書的作者不僅設法令他的讀者感到赤露敞開，使他們（我們）因為恐怕失敗才竭力進入神的安息，他也希望使他們（我們）看見那獨一的真正解決辦法：耶穌基督——他們（我們）在天上聖所的大祭司。在來4：14－16他再次討論這個最重要的題目。

第四編 耶穌──
比亞倫更美

（來4：14－6：20）

EXPLORING
HEBREWS

基督徒信心的基礎

來4：14－16

> ¹⁴ 我們既然有一位已經升入高天尊榮的大祭司，就是神的兒子耶穌，便當持定所承認的道。¹⁵ 因我們的大祭司並非不能體恤我們的軟弱。他也曾凡事受過試探，與我們一樣，只是他沒有犯罪。¹⁶ 所以，我們只管坦然無懼地來到施恩的寶座前，為要得憐恤，蒙恩惠，作隨時的幫助。

作為人類，當我們終於領會到自己是多麼罪有應得時，真是使人吃驚。羅馬書在這件事上說得特別坦白。我們在羅6：23讀到：「罪的工價乃是死」。當然，當同一本書告訴我們：「世人都犯了罪，虧缺了神的榮耀」（3：23），便更沒有解救的辦法了，因為那表示每一個曾經活在世上的人都陷在困境之中。我們都是罪人，在神的律法下活該受死。說得溫和一點，這是一幅威脅人心的畫面。

就是來4：12、13也沒有讓我們可以鎮定下來面對神對罪和罪人的審判。相反，經文呈現了聖經中最令人恐懼的審判景象。作者警告我們，神的話比一切利劍更鋒利，能夠剖開人心的最深處，甚至於個人的思念與主意。因此，每個人站在神的寶座前都是赤露敞開的。

我並不認為這是個安慰人心的觀點，它不能安慰希伯來書的

首批讀者。事實上，作者沒有意圖令他們感到自在。相反，本書信希望他們醒悟到自己迫切的需要，非但如此，還希望提醒他們，在基督裏他們是有福的，他們當中有人幾乎要放棄這福分，他們必須為這福分全力以赴，否則便不能進入神國度的安息（4：11）。

正因為人類要面對4：12、13的可怕審判，所以作者在第14－16節說出寶貴的真理，如大衛‧德西爾瓦（David deSilva）形容：「作者在提出了人面對神穿透人心的話語和洞悉一切的目光之下那種赤裸無助的境況之後，他立即轉說勸勉的話，勸告人們要持定神的厚愛，就是那**最卓越**的中保耶穌為他們所準備的。」（deSilva, p. 179）

我們在第16節找到整本聖經中最偉大的應許之一──我們這罪人可以坦然無懼的、確信不疑的來到神的施恩寶座前，「為要得憐恤，蒙恩惠，作隨時的幫助。」

這就是好消息內容的精華所在，因為蒙恩的意思是指我們蒙受本來不配得的東西，而新約聖經清楚指明，我們這罪人本該被定罪和受死，然而福音信息卻是，靠著在基督裏神的恩賜，我們可以得蒙饒恕和得享永生（參閱羅6：23）。

這恩賜是怎樣變為我們所擁有的呢？就是藉著禱告，坦然無懼地來到神施恩的寶座前。

也許你正在想，等一等，這簡直好得令人難以置信吧。我怎能「坦然無懼」地面見神呢？畢竟，我自知不配得神的賜福，就是求被饒恕一次都已經夠難的了，我甚至已經求過祂饒恕超過七十個七次了（讀太8：21、22）。憑甚麼神還會賜下憐憫和恩典？

希伯來書給這些問題的回答是，在耶穌裏我們有一位在高天

關心我們的大祭司。這大祭司並非猶太歷史中芸芸眾多大祭司中隨便的一位。不，這位大祭司已經「升入高天」。保羅在談及他曾經被提到第三重天的異象時，略略提到猶太人可能認為是複數的「高天」（林後12：2）。上述觀點的含意是，耶穌在復活和升天之後（讀徒1：11），已經穿越重重天障進入屬神的高天裏。這個見解與他在羅馬書所教導的另一個事實有著緊密的關連，他指耶穌「按聖善的靈說，因從死裏復活，以大能顯明是上帝的兒子」（羅1：4）。身為基督徒，我們不光是跟一位過時的大祭司交往；這位大祭司是希伯來書所稱呼的「尊榮的大祭司」，祂在高天事奉，其身分不亞於「神的兒子」（來4：14）。

> **來4：12 − 16的思路**
> 所有人都要面對審判 來4：12 − 13。
> 神的審判穿透人心，使人無所遁形。活在一位測透我們的所作所為、所思所想的神面前，真是可怕。
>
> **不過 來4：14 − 16**
> 在天上我們有一位尊榮的大祭司，祂曾經歷人性的一切困難，因此祂憐憫人，並且滿有恩典。
>
> **故此 來4：16**
> 作為基督徒，我們可以坦然無懼地來到神施恩寶座前。

　　這就是好消息。我感謝神的兒子以這種方式幫助我，使我能夠無所畏懼地就近施恩寶座。可是對於神我卻沒有多少經驗。畢竟，我從沒有到過天上，也未曾與神面對面相見。祂有祂崇高的領域而我是凡夫俗子。我的體驗與神的國度之間，塵世與天國之間，存在著霄壤之別。

正因如此，耶穌就具備了作慈悲大祭司的第二個資格。祂並非只是升入高天的神的兒子（4：14）。祂「曾凡事受過試探，與我們一樣；只是他沒有犯罪」（4：15）。

至此，你或許正疑惑，耶穌怎可能曾跟我們一樣「凡事」受過試探。畢竟祂從來沒有妻子、丈夫、或者兒女煩擾祂，祂肯定不用處理不能開機的電腦或被紐約市的交通堵在路上的麻煩。

來4：15的意思，似乎不是指耶穌的試探與我們的試探有一種「一對一」的對等關係，而是祂曾面對**「每一種」**試探。當我們再想一想，很明顯就會想到兩個原因，解釋耶穌並不僅僅像我們般受過試探，而是祂所受的試探**遠超過**我們人類所受的。第一個原因：在試探的強大沖擊來到之前，我們早已投降了，如威廉・巴克萊（William Barclay）指出：「耶穌沒有犯罪的意思必然是指祂深諳試探的深度、力量和攻擊性，這是我們永不會、也沒有能力知曉的。祂的爭戰豈止不易，簡直困難重重。為甚麼？原因是：那試探人的在使出渾身解數之前，我們早已跌倒了，我們不堪一擊，我們永遠不知道試探最犀利和最恐怖的一面，因為早在到達那個程度之前，我們已經跌倒。然而耶穌與我們一樣受試探——而其強烈程度卻遠遠超過我們的。」（Barclay, p. 38）

基督所受的試探比人類所受的更大，我們所知道的第二個原因是，祂有人所不能的力量去做我們所做不到的事。拿撒但要祂把石頭變餅為例（太4：3）。對我來說那就不是試探，比方說，你儘管可以要我到教堂停車場後面的空地，把石頭變成餅，一年之後你再回來，只會發現我，卻看不到餅。

可是耶穌就不同了。作為創造主，祂要完成如此一個任務真是易如反掌，約翰福音第6章對此說得很清楚，祂餵飽了五千人。造餅不是祂要對付的試探，真正試探祂的，是要不要為一個

罪惡的世界死在十字架上。這試探跟造餅關係密切，當耶穌餵飽
五千人後，眾人從祂身上看到另一位摩西，就是使嗎哪從天降
下，餵飽了曠野一代的摩西（約6：1－14）。結果，他們設法強逼祂
作王（15節）。這就是耶穌要對付的真試探：迴避十字架就能完成
彌賽亞的職分。透過變餅作王比藉由十字架作王肯定舒適多了。
在耶穌的整個職事中，祂最大的試探是避開在十字架上受死（太
16：21－23；26：36－46），不讓祂為全人類嘗那一次死味（來2：9；10：
10）。事實上，耶穌原本可以逃過被釘十字架，祂甚至可以從十
字架上下來，因為祂和其他以這種形式被處死的人不同，祂是自
己甘願捨命的（約10：18）。

　　總之，耶穌所受的試探遠超過其他人所能受的，那試探力度
之大，非我們所能真正明白。然而即使我們不能夠理解基督的試
探有多大，祂卻明白我們的掙扎，因為祂不僅受過試探，祂更勝
了試探。因為祂曾經驗過我們被試的威力，祂就有條件體恤我
們。我們有一位真正理解我們的大祭司。

　　因此，從某種意義上說，耶穌和我們一樣。可是從另一種意
義上說，祂又完全有別於人類。希伯來書指出了這一點，它告訴
我們縱然耶穌受過試探，祂卻「沒有犯罪」（4：15）。這一事實令
耶穌跟我們不一樣。就是在面對試探時的祂也跟我們不一樣，因
為我們把以往曾經跌倒的這一特性帶進每一次的試探中。對我們
而言，犯罪已經成了習慣；對基督卻不是。祂是獨一無二的神/
人，祂絕無僅有，祂是完完全全的神，又是完完全全的人，祂生
下來就是「聖者」（路1：35）。因著祂的本性和祂的作為，耶穌可
以作我們的大祭司，無可指責地站在神寶座前。同樣重要的是，
祂善盡大祭司的職責，真正瞭解祂在地上每天掙扎著的弟兄姐妹
們（來2：11）。祂具備了憐恤人的條件。大祭司基督是天國與俗世

的橋樑。

擁有一位大祭司，對希伯來書的首批讀者是重要的，原因在於，世俗的羅馬人以他們的君王為大祭司（pontifex maximus），猶太人的大祭司則是在耶路撒冷的聖殿中供職。正當社會的逼迫變本加厲，而人的權利又一再受到剝削之際，一些初期信徒受到誘惑，以為自己是一無所有，以致要放棄基督教。但來4：14－16給他們的信息反而是，他們並不是無足輕重的，縱使在羅馬和耶路撒冷他們都再沒有地上的大祭司了，他們所擁有的卻是美得無與倫比——有一位天上的大祭司，祂的重要無可比擬、祂有無窮無盡的憐憫。因著這位大祭司，他們「只管坦然無懼的來到施恩的寶座前，為要得憐恤，蒙恩惠，作隨時的幫助」（4：16）。

身處二十一世紀的我們有同一位大祭司，得著同樣的益處。祂能給我們及時的幫助，而今日正是我們需要幫助的時候。

14
耶穌具備大祭司的資格

來5：1－10

> ¹ 凡從人間挑選的大祭司，是奉派替人辦理屬神的事，為要獻上禮
> 物和贖罪祭（或作：要為罪獻上禮物和祭物）。² 他能體諒那愚蒙的和失
> 迷的人，因為他自己也是被軟弱所困。³ 故此，他理當為百姓和自
> 己獻祭贖罪。 4 這大祭司的尊榮，沒有人自取。惟要蒙神所召，像
> 亞倫一樣。
>
> ⁵ 如此，基督也不是自取榮耀作大祭司，乃是在乎向他說：「你是
> 我的兒子，我今日生你」的那一位；⁶ 就如經上又有一處說：「你
> 是照著麥基洗德的等次永遠為祭司。」
>
> ⁷ 基督在肉體的時候，既大聲哀哭，流淚禱告，懇求那能救他免死
> 的主，就因他的虔誠蒙了應允。⁸ 他雖然為兒子，還是因所受的苦
> 難學了順從。⁹ 他既得以完全，就為凡順從他的人成了永遠得救的
> 根源，¹⁰ 並蒙神照著麥基洗德的等次稱他為大祭司。

這段經文領我們來到希伯來書的主旨之一——耶穌在天上聖
所的大祭司職事。來2：17和4：15早已暗示了這個題目，現在是
作者開始發揮這個教義的時候了。耶穌是大祭司，這是希伯來書
對基督教概念的特殊貢獻。整本聖經沒有任何一處明顯地討論這
個概念，縱使在其他地方有提及基督替人代求的職事（羅8：34；約壹

2：1）。

　　基督的大祭司職事，為飽受困擾的希伯來書聽眾提供了他們渴望得到的信心和確據的基礎，他們跟社會上新近出現的威脅搏鬥，又要跟誘惑他們逐漸遠離基督教的試探爭戰。我們的作者希望他們明白，倘若他們真的後退，他們就放棄了一樣最大的福氣——耶穌在天上聖所的職事。

　　或許他們曾經懷疑：**等一等，耶穌竟然有資格當祭司？舊約聖經中祭司的身分不是屬於利未支派的嗎？而耶穌的祖先卻是出於猶大支派**（太1：3；路3：33；來7：14）。**耶穌怎麼可能是祭司？**

　　為了解答這些問題，來5：1－4列出了地上利未祭司職任的三個資格。第一，神委派他們作人類的代表（來5：1、4）。出28：1記載，主派亞倫作第一任利未大祭司。亞倫是蒙神所召的。不過，神也奪回另一些人的祭司資格，例如可拉和他的同黨，因為他們企圖擅自辦理祭司的職事（民16：15－40）。神在舊約聖經所呈現的觀點顯示神聖的呼召是祭司職任不可欠缺的。不可視祭司的職任和特權作兒戲，這正是烏西雅王可悲的下場（代下26：16－23）。

　　祭司職任的第二個資格是，大祭司必須有所獻上（來5：1）。利未祭司制度之下，獻祭包含兩個層面：一方面，祭司為人獻上「禮物和贖罪祭」（1節）。然而，因為每一個利未祭司本身也是罪人，「他理當為百姓和自己獻祭贖罪」（3節）。如《米示拿》告訴我們，在贖罪日大祭司把手按在牛犢的頭上說：「主啊，求你赦免我、我的全家、還有亞倫的子孫、你聖潔的民在你面前所犯的一切惡行、過犯、和罪孽。」（Yoma 4:2）註1

　　來5：1－4指出第三個大祭司的資格，就是那被挑選的人必須有人的樣式，並且「能體諒那愚蒙的和失迷的人」，因為他明白人的軟弱（2節）。被翻譯為「體諒」的這字是一個引人注意的

用字，一般被解作「溫和地對待」（新譯本），用作形容介乎冷漠與忿怒之間的中間路線。這樣說來，理想的大祭司不會對罪無動於衷，但也不會刻薄苛求。馬文・文森特（Marvin Vincent）解釋，這個字在這裏「指對於失迷和犯錯所表達的情感狀態，是既不過於嚴厲，也不過於容忍。大祭司不可對罪和愚昧顯出惱怒，也不可軟弱地縱容過犯。」（Vincent, vol. 4, p. 433）希伯來書力言，地上的大祭司能夠做到這不偏不倚的體諒，因為他們也都是被軟弱所困（2節）。

來5：5－10從大祭司的一般資格，進一步談到耶穌作大祭司的資格。經文首先處理耶穌沒有「自取作大祭司的尊榮」這一點，耶穌蒙神呼召，神對祂說：「你是我的兒子，我今日生你。」（5：5）這關於基督蒙召的記載，令希伯來書的首批讀者重新再看另外兩節經文：一、詩2：7預言彌賽亞來臨的話；二、當耶穌受浸時，這彌賽亞篇章首次明確地應用在祂身上，指出祂要應驗先知的預言（太3：17）。因此，祂奉派作大祭司的呼召就在祂受浸時顯明出來。

神呼召耶穌作大祭司的第二方面，在詩110：4找到根據，經文顯示耶穌是按著麥基洗德的等次蒙召作永遠的祭司（來5：6、10）。這是第一次在新約聖經中提到麥基洗德。這經文是重要的，因為第7章將會論證，縱然耶穌不屬於利未支派，祂得以成為祭司乃因祂來自更優越的祭司家世——麥基洗德世系。作者會在第7章重提麥基洗德祭司職任的重要性，在目前這個連接點上，他只需說明耶穌是蒙召作祭司就夠了。

來5：7－9解釋耶穌所以配當大祭司，因為祂能夠體諒那些受祂服事的、既愚昧又失迷的人（見第2節）。早在來4：15、16作者已經提過耶穌的這個資格，經文記載基督能夠體恤他人，因為

祂也曾受過試探，也就能夠憐憫。透過讓讀者體會基督經歷客西馬尼的受難過程，聖經描述祂在客西馬尼「大聲哀哭，流淚禱告和懇求」（參閱太26：36－46），耶穌知道被試探折磨是怎麼一回事。因著苦難祂得以完全（參閱本書第6章〈耶穌成為完全〉），所以祂具備了一位大祭司必須能體諒他人的資格。

耶穌符合祭司職任的資格，同時也在於祂是有所獻的，只不過耶穌所獻上的無需如上文所說，像利未祭司般必須作兩個層面的獻祭，因為祂「沒有犯罪」（來4：15），故此祂不用為自己的罪獻上贖罪祭。另一方面，祂確實為所有接納祂職事的人獻出了自己的生命（希伯來書第9和第10章會充分討論這個主題），所以祂為人人嘗了死味（2：9）。那祭「就為凡順從他的人成了永遠得救的根源」（5：9）。

我們在這裏找到全本希伯來書的關鍵內容，這關鍵內容所涵蓋的信息是，永生的根源就在於耶穌一次的死（9：26）。然而，除了這最重要的死亡之祭，同樣重要的還有以這祭為基礎的、耶穌在天上的大祭司職事，這職事恆常不斷，賜福給凡憑信領受祂恩賜的人。

在離開來5：5－10之前，我們應該留意給每位讀者的另一個重要信息。第7節告訴我們，基督懇求那能救祂免死的主，而祂的禱告「就因他的虔誠蒙了應允」。但請注意，那能救耶穌免死的主並沒有讓祂不死。那在客西馬尼祈禱「願你的旨意成全」的（太26：42）前去赴死。祂沒有被救拔脫離十字架的死亡，而是學會了信從（來5：8）。這並非表示祂之前是不信從的，而是指藉著切切實實的順從而不是光有順從的意願，祂領會到順從更完整的意思。在這過程中，祂就更能全面體諒祂的弟兄姐妹，他們像耶穌一樣每天為生命的問題掙扎。

　　有好幾個與希伯來書讀者的日常生活息息相關的教訓，皆出自來5：1－10，其中一個是「耶穌藉著受苦進行學習，──即使祂是聖子──，這個事實改變了聽眾們對自身處境的看法。他們是神要領進榮耀裏去的『兒子』和女兒（2：10），與兒子耶穌一樣，他們也受試驗。當他們理解神已經把耶穌從苦難中領進榮耀裏去，他們就有了保證，可以確信神也會把其他堅持到底的兒女領進榮耀裏。」（Koester, p. 299）

　　安德魯・默里（Andrew Murray）在《最聖潔的》（The Holiness of All）──書中提出第二個教訓。他問：「在信靠基督祭司職事這一點上，我們是不是太習慣於注重祂的工作過於祂的心靈了？……啊，讓我們在這奇妙的教訓中全面汲取益處：祂得先在個人的經驗中學習到體諒，並且學習溫柔地包容最軟弱的人，耶穌才能夠升到天上祭司的寶座。從今以後，也讓我們的軟弱和無知不至使我們灰心和後退，反而成為引領我們放膽懇求，向祂尋求幫助的動力。祂『能體諒那愚蒙和失迷的人』（來5：2）。」（Murray, p. 197）

　　作為基督徒，我們可以為我們擁有一位最佳美的大祭司而感謝神。

註1：《論贖罪日》（Yoma），是猶太法典《米示拿》的第二部分；《節期篇》（Moed）的第五篇，專論大祭司在贖罪日的禮儀規定。

15

遲鈍聽不進去[註1]

來5：11－14

> [11] 論到麥基洗德，我們有好些話，並且難以解明，因為你們聽不進去。[12] 看你們學習的工夫，本該作師傅，誰知還得有人將上帝聖言小學的開端另教導你們，並且成了那必須吃奶、不能吃乾糧的人。[13] 凡只能吃奶的都不熟練仁義的道理，因為他是嬰孩；[14] 惟獨長大成人的才能吃乾糧；他們的心竅習練得通達，就能分辨好歹了。

來5：10力證基督是照著麥基洗德的等次為祭司，但直到來7：1－10，作者才解釋麥基洗德祭司職任的含意。介乎來5：10和7：1之間，我們發現了一段中間插入的內容，當中包含兩個警告和兩個盼望。兩個警告是：不要作不成熟的基督徒（5：11－6：3），以及，蒙了天恩光照之後離棄真道的人別無指望（6：4－8）；兩個盼望則是：神希望把更美的東西賜給基督徒，包括充足的指望（6：9－12），以及，祂把盼望的錨牢牢地繫在耶穌的祭司職任之上（6：13－20）。

作者總結了一系列的論點，然後以來5：11－6：20準備聽眾的心，去專心聆聽另一系列的論點。來2：10－5：10的論證討論過耶穌達到完全或者圓滿的道路，以及祂從苦難中學習了順從（5：8－9）。來5：11－6：20是一個中間插段，把希伯來書的主線論述轉移到討論有關耶穌和收信人之間的差異。他們的問題是：

一、沒有學到耶穌所學到的順從（5：8），反而似乎對學習毫無反應（5：11－14）；還有，二、沒有效法基督成為完全或圓滿（5：9），反而似乎一點都不成熟（6：1）。

現代讀者普遍以來5：11－14為根據，假定作者的收信人因為信心不成熟理解力又低，故此其所需要的是初階的教導，而不是來7：1－10：18有關基督的祭司職任和獻祭那麼複雜的解釋。然而經文的前文後理不支持這個見解，理由是，作者在來1：1－5：10關於基督的陳述絕不淺顯，其內容已經假定聽眾已具有比較適合吃成人乾糧而非嬰孩奶糧的高度理解力，沒有人能說，收信者能讀懂那些經文，卻又稱那信是寫給信心不成熟的人的。

另外，作者沒有表示希望替他們溫習「基督教道理初階」的意欲，反而表露出希望超越這些教導，進入更複雜題目的期望。7：1－10：18是他執行此項任務的經文根據，那是整本新約聖經最錯綜複雜的教導之一。

故此，我們在來5：11－6：3讀到的警告，顯然並非因為他們沒有能力了解，而是因為來5：11所指明的理由，「你們**已經**遲鈍了，聽不進去。」（新譯本）也不是因為他們理解不了，而是因為他們在聆聽神的話時遇到困難，這是作者在頭五章一再談論的主題：一、「我們當越發鄭重所聽見的道理，恐怕我們隨流失去」（2：1）；二、曠野的一代不聽聖靈警告所招致的失敗（3：7），整個過程以災難告終（3：8－10）；三、神的話比任何武器都鋒利，能夠準確無誤辨明最隱密的心思和主意（4：12、13）。

希伯來書的作者全神貫注，以帶領他的聽眾去聽從和注意神的話為落筆點。只要他們能夠專注，顯然早就該明白神的話了。因此，作者就用強硬的措辭來喚醒他們。他不僅推斷他們早已變得遲鈍了，還指出早該作老師的他們反過來需要老師教導，在理

解屬靈事物上他們是愚昧的，他們的行為不像成人，倒像嬰孩。

這種遲鈍和嬰孩的倒退顯然是近期發展出來的，也許是由於要應付世界對他們愈來愈嚴重的輕蔑，於是他們就試著迴避持守信仰的責任，因而部分信徒被誘惑悄悄離開基督教。

面對這個危機，作者的辦法是「聲嘶力竭」地喚醒他們，務求激勵他們採取行動並宣告：「這不是我，我不像嬰孩，我不單願意坦白承認自己的基督教信仰，我更隨時做好準備要為整個社會負起作老師的責任。」

不是只有希伯來書的作者才會使用比喻來喚醒世人，好使人們負起個人的責任。哲學家愛比克泰德（Epicitetus，約公元55－135年）也用相同的方法，以對比的形像激發他的聽眾，使他們更加委身於他所信奉的生活方式，並且更深切地吸收這些生活方式背後的價值觀，他說：「在這末後的日子裏，你不想要像孩子般戒掉奶瓶，轉吃多一點乾糧嗎？」還有，「你既已接受了你應該認同的哲學原則，而你又早已認同了這些哲學原則，你竟搪塞改善自己的責任？到底你還要等甚麼樣的老師出現，才肯去改善自己？你再不是小孩子了，你早已長大成人了。」（引自deSilva, p. 212）似乎愛比克泰德和希伯來書的作者都使用了修辭技巧來激發他們的聽眾行動起來。

在指摘過他們是嬰孩而不是成人之後，作者接著提到，他們需要實踐的智慧，要操練他們的官能、意志，好使他們「因為操練純熟，就能分辨是非。」（來5：14）他們需要在生命中懂得分辨是非，才能正確衡量他們與基督教的關係，也才能將這關係與得到社會認同兩方面的優點予以比較。

來5：11－14的寫作目的，是驅使收信人否認他們是不成熟的指摘，並同時激勵他們成為負責任的器皿，讓他們懷著熱誠去

教導他人相信他們早已信奉的真理。作者論述的背後有一個願景，就是相信基督教會應該是一個「教師的群體」，它藉著成為生產者而不是消費者來展現其成熟的一面。

來5：11－14給歷代教會提出了幾個教導。安德魯‧默里精確地把其中一個教導標誌為「基督徒生命中不求進取的罪」（Murray, p. 215）。死氣沉沉的生命毫無美德可言。基督教不可停滯不變。沒有不動的基督徒這一回事。我們不進則退。「基督教的現狀」這個說法是一種錯覺。

十六世紀偉大宗教改革家加爾文（John Calvin）指出另外兩個教導。首先，我們有責任善用光陰，在了解基督教真理和活出基督化生命這兩件事上長進。其次，「我們還被提醒，向弟兄傳授所認識的道理是每一個人的責任，以致不會有人知道自己得了知識就滿足，更要為了啟迪他人而傳授知識。」（Calvin, p. 127）

簡單而言，「不成長又遲鈍的基督徒」是矛盾的說法。基督教的核心信息鞭策我們不斷成長。當你把基督救恩的信息放在心頭，並且充分理解它，你會發現這信息是歷史中一股能量最充沛的動力，向男男女女散發出無比的大能，在全世界無時無刻為那賜能量的主和祂的目標獻上生命。

註1：本章除章首的經文小段外，內文的經文大部分參考《新譯本》，取其更貼近作者的譯本。題目《遲鈍聽不進去》是引自來5：11，參照更貼近作者譯本的《新譯本》聖經翻譯。

16 基本信仰第101條

來6：1－3

> ¹所以，我們應當離開基督道理的開端，竭力進到完全的地步，不必再立根基，就如那懊悔死行、信靠神、²各樣洗禮、按手之禮、死人復活，以及永遠審判各等教訓。³神若許我們，我們必如此行。

　　鑒於上一段經文（5：11－14）責備收信人的遲鈍，也許我們以為作者會說：「讓我們迴避所有困難的題目，回到基本的道理去。」然而他所做的剛好相反，他催促我們要進到成熟的地步。^{註1}

　　此外，作者又讓我們注意到其中一個主題，是他在他的信中一直貫徹始終，針對「成熟」這個論點所發揮的主題。從來1：14開始，他就描述基督教是「承受救恩的人」的一趟旅程，第2章闡明耶穌是這天路旅程的元帥（2：10），第3章和第4章拿這天路之旅跟古以色列人在曠野飄流作比較——天路之旅是以進入神的安息為終點。然後在來4：11本書信力勸收信人「竭力進入那安息」，在成為初信的基督徒之後，朝著旅程的終點加倍努力進發，這乃是貫穿整本書的重要主旨。

　　前進，在希伯來書中特別重要，因為這正是一些人提出質疑之處。另一個選擇是如作者所即將指出——跌倒或者叛道（6：6）。

　　即使如希伯來書所建議，他們當「離開基督道理的開端」（6：

1），這書信還是先給他們作一些回顧，這回顧讓我們深入了解作者
心目中一些基督教基礎信仰——就是那些被視為從猶太教或者異教
轉信基督教的新信徒必須明白的重要道理。這基礎信仰的清單中，
雖然有一部分與它們本屬的文化背景有類似之處，但對猶太信徒和
外邦信徒來說，每一條基本信仰都已經得到重新表述。

在來6：1、2列出的「基本信仰」或許不夠全面，但肯定足夠
向新歸信者說明哪些是受到重視的信仰。作者以一對一對的形式
把它們並列出來。第一對是「懊悔死行、信靠神」（6：1）。悔改
在基督徒成長的過程中是中流砥柱，也是施洗約翰和耶穌信息的
中心思想（太3：2；4：17）。悔改既是彼得在五旬節的講道主題（徒
2：38），也是全體使徒的普遍宣講內容（徒17：30；20：21）。基督化
的生命始於悔改，悔改這字意指「心意改變」。心意改變同時意
味一個人生命的轉化。「悔改並不是一瞬間的功夫，而是一種生
活方式。悔改不僅是對過去和現在心意上的變化，這變化還包括
了未來。這就是基督化的生活方式。」（Knight, Pharisee's Guide, p. 85）

基督教的一些基礎信仰
甲，（1）懊悔死行
　　（2）信靠神
乙，（3）各樣的洗禮
　　（4）按手禮
丙，（5）死人復活
　　（6）永遠審判
但是到7：1才出現「乾糧」

「信靠神」是悔改的另一面。要是悔改的含意是**轉離**罪惡，

那麼信靠就是轉向基督。「信靠」是希伯來書中一個最重要的字，克雷格‧凱斯特提出：「信靠神意指相信神會保證祂的應許成就⋯⋯。人類信心的基礎是深信神是信實的。希伯來書提到『信靠神』，因為神應許了救恩（來2：3；6：13；9：28）、榮耀（2：10）、還有安息（4：1、10）。應驗，是發生在將來的，是未見之事（11：1），好叫凡顯出信心者——包括舊約聖經中男男女女的豪傑之士和耶穌自己——都同樣確信神是信實的（10：23；11：11），並且不會容許祂的子民承受無止境的苦難，反倒按所應許的賜福他們（10：34；11：6、20、26）。」（Koester, p. 310）

第二對基礎信仰由各樣潔淨禮和按手禮組成（來6：2，新譯本）。各樣潔淨禮的希臘文是baptismōn，這字又可以翻成「洗禮」或「洗滌」，在這段經文中，其用法在新約聖經中絕無僅有。這個字所以是複數，可能暗示比基督教的洗禮更豐富的含意。在猶太人和外邦人的文化中，成年禮（initiation rites）^{註2}被用作界碑（boundary markers），以分辨誰是「他們的」群體一分子，因此把baptismōn理解為容納的意思是最好的解釋。毋庸置疑，這字涵蓋了基督教洗禮的意思（讀羅6：1–11），但同時又暗指外邦群體和猶太群體的成年禮與潔淨禮的比較和對照。

新約聖經記載了按手禮被廣泛地奉行，信徒按手在新歸信者的頭上（徒8：17），又給獻身為主服事的人行這禮（徒13：2、3）。按手禮在來6：2可能和神賜下聖靈給展開天路之旅的新信徒有關。

最後一對基礎信仰具有終末的含意。死人復活（6：2）是在末後神最終要成就的應許，是（9：27、28）的中心思想。至於神叫耶穌從死裏復活，這一事實則讓信徒從懼怕死亡中得釋放（2：14、15；13：20）。此外，復活，以及永遠審判（這一對基礎信仰第二個成員）可讓正在受苦的信徒小群體委身於基督。復活與審判，二者缺一不

可，因為它們都指向一個事實：我們需要以超越一切俗世的顧慮來衡量生命中的一切行動。而希伯來書的部分讀者似乎最需要的鼓勵就是忠心，好讓他們可以面對日益墮落的社會狀況和離棄道理的誘惑（6：6）。

「永遠審判」的教導在希伯來書的結構中有消極和積極的含意。凡拒絕基督者，其結局並不好過（參閱6：6－8）；但是，凡接受祂的祭和祂大祭司職事的，就意味著即使到了大審判的時候，他們也能夠坦然無懼，並有充分得救的確據（4：15、16）。希伯來書並沒有教導基督徒可免於審判，不過他們卻絕對不用害怕審判。他們得以坦然無懼，因為神給他們的審判將會以永遠的安息（4：4－9；12：22－24）和永遠的得救（5：9）作為獎賞。如同但以理書所說，神將會「給至高者的聖民」進行終末的審判，「宣告他們無罪」（但7：22，RSV中譯）。

希伯來書回顧基督教信仰的基礎道理，告訴我們基礎教義對信徒的重要性，即使它們並不構成作基督徒的全部意義。希伯來書餘下的幾章經文會專注於幾個基督教其他教導的意義——耶穌一次獻上的祭（9：14－10：18）、祂為每位基督徒在天上的大祭司職事（7：1－8：5；9：11－14）、還有憑信接受神應許的必要（11：1－40）。那些教導和其中的含意，套用來5：12－14的比喻說，實際上就是「乾糧」。「神若許」（6：3），作者會在第7章之後繼續作那些教導。若不蒙神喜悅，在基督徒成長之旅中，一切都是徒然。因此，「我們當把『神若許』這幾個字理解為，不僅是敬虔地點頭同意神的方向，而是如作者所認知的，若沒有神的幫助，他所建議的方法都難以成事。」（Morris, p. 54）

註1：「成熟」（mature）屬作者譯本，指來6：1中的「完全」，《新譯本》翻譯為「成熟」，《和合本》是「完全」。

註2：nitiation rites或譯啟蒙禮，一般指人通過特定的儀式被接受成為一個群體的一分子、或者正式被接納作成人、被賦予一個新的社會角色。

17

再論不得赦免的罪

來6：4－8

> [4] 論到那些已經蒙了光照、嘗過天恩的滋味、又於聖靈有分，[5] 並嘗過神善道的滋味、覺悟來世權能的人，[6] 若是離棄道理，就不能叫他們重新懊悔了。因為他們把神的兒子重釘十字架，明明地羞辱他。[7] 就如一塊田地，吃過屢次下的雨水，生長菜蔬，合乎耕種的人用，就從神得福；[8] 若長荊棘和蒺藜，必被廢棄，近於咒詛，結局就是焚燒。

有些事情是不可能的，希伯來書就列舉了其中四件：一、神決不能說謊（6：18）；二、公牛和山羊的血，斷不能除罪（10：4）；三、人非有信，就不能得神的喜悅（11：6）；四、不能使叛道的人重新悔改（6：4－6，作者譯文）。

第四世紀的克里索斯托（Chrysostom）指出，希伯來書不是說：「不恰當、不適宜或不合法」，而是說「不能」（Chrysostom, Homilies on Hebrews, 9：5）。歷代教會把來6：4－6解釋為，叛道者永不能重新得救或者與教會團結契合。又如特土良（Tertullian，約卒於公元225年），他堅持凡在受洗之後干犯嚴重罪過者（例如通姦和叛道），沒有第二次的悔改。因這緣故，有人就索性待到臨死前一刻才接受浸禮。

十六世紀宗教改革大旗手馬丁路德，因為類似來6：4－6與10：26－31的經文，對把希伯來書納入聖經的正典感到極端為

難。他認為禁止罪人悔改是違背使徒保羅有關恩典的教導。對路
德而言，希伯來書是「一封好的不可思議的信」，但是「它和其
他使徒書信不可相提並論」。他認為關於叛道的這段經文是一個
「死結」（Luther, Work, 35：394, 395）。早期版本的路德德文聖經給新約
頭二十三本書編上號碼，卻把希伯來書（連同雅各書、猶大書和啟示錄）
歸類為沒有編碼的另類「具爭議的書」。

　　希伯來書中「不能重新悔改」的經文也同樣困擾著不少今天
的信徒。不久前就有一位心煩意亂的青年男子來到我的辦公室，
他為自己的狀態絕望得泣不成聲。他十分肯定自己幹了太多不該
幹的事，以致不可能得到饒恕，而他就是拿來6：4－6 定自己的
罪。

　　這是其中一段在基督教歷史中最受爭議的經文。當然，它不
是惟一的一段。除了來10：26－29和12：16、17兩段同類的章節
之外，還有耶穌有關不得赦免之罪的教訓（太12：31、32；可3：28、29；
路12：10），及使徒約翰「至於死的罪」的教訓（約壹5：16）。所有這
些經文都為一些敏感的人添煩添亂。

　　讓我們看看來4：6－8的經文本身，看是否果真不能解開當
中關於「不可能」的意思。第一件事我們該注意的，是誰不能重
新悔改。第4和第5節相當清楚地列出他們的身分，包括五個特
徵：

　　一、他們「已經蒙了光照」。句子中的時態是被動式，沒有
說明誰是光照者，但神肯定就是這位光照者。

　　二、他們已經「嘗過天恩的滋味」，就是從神而來的恩典。

　　三、他們已經「於聖靈有分」。

　　四、他們已經「嘗過神善道的滋味」。

　　五、他們已經「覺悟來世權能」，這明顯是指體驗了天國福

音的福氣，這福氣始於今生，但要到基督再來的時候才達到高峰。

　　我們可以在這裏下結論，具有上述特徵者就是真基督徒，按照希伯來書的上文下理，他們就是作者為之寫這封信的基督徒，神的恩典確曾一度賜福給他們。

　　這領我們進入下一個清楚的論點，就是曾經被賜福的基督徒也可能離棄道理或叛道（6：6）。他們是怎麼叛道的呢？就是藉著拒絕他們一度蒙受的光照，這包括「天恩」、聖靈、神的「善道」、還有神在他們生命中彰顯的權能——都是臚列在來6：4、5的相同特徵。原因並不是他們的無知所致，因為他們「已經蒙了光照」（6：4），又已經「得知真道」（10：26）。作者在這裡不是談論他們隨流離開基督教，好像他在來2：1、3所說的，而是他們否定了神為他們和在他們生命中曾有的作為。

　　我們要再次記住，希伯來書把這種否定置於一種客旅之途的情境之中，就是他們要繼續在天路上前進（6：1）、卻反而沒有做到（5：11-14）。收信人和那些在第3和第4章的曠野民眾一樣，在最初接受了基督救恩的信息之後，便開始了一場信心之旅，必須等到他們圓滿地進入神所應許的安息，這場旅程方告結束。可是，也像曠野事件一樣，他們的旅途並不好走。只有信靠神應許的人——縱使外在環境令人疑惑不已——才能走畢全程。只靠表面環境，就必導致他們否定其所擁有的應許和恩典。

　　這正是許多希伯來書收信人在教會中的處境。因為來自社會上的反對，他們處於背離基督教的危險中。來6：4-8希望喚醒他們，策勵他們走完基督徒的路（6：1）。

　　現在我們開始明白，作者警告那些否定其基督徒經驗的人就不能從新懊悔是什麼意思。注意，他沒有說他們已經重新懊悔

了，而是說他們會這麼行——若是叛道的話（6：6）。

我們還要記住這警告的特殊社會背景。希伯來書的作者是在收信人遭遇敵對和日益加劇的逼迫之下寫這封信，當時叛道是極嚴重的罪，各人可能為了保護自己的產業和名譽、甚至生命而不惜否認基督，可是如此的否認卻代表了他們公開宣布，世上的財產和個人的生命比基督更重要，他們與基督關係的喪失就是「把神的兒子重釘十字架」（6：6）。此外，為求自保而拒絕基督就等於「明明地羞辱他」（6：6），引來非信徒對十字架的嘲諷，實際上他們是在說：「基督對你們的意義僅此而已？如果信基督教會引致這樣的軟弱，基督教還有甚麼價值？」這樣看來，當時的社會背景有助我們把握來6：4－6的意思。

但我們仍然要追問，**為甚麼**那些曾體驗了基督恩典的人，竟會否定祂，以致不能重新悔改？這個最重要的問題的答案是，神在將來惟一能夠賜給他們的，正是他們曾經擁有卻又一再棄絕的東西——「光照」、「天恩」、「聖靈」、「善道」、還有「來世權能」。若是他們要放棄所有這一切，神還可以做甚麼呢？難道要祂強迫他們接受他們自己不斷拒絕的東西嗎？要不顧他們的自由意志嗎？如威廉‧拉納（William Lane）指出，來6：4「所形容的是一種不可能，因為叛道者拒絕的，正是生發懊悔之心的惟一基礎。」（Lane, vol. 1 p. 142）

上帝容許他們選擇，然而祂拒絕再復興那些堅決放棄祂恩賜的人。祂允許他們與自己斷絕關係。

希伯來書第6章引人注意的地方之一是，第4至第8節處於兩段關於盼望的經文中間。第1節力勸讀者作成熟的基督徒，第9至20節則把在基督裏滿足的確據給與凡願意如此行的信徒。因此，第4至第8節是給他們一個警號：不管面前有多少困難，不要棄絕

基督。決定如何，任君選擇。他們可以背離基督，而收成雜草（7、8節）；或者他們要保全他們已經體驗過的救恩。

　　同樣的選擇也給二千年後的你和我。神依然將悔改的恩典賜給我們每一位。要不要神的恩賜視乎我們的抉擇。然而，縱使我們真的拒絕祂，要是我們轉向基督，悔改仍然歸我們所有。只有那些任由自己處於不斷離棄和拒絕神的狀態的人，才不可能獲得更新。神憐憫的胸襟寬宏廣大，祂不單願意重新接納那些公開離棄祂的人──例如經歷過客西馬尼事件的彼得（太26：69－75；約21：15－19），倘若我們讓聖靈的大能引導我們再次返回祂的天恩，祂還會重新接納我們每一位，正如拉納曾這般生動地形容：「否認基督就是擁抱『不可能』」（Lane, vol. 1 p. 142）。另一方面，轉向（或者，甚至重新轉向）基督就是擁抱「可能」。

暴風雨後的指望

來6：9 – 12

> [9] 親愛的弟兄們，我們雖是這樣說，卻深信你們的行為強過這些，而且近乎得救。[10] 因為神並非不公義，竟忘記你們所做的工和你們為他名所顯的愛心，就是先前伺候聖徒，如今還是伺候。[11] 我們願你們各人都顯出這樣的殷勤，使你們有滿足的指望，一直到底。[12] 並且不懈怠，總要效法那些憑信心和忍耐承受應許的人。

「親愛的弟兄們！」在五節講述可能滅亡的經文之後，這句話的出現令我們有點驚訝。

弗朗茨・杜里茲（Franz Delitzch）指出，作者只有在本書信此處以 agapētoi（親愛的）稱呼他的讀者。「的確，倘若希伯來書只能用這個稱呼一次，除了此處，不作他想，因為在此處使用是更有必要或更能激勵人心。」（Delitzch, vol. 1 p. 297）

作者心中有數。為了喚醒他的讀者，他在第4至8節的嚴詞屬語肯定已經給他們當頭棒喝。他提到叛道的可能、又不可能重新被建立、像無用又不結果的菜蔬一樣被焚燒。然而如今他稱他們為「親愛的弟兄們」。

「親愛的弟兄們」這話顯示他們並非全都是失落的一群，要改革和復興也不至於太遲。當勞・格思里（Donald Guthrie）寫道：

「他幾乎迫不及待向他的讀者保證，他不認為他們已經到了無可救藥的地步，好像他之前所說的。」（D. Guthrie, p. 146）第9節的「你們」與先前的話成了強烈對照的標記。

到現時為止，作者在第6章已經清楚讓他的讀者知道，他們必須在基督教的天路旅途上前進（1–3節），否則他們就有禍了（4–8節）。現在他開始顯出對他們的信心。他很明顯相信他們大部分人都不會離棄真道，不過他必須警告他們的確有這種可能。然而他們有一個更好的選擇。在9–12節他開始以鼓舞和親切的語氣談及該項選擇，始終力勸他們全力以赴。

作為二十一世紀的基督徒，我能夠認同希伯來書第6章的話。我知道有時我會灰心，我希望情況不至如此，但卻事與願違。這個時候我需要有人給我「醍醐灌頂」。而我也明白「主所愛的，他必管教」（來12：6）。此外，我更意識到即使我需要別人直言相告，但事實卻是，當自己的問題被指出來時，我更加洩氣。我沮喪的自問：「有用嗎？」

好消息在此。神認識我們每一位，祂知道試探使我們變得過分自卑和自暴自棄。因此，在以一點點的雷聲吼醒我們之後，神趕緊向我們保證，我們還未到積重難返的地步，我們還是祂所「親愛的」。當耶穌在生命的緊要關頭，需要得到鼓勵堅持下去時，神曾多次以含有「愛」這個字的話呼喚祂，所以當耶穌到曠野受試探時（4：1–8），我們讀到「這是我的愛子，我所喜悅的」（太3：17），當耶穌登山變像，立定心意朝向十字架赴死時，我們也讀到同一句話（17：5）。

神沒有忘記我們，儘管我們變得充滿疑問，儘管神要用強烈的信息和方法使我們醒悟。好消息是，我們和耶穌一樣都是神的兒女（來2：11），被歸入所「親愛的」裏面。暴風雨後盼望猶存。

來6：9的「親愛的」並不是獨立存在的一節經文，在關乎第一世紀讀者幾件積極事情的段落裏，它是其中一個部分。首先，作者「雖是這樣說」，就像他在第4—8節所說的，但他「卻深信」他們的「行為強過這些，而且近乎得救」。容或他們的信心踟躕不前，也不表示他會就此放棄他們。相反，他對他們有信心（9節）。

其次，希伯來書在第10節進一步明確解釋這信心的基礎。這信心不是建立在他們身上，而是以神永不改變的性情為基礎。神的性情構成所有基督徒信靠的堅實根基。公義是神性情的核心，因此，祂不會忘記信徒群體先前彼此以愛相待、如今還是如此表現的愛心。誠然，希伯來書的收信者並非無可指責，但是基督化的信仰又的確已經改變了他們的生命，這明顯可見於他們彼此相愛的行為之中。在來6：7、8的暗喻中，他們生命的土壤沒有萌生那非得要拿去焚毀的無用植物，卻長出了被神祝福的有用菜蔬。他們彼此相愛的心顯明了他們對神至誠至真的愛。神是所有人的父（參閱約壹4：19-21）。神並未忘記他們正在成長中的新生命。

希伯來書第6章所說的增長

1. 讓我們竭力進到完全的地步（1-3節）。

2. 提防後退，倒退招致嚴重的後果（4-8節）。

3. 但你不需要後退，儘管你有問題，你仍然是神所「親愛的」。因此，要有指望繼續前進（9-12節）。

4. 這盼望的實現是絕對確定的，就如神的誓約般確定（13-18節）。

5. 故此，我們有靈魂的錨，牢牢地拋在神的寶座裏。所有基督徒都有盼望的理由（19、20節）。

希伯來書的作者在他讀者的身上看到真實的盼望。他們的基督徒經驗已經相當不錯，但是他們還需要進步，繼續成長（6：1），否則便會後退（6：6），或是從信徒群體中流失（2：1），至終不能到達天上安息的目的地（第3、4章）。

作者期待他的讀者向著天路之旅勇往直前，因此他在來6：11－12再一次鼓勵他的同道，要定睛在那引向神安息的路。他本來只要嘉許他們彼此照顧，但現在他更願望他們顯出這樣的殷勤，使他們「有滿足的指望，一直到底」（11節）。在大家眼睛可見的領域上——就是在彼此的需要上，他們已經有好行為的表現。現在他們必須將這成就轉到一些眼睛不可見的事上——就是盼望神最終會領他們度過當下的危機，進入祂所應許的國（9：27、28）。換句話說，作為基督徒，在看得見的生活層面，他們的表現尚可接受；現在希伯來書的作者敦促他們要把它落實在信心的領域裡。

由於有這個屬靈成就的可能，我們的作者便鼓勵他的讀者「要效法那些憑信心和忍耐承受應許的人」（12節）。在13－15節他以亞伯拉罕為例，到了第11章他更會列舉一群傑出的信心偉人，他們是那些在天路上走向神終極安息時遭遇困難和信心動搖的基督徒，可以和應當效法的榜樣。

來6：9－12供給各世代的基督徒莫大的勉勵。也許我們舉步維艱、失腳跌倒；也許我們失去盼望、信心軟弱。但是神不忘記我們。祂不僅給我們足夠的關懷，警告我們提防危險的道路（6：4－8），還對我們不離不棄。神總是把我們納入祂所「親愛的」一群，祂依然看我們最好的一面，呼喚我們走在信心旅途上（6：9－12），作為基督徒我們要為神的愛和公義稱頌祂。

靈魂的錨

來6：13 – 20

> [13] 當初神應許亞伯拉罕的時候，因為沒有比自己更大可以指著起誓
> 的，就指著自己起誓，說：[14]「論福，我必賜大福給你；論子孫，
> 我必叫你的子孫多起來。」[15] 這樣，亞伯拉罕既恆久忍耐，就得了
> 所應許的。[16] 人都是指著比自己大的起誓，並且以起誓為實據，了
> 結各樣的爭論。[17] 照樣，神願意為那承受應許的人格外顯明他的旨
> 意是不更改的，就起誓為證。[18] 藉這兩件不更改的事，神決不能說
> 謊，好叫我們這逃往避難所、持定擺在我們前頭指望的人可以大得
> 勉勵。[19] 我們有這指望，如同靈魂的錨，又堅固又牢靠，且通入幔
> 內。[20] 作先鋒的耶穌，既照著麥基洗德的等次成了永遠的大祭司，
> 就為我們進入幔內。

　　希伯來書的頭六章已經展現了一連串豐富得不可思議的意
象。第13至20節使這些意象更形充實，同時又為我們提供更多一
些並列意象，這些並列意象與之前討論過的某些意象相似，可增
加我們的知識。

　　首先，我們找到兩組並列的人物榜樣。詹姆士・摩法特（James
Moffatt）指出：「到目前為止」，我們的作者「只是提及可引以
為戒的人，現在他藉著指出他們歷代忠心的先祖來勉勵他們」

（Moffatt, p. 85）。作為警告的最主要歷史事例，是第3和第4章出埃及的世代。而來6：12提到「總要效法那些憑信心和忍耐承受應許的人」，所指憑信心和忍耐承受應許的人，其佼佼者就是第13至15節述說的主題——亞伯拉罕。

兩個警告和忠信例證的並列意象，帶出另一個包含兩個誓言的並列意象——一個是審判誓言，一個是祝福誓言。神的第一個誓是向曠野的民起的，希伯來書兩次引用詩95：11說：「所以我在怒中起誓說：『他們斷不可進入我的安息』。」（3：11；4：3）他們果然進不了神的安息，他們在曠野的滅亡清楚地提醒我們當相信神必履行所起的誓。

如果祂所起的誓在消極的一面生效，那麼在積極的一面也同樣可靠。希伯來書引用創22：16、17，神向亞伯拉罕起誓，因為他沒有縮手不獻上其獨子為祭，主就賜福亞伯拉罕，起誓說：「論福，我必賜大福給你；論子孫，我必叫你的子孫多起來，如同天上的星，海邊的沙。」（參閱來6：13-15）在獻以撒的事上，亞伯拉罕確是夠忍耐的，畢竟，從得應許生子，到兒子誕生，其間他等待了二十五年。看看亞伯拉罕和撒拉，如加爾文指出：「撒拉一直過著不育的一生；兩人已介暮歲絕育之年，人生正是走向墓穴比走向婚床更近的時候。」（Calvin, p. 147）

然而，亞伯拉罕耐心地等候神踐約，而神果然信守誓約。亞伯拉罕的例子特別令希伯來書的作者信服，因為這位先祖並非憑能見之事作為行事準則（來11：1、8-12），而是憑著信心回應神的應許與誓言，「藉這兩件不更改的事，神決不能說謊」（6：18）。作者認為，假使在那麼絕望的情況下，神對亞伯拉罕尚且信實可靠，祂對讀希伯來書的人肯定會同樣信實。我們可以信靠神，對祂的子民來說，憑信忍耐等候最為重要（6：12）。就像神實踐祂對

亞伯拉罕所起的誓，照樣祂也會因為耶穌的祭司職任而實踐祂約的應許（見7：20—22）。

在來6：13—20浮現的第三個並列意象是兩件不能行的事。來6：4警告，神「不能」叫那些一再叛道的人重新悔改；來6：18則聲明，神對祂起誓要賜下的福氣「決不能說謊」。作者毫不含糊地提出這兩句話，其語調堅決，兩句話各自有一個寫作目的，凱斯特揭示這個寫作目的時寫道：「關於神不能使人從新悔改的警告，不是要讓聽眾對恩典感到絕望，而是要使他們在指望中奮力上進。相反，保證神『不能』言而無信，不是要令聽眾自滿，而是要使他們憑信堅持到底。」（Koester, p. 331）

兩件不能的事帶來兩個選擇。在閱讀希伯來書時，我們永不要忘記作者的對象和他的寫作目的。他的聽眾是一群曾經在基督裏有過輝煌的經驗，後來卻遇上困難的基督徒。他們三心兩意。他們會堅守信徒的經驗嗎？或者他們會放棄，再重返社會的老路和信仰？他們會像摩西的民眾般離棄道理（3：7—4：13）呢？還是不管表面的形勢如何，不管每天的試探與磨難，都能追隨摩西的榜樣，對神的應許保持信心呢（6：11—20）？

這樣看來，兩個榜樣、兩個誓約、兩件不能的事，導致兩個選擇——一個是出埃及民眾的選擇，另一個是亞伯來罕的選擇。議程已經列好，希伯來書要求做決定。

我們能夠想像得到的最後一個並列意象是兩條路。兩條路各自源於一幅文字圖畫。第一幅是描繪隨流失去，我們在來2：1已經有所論及，作者在那裏警告他的讀者：「我們當越發鄭重所聽見的道理，恐怕我們隨流失去。」在評論那段經文時我們曾經提到，隨流失去的希臘文，意指因為不小心或不在意而讓一些東西溜走或者丟失，這詞含有關乎海上事件的獨特含意，可以解作一

艘沒有錨或舵控制的海船，或指一艘淹沒在海岩處、或失去導航指引而錯過避風港的輪船。希伯來書暗示有一些信徒就像隨流失去的船，他們在生命中漫無目的地漂流，流向災難險境。

來6：19指基督徒的盼望如同又堅固又牢靠的靈魂之錨，這個意象也就在這時出現。基督徒不用隨處漂流。他們有一個牢牢地抓住指望的錨。

希伯來書所用「指望」一字，有別於我們很多人在二十一世紀的用法。指望通常讓我們想到企盼，當我說：「我希望有一天去巴黎旅遊」，我是在表達一個意願，這意願是真實的，但能否實現卻是未知之數，我只是希望有一天能夠如願以償。

新約聖經的作者用「指望」一字討論神的應許時，並不是按上面的用法。當他們談及基督再來「所盼望的福」（多2：13）、義人從死裏復活的指望（帖前4：13－18）、或者得救的盼望（羅8：24）時，他們腦中想到的不是妄想，而是真確的事實。

換句話說，基督徒的盼望是必然的事，因而就有記載在來6：19、20所說的盼望。盼望是穩定基督徒生命的能量，是穩住靈魂的錨。一個有盼望的人不用到處漂泊，像一首古老聖詩的歌詞形容，盼望把基督徒牢牢地靠在「基督這磐石上」。

在這一點上我們要明白，來6：19、20是從具體的層面使用「指望」這個詞。基督徒特別把盼望繫於基督身上，祂以大祭司的身分代表信祂的人進入天上聖所的幔內事奉。換言之，他們從基督在天上的事奉中找到盼望。

本書信以這個觀點結束了由來5：11開始的中間插段，這插段的內容告誡讀者，他們要醒悟，還要在屬靈的事上成長（5：11－6：3），不要背離基督（6：4－8），要朝向更美的事物進發（6：9－12），要效法亞伯拉罕信靠神的應許（6：13－15），並且抓緊擺在他

們前頭的盼望，這盼望是建基在基督在天上的事奉之上，就是祂照著麥基洗德的祭司等次在天上的工作（6：18－20）。

　　基督依照麥基洗德的等次在天上作大祭司，作者就是以這一觀點為我們帶出一個完整的循環內容。在來5：10他總結基督「蒙神照著麥基洗德的等次稱他為大祭司」，他接著在來6：20再次提出相同的主題，並將在第7章進一步發揮這個主題。

　　在繼續討論上述所說的主題之前，必需要指出的是來6：13－20的信息對今天和第一世紀的基督徒同樣重要。歷史上從來沒有一個時刻，比現在更需要讓男男女女有他們靈魂的錨了。當我們朝著基督的復臨大日前進，基督的盼望在這日最終得到實現之際，基督徒在個人生命中和在教會中的穩定性是最優先的。與此同時，當我們耐心地等待之際，我們可以和接收希伯來書信的教會一樣感恩，因為我們有一位能夠直接來到宇宙之神面前的大祭司，對於所有選擇亞伯拉罕之路的人而言，祂就是真正的「靈魂的錨」，而亞伯拉罕之路就是憑信心忍耐等候之路。

第五編 耶穌——
更美的祭司職任

（來7：1－28）

EXPLORING
HEBREWS

神秘的麥基洗德

來7：1－3

> [1] 這麥基洗德就是撒冷王，又是至高神的祭司，本是長遠為祭司的。他當亞伯拉罕殺敗諸王回來的時候，就迎接他，給他祝福。[2] 亞伯拉罕也將自己所得來的，取十分之一給他。他頭一個名翻出來就是仁義王，他又名撒冷王，就是平安王的意思。[3] 他無父，無母，無族譜，無生之始，無命之終，乃是與神的兒子相似。

出現在聖經場景中的麥基洗德有如長空的一道閃電。聖經沒有提及他的生平、出生、死亡、或他的家系。和那些先由族譜來介紹生平事蹟的聖經人物不同，麥基洗德直接出場。他為亞伯拉罕獻上餅和酒，他是撒冷王，是神的祭司，從亞伯拉罕的戰略品中取十分之一，他祝福亞伯拉罕，然後，他在歷史舞台上悄然消失，就像當初神祕地出現在歷史舞台一樣。

創14：18－20記載了在舊約聖經中一切和麥基洗德這個歷史人物相關的重要資料。但那不是僅有的章節，還有這樣一段：「耶和華起了誓，決不後悔，說：『你是照著麥基洗德的等次永遠為祭司』」（詩110：4）。希伯來書的作者在5：6就是引用了這節經文，又在5：10；6：20；7：11和7：21提及它。

這個神祕人物究竟是誰？希伯來書沒有為我們解開疑團。事

實上，書中提到麥基洗德無父，無母，無族譜，無生之始，無命之終（7：3），更為這個人物增添了幾分神祕色彩。

在猶太和基督教歷史中，關於麥基洗德身分的猜測眾說紛紜。第一世紀的約瑟夫（Josephus），聲稱麥基洗德是神在耶路撒冷（撒冷）的祭司，是耶路撒冷聖殿崇祀的開創者（見Wars of the Jews，VI:x:1）。因此，如希伯來書所說，利未祭司制度的先驅並非利未人，麥基洗德才是，死海古卷指麥基洗德是主持最後審判的神靈（見11Q13）。歷代以來有人拿麥基洗德跟閃、以利亞、或天使長米迦勒等人扯上關係，其他人則把他描述為執行赦罪工作的神明。對他身分的猜測，一直延續至今。

然而，本書信無意作此類的臆測。對希伯來書而言，麥基洗德是一個歷史人物，他作為一個先例，是以人品為根據而不是以族譜和律法為根據來擔任祭司的。

希伯來書的作者面對的困難是，對於他的讀者而言，耶穌顯然連按舊約聖經為祭司職任所定的頭一項資格也沒有，而作者卻要力證耶穌是我們的天上大祭司。根據摩西律法，只有利未人的後裔才能作祭司，而耶穌卻是出於猶大支派（來7：14）。

作者謹記上面的事實，擺在他面前的有兩條路：他大可不必理會舊約的明令；或者，他可以在舊約中尋找一個非利未祭司制度的先例。他選擇了第二條路，並在詩110：4中找到理據。這篇詩篇一直受到希伯來書的高度重視，我們首先在來1：13找到詩110：1的引述：「耶和華對我主說：『你坐在我的右邊，等我使你仇敵作你的腳凳。』」耶穌在太22：44引用同一節經文證明祂是神這另一本性。新約聖經——包括希伯來書在內，不厭其煩地視基督為詩110：1所說的那位高升的對象，第4節記載，神起誓說：「你是照著麥基洗德的等次永遠為祭司」，其所指的是同一

位尊貴人物。希伯來書結合兩節經文力證，要是詩110：1中那位高貴的人物就是高升的耶穌，那麼第4節必定也是指高升的耶穌。

為了證明這論點，希伯來書以兩個資料來源為據。首先，它採用了明顯是歷史陳述的創14：18－20。來7：1、2鋪陳了幾個事實：

- 麥基洗德是撒冷王，就是平安王的意思
- 他是神的祭司
- 他祝福亞伯拉罕
- 他從亞伯拉罕收取十分之一

那些事情有史實為證，無可推諉，它們以真憑實據作出結論，確有一比利未祭司等次更優先的真祭司職任。

第二系列的論據（7：3）不是以史為證，而是在談及麥基洗德時，舊約聖經沒有提到的一些論點。

- 麥基洗德無父無母
- 他無族譜
- 他無生之始
- 他無命之終

拿聖經沒有記載的事來證明祭司身分資格，這在許多方面來說是古怪的論證方式。畢竟，當聖經談到祭司制度時，一個人的家世代表了一切。品格與能力和利未祭司職任無關。他的譜系是必不可少的衡量標準。不管一個人具備甚麼資格，沒有合格的血緣，他便不可能成為祭司。比方說，當猶太人從巴比倫被擄歸回，我們發現不少祭司家庭未能拿出他們的族譜紀錄，結果，猶太社會禁止他們終身作祭司（拉2：61－63；尼7：63－65）。

但是，希伯來書似乎要拿麥基洗德在創世記的中沒有族譜記

載的這個事實作為立論根據。聖經沒有提出證據證明誰是他的父母，我們對他的祖先（他生之始）或者他的後裔（他命之終）一無所知。可是他的確是一位祭司，一位連猶太國中最受人敬仰的立國者都要向他納十分之一的祭司。這是舊約另一個祭司職任，正是這個另類祭司身分，為基督的非利未祭司職任提供了範例。儘管不是利未人，麥基洗德還是一位祭司，所以希伯來書形容他是基督在天上祭司職任的先驅。耶穌並非沒有作祭司的資格，相反，祂擁有一直延續到永遠的真祭司身分。

從希伯來書上下文的思路看來，絕對有必要看看為何作者提及麥基洗德。其用意不在於增添對這個神秘人物的諸多猜測，而是為了替耶穌非利未系統的天上祭司職任建立一個歷史理據。

在此有一個教訓。人類思想中最不幸的一面是，在尋找「新亮光」時，人們往往只著眼於聖經的範例本身，而忽略了聖經要說的實質內容。

我們的作者提及麥基洗德，目的只為了拿他作為歷史上一個祭司的例子，他將會在多方面預表基督的祭司事奉。聖經對有關麥基洗德身分的無稽漫談沒有興趣，可不少人卻對此趨之若鶩。對於好此道者，大概希伯來書的作者會如此回應：他或她應該善用時間，好好默想我們在天上大祭司的奇妙作為，這是作者會不厭其詳強調和發展的主題。

在離開「無益的讀經法」這個主題之前，我們還要就這問題多看一個層面。我認識一些人可以透過理性拿聖經的事實加以引伸，從而得出各式各樣的「新亮光」。他們比較對照，通過邏輯演繹推論，得出就連神也必定會大惑不解的各種結論。

讓我們拿麥基洗德和基督這對並列人物為例。他們兩人的祭司職任確有相似之處，反正這本來就是希伯來書的重點。可是，

意圖證明因為耶穌是永恆的，所以麥基洗德也一定是永恆的，跟意圖證明因為麥基洗德沒有族譜，所以基督也一定沒有族譜，兩種意圖同樣有問題，因為這直接與馬太福音第1章與路加福音第3章記載的族譜牴觸。

在解釋比喻時也是一樣，我們需要找出聖經作者的重點，而不是試圖考究每一個細節，藉此發展一條供人玩賞的理論。實例或比喻往往要說明一個道理，重要的是所說明的信息，而不是去推測每一個可能的結論。因此，研究神祕的麥基洗德，不單讓我們學習關於基督在天上事奉的種種，我們還學到如何能夠在世上有益地研究聖經。

麥基洗德的尊貴

來7：4－10

> [4] 你們想一想，先祖亞伯拉罕將自己所擄來上等之物取十分之一給他，這人是何等尊貴呢！[5] 那得祭司職任的利未子孫，領命照例向百姓取十分之一，這百姓是自己的弟兄，雖是從亞伯拉罕身（原文是腰）中生的，還是照例取十分之一。[6] 獨有麥基洗德，不與他們同譜，倒收納亞伯拉罕的十分之一，為那蒙應許的亞伯拉罕祝福。[7] 從來位分大的給位分小的祝福，這是駁不倒的理。[8] 在這裏收十分之一的都是必死的人；但在那裏收十分之一的，有為他作見證的說，他是活的；[9] 並且可說那受十分之一的利未，也是藉著亞伯拉罕納了十分之一。[10] 因為麥基洗德迎接亞伯拉罕的時候，利未已經在他先祖的身（原文是腰）中。

「這人是何等尊貴呢！」（來7：4）。「認真地想一想」這麥基洗德的尊貴能更豐富地顯出「尊貴」這希臘字在此的含意（Westcott, p. 175）。「尊貴」這字在上下文裏含有對比的意思，所要指出的的論點是，倘若亞伯拉罕是尊貴的（他在猶太人的眼中的確尊貴，因為他領受了神立約的福，又是猶太國的立國者），那麼麥基洗德便更加尊貴。

來7：4－10將從兩方面證明這麥基洗德的「尊貴」。首先，亞伯拉罕向麥基洗德納十分之一；其次，麥基洗德以祭司的身分

祝福亞伯拉罕。經文的邏輯接著表示，要是麥基洗德比亞伯拉罕尊貴，那麼他必定也比利未子孫尊貴。而要是他比利未子孫尊貴，那麼他的祭司職任必定比整個利未祭司的職任尊貴。一旦我們承認麥基洗德的祭司職任比利未的祭司職任尊貴，我們就必然得到一個結論：基督在天上的事奉比利未祭司在耶路撒冷聖殿的事奉優越，因為根據詩110：4說，耶穌是蒙召照著麥基洗德的等次作祭司的（7：17）。

來7：4－10是上面所說的邏輯推論的第一部分，而來7：11－19則進一步說明這邏輯推論的含意，不過作者最終的結論要到7：25才出現，他在那裏告訴他的讀者，他們絕對不用為了緊握基督、棄走老路而懼怕，因為耶穌是他們在天上的大祭司，「他都能拯救到底；因為他是長遠活著，替他們祈求。」也許我們會被作者錯綜複雜的論辯弄得迷惑不解，但是他總是以他苦惱的讀者為念，而毫無疑問，他們對整個論證的掌握比我們這些現代人更聰明，因為作者使用了流行於他們當時的例子為證，而我們對這些例證卻頗感陌生。

本書信在來7：4－10對麥基洗德之尊貴的論證，分兩個階段進行。在第一個階段（4－6節），作者強調利未祭司職任與麥基洗德的祭司職任之間的分別。

此論點之一與十分之一有關。十分之一的律法記載在民18：20、21，神告訴亞倫，利未子孫在應許之地不可分有產業，但他們可從以色列中獲取出產的十分之一作為在會幕事奉的報酬：「耶和華對亞倫說：『你在以色列人的境內不可有產業，在他們中間也不可有分。我就是你的分，是你的產業。凡以色列中出產的十分之一，我已賜給利未的子孫為業；因他們所辦的是會幕的事，所以賜給他們為酬他們的勞。』」

故此，神的律法容許利未人有權從所有其他以色列人的出產中取十分之一。所謂其他以色列人，當然就是指利未人的弟兄姐妹，因為他們是「從亞伯拉罕身（原文是腰）中生的」（來7：5）。因而即使神把利未人分別出來作祭司，從某種意義來說，他們全都是從亞伯來罕生的，彼此都是地位同等的弟兄姐妹。

可是麥基洗德卻不是亞伯拉罕子孫的弟兄。他與他們不同族譜（7：6）。他跟他們有分別。

上面的結論領我們進入作者在來7：4－10論證的第二階段。第4至6節既已顯示了麥基洗德**有別於**利未祭司，第7至10節就證明他的祭司職任比利未祭司職任**更優越**。

作者把這種優越的基礎建立在第6節，他告訴我們麥基洗德不僅從亞伯拉罕處收取十分之一，他還祝福亞伯拉罕。那收取十分之一的比納十分之一的優越，對此，本書信的作者毫不置疑，而在兩個人的關係中，那被祝福的比祝福人的低等。頭一個論點在經文中的表達是含蓄的；第二個論點在來7：7中的表達則是明顯的。

想一想麥基洗德的尊貴

麥基洗德比亞伯拉罕尊貴，因為：

1. 亞伯拉罕向他納十分之一
2. 麥基洗德祝福亞伯拉罕

   因為利未人透過亞伯拉罕向麥基洗德納十分之一

   所以麥基洗德比利未人尊貴

   結論是，麥基洗德的祭司職任比利未祭司職任尊貴。

希伯來書的另一個論點，涉及麥基洗德等次祭司職任的永久

性。第8節說所有利未祭司都是必死的，但在另一個系統有一位
祭司，「有為他作見證的說，他是活的」。本書作者的這個說
法立論於詩110：4，說：「你是照著麥基洗德的等次永遠為祭
司」。莫里斯評論：「作者並不是說麥基洗德是永遠活著，而是
說有見證證實他是活著。他再次拿聖經的緘默為憑據，聖經沒有
記載麥基洗德的死亡（參來7：3）。在衡量這一點的重要性，以及這
位王者祭司怎樣預表基督時，必須記住這一點。」（Morris, p. 65；比較
Montefiore, p. 122）

希伯來書的論點並不是說麥基洗德本人的生命活到永遠，而
是聖經沒有提及他的死亡（7：3），因此他就象徵性地建立了一個
永恆的祭司職任（6：20；7：17）。復活的基督（參閱本書第7章有關來2：
14、15的討論）而非麥基洗德，才是那「永遠長存」的祭司。來7：
23－25把這點說得分外明確，我們的作者以第8節作為該段經文
的論據，以最終會因為死亡而不能長遠事奉的利未祭司，對比耶
穌的祭司職任，祂「是長遠活著，替他們祈求」，好叫「凡靠著
他進到神面前的人，他都能拯救到底」。

來7：9、10提出的論點是整個論辯思路的高峰，而有關論辯
則在第4至第8已經有所提及。照著麥基洗德等次的祭司職任不僅
是不同的（4-6節），也是更優越的，因為：一、麥基洗德與亞伯
拉罕之間的關係顯出了亞伯拉罕的次等地位（第7節）；二、麥基
洗德等次的祭司職任永遠長存（第8節）。第9和10節承接這兩個理
由，把論辯引上高峰，說明要是麥基洗德比先祖亞伯拉罕超越，
他也必定比利未子孫超越。在申明這一點之後，希伯來書就準備
好繼續討論利未祭司職任的不足，和必需要有一位更好的祭司
（11－19節）。

現代讀者一般認為，來7：1－10是一個怪論。即使論據清

晰，我們大多數人可能未必會採納希伯來書作者的議論方式。

　　在此我們要學習一個教訓。聖經作者的世界和我們的世界不同，神使用他們先對他們的世界說話。另一方面，神同時希望透過同一本書接觸我們。倘若我們真想明白神給我們的話語，我們便必須要先了解這些話語對第一世紀聽眾的意義，這就要求我們需要熟悉他們的文化和他們的表達方式，而不只是把我們的現代思想、辯論方式或者文化習俗強行套在經文的頭上。神藉著希伯來書和其他聖經的書本有話對我們這些現代人說，若我們要發掘這些話語最完整的意思，就必須竭盡所能，本著最先接受這信息之群體的眼睛和心思，閱讀神的話。

更美的祭司職任

來7：11 – 19

> [11] 從前百姓在利未人祭司職任以下受律法，倘若藉這職任能得完全，又何用另外興起一位祭司，照麥基洗德的等次，不照亞倫的等次呢？ [12] 祭司的職任既已更改，律法也必須更改。 [13] 因為這話所指的人本屬別的支派，那支派裏從來沒有一人伺候祭壇。 [14] 我們的主分明是從猶大出來的；但這支派，摩西並沒有提到祭司。
>
> [15] 倘若照麥基洗德的樣式，另外興起一位祭司來，我的話更是顯而易見的了。 [16] 他成為祭司，並不是照屬肉體的條例，乃是照無窮（原文是不能毀壞）之生命的大能。 [17] 因為有給祂作見證的說：「你是照著麥基洗德的等次永遠為祭司。」 [18] 先前的條例，因軟弱無益，所以廢掉了， [19]（律法原來一無所成）就引進了更美的指望；靠這指望，我們便可以進到神面前。

一個思想，夾住了這段經文的首尾。第11節說得明白：藉利未祭司的職任不能得完全，第18和19節呼應這節經文的傷感情緒，告訴我們與利未祭司職任相關的律法條例軟弱無益、「從來沒有使甚麼得到完全」（新譯本）。

不過，經文的開始和結尾還有另一個思想：在利未祭司職任之外，還有另一個方法成就神的旨意，第11節所指另一祭司職任

說明了這另一方法，這另一祭司職任，正如第19節說：「引進了更美的指望；靠這指望，我們便可以進到神面前」。

這另一祭司職任和更美的方法，是直接扣緊基督照著麥基洗德等次的天上祭司事奉，此概念貫徹整章經文，其論點是：大祭司基督能夠成就利未祭司永不能指望成就的事。

來7：11－19要追問的核心問題在於，所求於祭司制度來成就的到底是甚麼。利未祭司職任還留下甚麼未完成的工作？答案的線索佈滿全本希伯來書。之前的經文曾提及被賜予榮耀尊貴為冠冕的盼望（2：5－10）、進入神安息的盼望（4：9、10）、還有承受神應許給亞伯拉罕的福氣的盼望（6：12）。

顯然，在希伯來書收信人的生命中，那些盼望都還沒有實現。他們實際上所經驗到的剛剛相反——被毀謗、遭患難、家業被搶、被捆鎖（13：3、13；10：32－34）。不過，從另一方面而言，每

一個盼望卻都已經在耶穌的身上實現了。祂已經被賜予榮耀尊貴為冠冕（2：9）、坐在神寶座的右邊（1：3）、祂的高升預表了恩約的福氣要落實到祂的跟從者身上。耶穌有能力給跟從祂的人帶來「更美的指望」，讓他們靠著祂的事奉得以「進到神面前」（7：19）。

如果希伯來書第1至第6章的全部線索，均有助於說明對一個祭司的要求，那麼，或許之後在來7：11—19談到的提示就更加關鍵了。來9：13、14認為，利未祭祀不能潔淨人的良心，而來10：3、4則告訴我們，「公牛和山羊的血，斷不能除罪。」如果是這樣的話，那麼希伯來書7章11和19節稱利未祭司職任不能使人得完全，便相當正確了。作者將會以第8至第10章基督的祭和天上的事奉為根據，力證利未祭司事奉所不能做到的，正是基督的祭司職任能夠做到。耶穌的祭司職任既能潔淨良心，又能除去罪債。簡單地說，它會帶來圓滿或者完全（7：11、19），是利未祭司職任所不可能勝任的。

可是，猶太人先入為主的想法質疑這個方法，因為摩西的律法已經十分清楚明訂，只有利未人才能作祭司。耶穌並不屬於利未支派，馬太福音第1章的族譜毫不含糊地申明，祂是出於猶大支派的。猶大是皇族支派；利未則是祭司支派。

此外，對猶太人來說，律法已經一鎚定調，對這宗族的歸屬作出了決定，律法是神話語的最後定調。再加上他們相信利未的祭司職任比麥基洗德的祭司職任優越，因為利未祭司職任是後來的，故可被視為麥基洗德祭司職任的替代。

正因如此，作者不嫌繁複地引用詩110：4就顯得格外重要了。神在頒布律法的很久以後才宣告這話：「你是照著麥基洗德的等次永遠為祭司」。如莫里斯指出：「當亞倫祭司制度還在實

行的時候，神透過大衛說出有關麥基洗德祭司制度的話，這就顯示從亞倫而出的祭司並未能實踐祭司職任所定之目的。」（Morris, p. 66）總之，利未祭司職任沒有取代麥基洗德祭司職任。相反，麥基洗德祭司體系不單比利未祭司體系源遠流長，還有過之而無不及。

可是律法怎麼說呢？律法不是說得明白，只有亞倫子孫才能當祭司嗎？對，因此來7：12才會稱：「祭司的職任既已更改，律法也必須更改。」經文的上文下理清楚顯示，第12節指的不是律法整體上的大改動，而是指修改只有屬肉體的亞倫後代方能作祭司的這一條規定（比較7：16）。

作者在這一點上顯得格外謹慎。在陳述之中他沒有否定律法，卻表明聖經本身實際上論及兩種祭司制度（7：11）。摩西的律法建立了由亞倫後裔傳承的祭司制度；詩110：4卻講到不屬於亞倫一族的祭司，如麥基洗德。循著這個思路，來7：11問：「如果藉著利未人的祭司制度能達到完全的地步，為甚麼還需要照著麥基洗德的體系[詩110：4]，另外興起一位祭司，而不照著亞倫的體系呢？」（新譯本）

故此，在祭司體制的承傳更替上，希伯來書在舊約聖經中為另有一超越律法的祭司體系找到堅實的理據（7：11-14）。縱然出身在猶大的皇族支派，基督具備作祭司的資格。祂的世系是適切的，因為麥基洗德不僅是神的祭司，他同時是撒冷王（7：1；創14：18）。在新約中基督既是君王也是大祭司，麥基洗德在這兩個領域中都預表了基督。

不過來7：16提醒我們，耶穌不是照著利未後裔「肉體的條例」，而是照著「不能毀壞之生命的大能」成為祭司。祂已經戰勝了死亡（來2：14、15），因此足夠應驗詩篇110：4的預言，說「他

是照著麥基洗德的等次**永遠**為祭司」（7：17）。

這個結論領我們來到7：18、19，我們讀到論到利未人後代的話，「先前的條例，因軟弱無益，所以廢掉了。」（比較12、16節）因為這律法的條例從來沒有使人完全或圓滿（11、19節）。但是靠著那從死裏復活並得了不能毀壞生命的耶穌（16節），還有靠著祂永遠長存的事奉（17節），基督徒有一個「更美的指望」，讓他們「可以進到神面前」（19節）。

總括而言，基督具備了作祭司的資格，祂的祭司職任能作成利未祭司體系所不能作成的——「完全」或者圓滿地實現神的計畫（11、19節）。祂的祭司職任在每一方面都更優越，不僅因為這職任所帶來的「更美的指望」和直接來到神面前的特權（19節），還包括時間的長短——基督永遠為祭司，因此，祂的祭司職任在各方面都是更美的。希伯來書在第7章的餘下部分，將會繼續補充這「更美」的意義。

23 希伯來書最偉大的真理

來7：20 – 25

> [20] 再者，耶穌為祭司，並不是不起誓立的。[21] 至於那些祭司，原不是起誓立的，只有耶穌是起誓立的；因為那立他的對他說：「主起了誓，決不後悔，你是永遠為祭司。」[22] 既是起誓立的，耶穌就作了更美之約的中保。
>
> [23] 那些成為祭司的，數目本來多，是因為有死阻隔，不能長久。[24] 這位既是永遠常存的，他祭司的職任就長久不更換。[25] 凡靠著他進到神面前的人，他都能拯救到底；因為他是長遠活著，替他們祈求。

我們大都是守習慣的人。我們不喜歡生活中突如其來的變動。我想第一世紀的猶太人基督徒讀者和我們一樣。穩定，無疑令人感到安舒。那支撐猶太傳統之穩定基礎的，就是神透過摩西所頒布歷久不變的律法。

可是當來7：12稱「祭司的職任既已更改，律法也必須更改」之際，就對律法的永久性構成威脅。怎能有這事呢？神豈不是「昨日、今日、一直到永遠，是一樣的」（13：8）？耶穌自己不也說：「就是到天地都廢去了，律法的一點一畫也不能廢去，都要成全」（太5：18）？他們一定曾經這樣想：**如果我們不能依靠歷久不變的律法，那麼我們還能靠甚麼？**

　　凱斯特針對這一問題說：「問題在於倘若神更改律法，命定耶穌作非利未系統的大祭司，人們還怎能對如此的安排有信心，相信這是永遠不變的呢？」（Koester, p. 369）。在來7：11－19，我們的作者已經著手處理這個具有威脅性的問題，他論到舊約中的兩種祭司制度，又論到它們的存在顯示神在舊約早已立了一個不在律法以下、卻又與利未祭司繼任權有關的特殊安排。故此，麥基洗德，還有詩110：4所預言將會照著麥基洗德的等次「永遠」為祭司的那一位（7：17），實際上就提出要更改祭司體系的律法。因此，從舊約的觀點看來，這律法的更改並沒有像表面看來那麼激進。

　　不過，改變還是有的，而改變總構成威脅，尤其是那些牽涉基本信念的改變。我們如何知道我們可以肯定這新的改變會持續下去呢？

　　來7：20、21為這個問題，再次引述詩110：4。但這一次作者的引述比他在來7：17的引述提前了一句，他引用詩110：4的頭一句：「主起了誓，決不後悔，你是永遠為祭司。」（7：21）

　　神起誓的這個意念本身就使我們震驚。停下來想一想：人們起誓惟一的原因是怕別人不信無憑的空話，因此人們以發誓來保證一句話的可靠性。但神不需要發誓，因為神決不能說謊（6：18）。巴克來認為：「如果神曾經藉起誓確定祂的一句話，那麼這句話必定非比尋常且極為重要。一件神用誓言來使之有效的事情勢難更改，因為它已經成為宇宙不可分割的一部分，歷久常存。」（Barclay, p. 85）

　　這已不是我們第一次在本書信中聽到神立誓。在來3：11我們讀到祂在怒中起誓，出埃及的民斷不可進入應許之地，而他們就真進不去，他們死在曠野。神謹守誓言（3：16－19）。還有，神

向亞伯拉罕起誓，要使他的後裔繁多。神再度守約，即使希伯來書的收信人也可以視自己為亞伯拉罕的兒女（6：13-20）。若神已經信守祂以前立的誓，祂也會保證那關乎耶穌長久為祭司的「永遠」誓言（7：21）。

結果就是，「耶穌就作了更美之約的中保。」（7：22）被翻譯為「中保」這字的古希臘原文，意指某人為他人在銀行透支的金錢「作保」，或者某人支付保證金確保因徒到法庭應訊。這字假定了一些要付的款項、一些要做的事情、或一份要達成的協議。我們怎能確定神會保證祂的應許？祂不僅起誓說祂會做到，而且，正如巴克萊解釋：「耶穌是神的愛的保證人。耶穌是保證神的愛即將來臨的擔保人，只要我們相信祂的話。」（Barclay, p. 87）

既然來7：20-22專注於我們為何能夠信靠神的應許，第23至25節便宣告可被我們視為希伯來書最偉大的真理：「凡靠著祂進到神面前的人，祂都能拯救到底；因為祂是長遠活著，替他們祈求。」（7：25）

耶穌是中保

Engyos「一字意指合同、保證金、抵押品、或者某種確保獲得兌現的保證。在埃及的法律和載有使契約生效條款的紙草文獻上，這字是用來專指一位擔保人或者一位可靠的人。耶穌本身就是我們的保障，這個又新又更美的約不會廢棄無效。」

（Rogers, p. 531）

「他……能」。凡信靠耶穌的人都無需畏懼。祂的手臂不是縮短不能救贖（賽50：2）。復活的耶穌隨時隨地幫助祂的子民，不像會死亡的利未祭司（7：23、24）。祂擁有「不能毀壞的生命」（7：

16），因為祂已經勝過死亡（2：14、15）。

「他……能拯救到底」。祂能做利未祭司所不能做的，如布魯斯（A. B. Bruce）表示，希伯來書的作者希望「把最大的拯救能力歸與耶穌，以此來與祂之前軟弱無能的利未祭司制度作對比」（Bruce, p. 279），若利未祭司不能使神的計畫得以完全（7：11），耶穌能，「凡靠著他進到神面前的人，他都能拯救到底」（7：25）。儘管「軟弱無益」令利未祭司體制實行起來困難重重，但耶穌的事奉卻帶來「更美的指望」（7：18、19）。祂能「拯救到底」。耶穌能夠做利未祭司所不能做的。

到此我們要追問何謂拯救「到底」。這個概念有多重含意，其中之一與時間有關。來7：25的《修訂標準版譯本》道盡箇中意義：「凡靠著他進到神面前的人，他都能永遠拯救。」（RSV中譯）這個意思一定是依照經文的上下文而來的，這上下文力證耶穌的拯救大能是基於「他是長遠活著，替他們祈求。」（7：25；比較7：23、24）

然而時間的幅度還未曾完全說明這上下文的全部意思。第27節繼續論到人的罪，還有無效的利未獻祭，與耶穌為我們只一次獻祭就有效解決罪之間的比較。故此，耶穌「得以拯救到底」的能力，就意味了耶穌把我們從全部需要得到救拔的處境中拯救出來，祂的救恩能徹底地解救人脫離罪。湯馬斯把這個思想和時間的因素連繫起來：「回顧過去，我們已經從被定罪和罪疚中得拯救；審視現在，我們正在從罪的力量、愛犯罪和罪污中得拯救；展望將來，我們將會被拯救脫離罪進入天上的榮耀裏。」（Thomas, p. 94）

耶穌能「拯救到底」，不僅由於祂長遠活著，也由於祂為靠近祂的人代求。一些莫名其妙的理論因為這個思想而引起。不少

人把仁慈的基督描繪成卑躬屈膝，替罪人向一個忿怒的神乞求饒恕。這真是一個大錯特錯的圖像。首先，神愛世人，甚至差祂的兒子來，使罪人不至滅亡（約3：16）。父神不需要別人來平息祂的忿怒。其次，希伯來書所勾勒的耶穌沒有乞討，祂反而是一個戰勝死亡而復活、與神一同坐在寶座上的得勝者（來1：3；7：26）。基督絕非叫化子，祂以勝利者的身分為我們代求，祂十分樂意和那些來到祂面前的人分享祂的勝利成果。

在希伯來書以外，我們在新約聖經找到另外兩段具體反思基督代求工作的經文。第一段是羅8：33、34：「誰能控告神所揀選的人呢？有神稱他們為義了。誰能定他們的罪呢？有基督耶穌已經死了，而且從死裏復活，現今在神的右邊，也替我們祈求。」第二段是約壹2：1、2：「我小子們哪，我將這些話寫給你們，是要叫你們不犯罪。若有人犯罪，在父那裏我們有一位中保，就是那義者耶穌基督。他為我們的罪作了挽回祭，不是單為我們的罪，也是為普天下人的罪。」

最佳美的福音就是，我們有一位在天上與父神分享寶座的代求者，因此，「我們若認自己的罪，神是信實的，是公義的，必要赦免我們的罪，洗淨我們一切的不義。」（約壹1：9）不過基督的代求是有規定的。約壹1：9規定我們要認自己的罪；來7：25則規定「靠著他進到神面前」，相同的規定見於來4：16，經文宣告：「我們只管坦然無懼地來到施恩的寶座前，為要得憐恤，蒙恩惠，作隨時的幫助。」（比較10：1、22；11：6）

只要我們認罪和靠近神，那最大的救恩就是屬於我們的禮物。藉著禱告我們認罪和靠近神。神邀請我們帶著個人的需要、藉著耶穌來親近祂，好叫祂將屬大的福祉充充滿滿傾降在我們身上。

　　或許希伯來書最偉大的真理就是，凡靠著我們的大祭司「進到神面前的人，他都能拯救到底；因為他是長遠活著，替他們祈求。」湯馬斯寫道，該節經文「有別於其他的經文，它呈現了存在於兩種基督徒經驗之間、既關鍵又基本的分別，一種是初信經驗，視基督為我們的救主；另一種是更深入、更豐富的經驗，視基督為我們的祭司。一種態度是以稱頌與感恩的心回望十字架；另一種態度則懷著喜樂與信心仰望天上的寶座。」（Thomas, p. 96）

終極的祭司

來7：26－28

> ²⁶ 像這樣聖潔、無邪惡、無玷污、遠離罪人、高過諸天的大祭司，原是與我們合宜的。²⁷ 他不像那些大祭司，每日必須先為自己的罪，後為百姓的罪獻祭；因為他只一次將自己獻上，就把這事成全了。²⁸ 律法本是立軟弱的人為大祭司；但在律法以後起誓的話，是立兒子為大祭司，乃是成全到永遠的。

　　我們的作者一直以希伯來書第7章全文，證明耶穌的祭司職任比亞倫的祭司職任更美。到了第26至28節，他把耶穌定義為終極的祭司，此身分無人可及。奧爾頓‧偉利爾（H. Orton Wiley）在評論這幾節經文時指出：「一位與我們的樣式相同，適合我們需要的大祭司，必須在三方面完美：一、完美的品格；二、完美的獻祭；三、完美的代求。」（Wiley, p. 229）

　　來7：26首先把握到第一方面的完美，提出基督的五種品格。第一，祂是聖潔的。希臘文有兩個字形容聖潔：Hagios意指屬於神的或者被分別出來歸屬祂的。從這個意義說，當地上的會幕被分別出來歸神所有（出30：25－29；40：9－11；利8：10－13），它就是聖潔的。同樣，一個新基督徒是分別出來屬於神的，或說是成聖的（來10：10；徒26：18；林前1：2），故新約聖經稱基督徒為聖徒（林前

151

1：2；林後1：1），聖徒是被分別出來為神所用的人。然而，被翻譯為「聖潔」的hagios這字，並非本段經文所使用的字。來7：26用的是hosios，用以指出被形容的人物的品格。故此，耶穌不光屬於神──像普遍基督徒般，祂有聖潔的品格，祂有在神眼中看為純全美善的特質。

耶穌的第二個顯著的完美特質是「清白無罪」（innocent，按作者譯文）或「無害的」，希臘文是akakos，意指「無邪惡的」。Kakos是指「邪惡的」當你在一個希臘字的前面加上a，該字就變成反義詞。故一個akakos的人是沒有邪惡的、或者是清白無罪的。聖經用這字形容本性美好、完全沒有邪惡的人。

第三個對耶穌品格的描述是「無玷污」，此字的希臘文amiantos意指「無瑕疵或者無污穢的人」。這思想領我們重返舊約聖經，在那裏我們發現被獻上的祭物必須是無瑕疵的。一頭污穢了的祭牲，不管是哪一方面的污穢，都不可以獻給神（申15：21；17：1；利1：3）。同一道理，一個身體殘障的利未人不能當祭司（利21：17-24）。耶穌被神完完全全所接納，因為祂不只是聖潔的和清白無罪的，祂也是無玷污的。

第26節告訴我們有關耶穌的第四種品格是，祂「從罪人中被分別出來」（新譯本）。這句子有兩個意思，一個是「基督在倫理道德上有別於罪人」，另一個則是「祂的高升把祂從罪中永久地……分別出來」，保羅・埃利華斯（Paul Ellingworth）認為兩個解釋均正確（Ellingworth, p. 394）。

來7：26提到基督的最後一個特質是祂「高過諸天」，那句子跟來4：14類似：「我們既然有一位已經升入高天尊榮的大祭司」，這資格牢牢地緊扣在空的墳墓一事實中，這空的墳墓就是福音的根基（林前15：1-4）。耶穌不僅為我們死，祂已經復活且高

升到天上，正在為我們作大祭司。

前面所述的特質，儘管可能曾被用來形容其他人物，但在世界歷史上卻只有一個人能夠準確地代表這些特質的總和——耶穌。祂是終極的大祭司。

引用偉利爾的話，來7：27描寫「他完美的獻祭」（Wiley, p. 229），這包含兩個意思。首先，別的祭司是導致罪不能得到消除的部分原因，因為他們本身均是罪人，都要為自己的罪獻祭。但是「聖潔、清白無罪、無玷污」（7：27）、即使曾「凡事受過試探」卻「沒有犯罪」的耶穌（4：15），不需為自己獻祭。

反而，當耶穌「一次而永遠的」「獻上了自己」，祂就以自己為祭。那只一次的祭，是祂的獻祭所以是完美的第二個意思。利未祭司必須重複他們的獻祭，顯示了他們的祭司職任和所獻的祭物，從終極的角度而言是沒有功效的。與之相比，基督只獻上一次的祭，就坐在神的右邊（1：3），如此就象徵了祂已經做成祂獻祭之功。我們的大祭司基督已經為罪的難題，提供了一次而永遠的解決方案。

在離開來7：27之前，我們必須注意，大祭司要為自己的罪「天天」獻祭的這節經文，為不少解經家帶來極大疑難，因為他們假定希伯來書的核心信息是每年的贖罪日，因此，他們在解釋為何經文說「天天」時顯得困難重重（參Ellingworth, pp. 395, 396; Delitzsch, vol. 2, pp. 6-12; Morris, pp. 72, 73）。

問題顯然是基於他們帶著贖罪日這個預設觀念來閱讀該段經文。每當遇到類似的情況，我們都要加倍小心，要讀出（read out）經文原本的意思，而不是把預設的意思讀進（read into）經文裏去。

作者以一整章經義討論基督祭司職任的優越，就在來7：28為全文劃上句號，這個結尾重新提出兩個重點：首先，它引述詩

110：4指出，神照著麥基洗德的等次起誓設立永遠的祭司職任，
這誓是「在律法**以後**」的，意思是詩篇是在五經之後才出現的，
故此靠律法設立的祭司職任，並沒有取代憑誓言而立的祭司職
任。情況恰恰相反，因為所起的誓已經一鎚定調，一如一份已成
定案的法律文件，所以其有效性一直延至今日。

對於那些奉行律法的讀者來說，經文的最後一點相當震撼。
在結束他的論辯時作者沒有提到作大祭司的耶穌，反而再一次稱
祂為「兒子」。作者透過這出人意外的用詞，提醒他們在來1：1
－14那段關於聖子崇高莊嚴的陳述，還有聖子在神的家中獨一無
二的地位，藉此突出耶穌超越利未祭司等次的獨特性（3：5－6；參閱
Koester, p. 374）。

關於基督事工更優越的論證，希伯來書就在此結束。這本書
已準備好開始另一個新主題，之前曾經提及的一些見解，將會在
這個新主題的闡述中得到更充分的討論。在第7章我們找到兩個
標記，為本書信在第8至10章要討論的事情設下議題。第一個是
「更美之約」（7：22），在來8：8－13及10：16－18將有所發揮；
另一個是「他獻上了自己」（7：27），這概念將會是第9和10章的
主旨。

與此同時，我們作基督徒的有一位「成為完全直到永遠的」
大祭司（7：28，新譯本）。這描述與那未能完全的利未祭司職任（7：
11、19）形成鮮明的對比。

第7章的信息對第一世紀的讀者，和我們這些在二十個世紀
之後才閱讀的人同樣甚具意義。縱使彼此所處的外在環境不盡相
同，我們卻一同有「更美的指望」（7：19），因為我們有一位更美
的祭司，「凡靠著他進到神面前的人，他都能拯救到底；因為他
是長遠活著，替他們祈求。」（7：25）

第六編 耶穌——
更美的約

（來8：1 – 10：18）

EXPLORING
HEBREWS

更美的聖所

來8：1－5

> ¹ 我們所講的事，其中第一要緊的，就是我們有這樣的大祭司，已經坐在天上至大者寶座的右邊，² 在至聖所，就是真帳幕裏，作執事；這帳幕是主所支的，不是人所支的。³ 凡大祭司都是為獻禮物和祭物設立的，所以這位大祭司也必須有所獻的。⁴ 他若在地上，必不得為祭司，因為已經有照律法獻禮物的祭司。⁵ 他們供奉的事本是天上事的形狀和影像，正如摩西將要造帳幕的時候，蒙神警戒他，說：「你要謹慎，作各樣的物件都要照著在山上指示你的樣式。」註1

來8：1、2領我們來到本書信其中一個精彩的延伸主題。作者在來5：1－7：28作過有力的論述，認為作為基督徒的我們確實有一位更優越的大祭司。在來8：3－10：18他陳述天上大祭司的奉獻是更優越的。來8：1、2是這兩個大段落的連接（G. Guthrie, Hebrew, p. 278; G. Guthrie, Structure, pp. 106, 146）。

「我們**有**這樣的大祭司」，注意話中流露出來的那份信靠。莊遜指出，響徹整本希伯來書的肯定話語：

- 「他……**能**搭救被試探的人。」（2：18）
- 「我們既然**有**一位已經升入高天尊榮的大祭司。」（4：14）

- 「凡靠著他進到神面前的人，他都**能**拯救到底。」（7：25）
- 「我們既因耶穌的血**得以**坦然進入至聖所。」（10：19）
- 「我們**有**一祭壇。」（13：10）

莊遜力言：「基督徒得救的確據，是以事實和在諸天之上的永恆真相為根據，不依賴情感、印象，也不靠希望甚至承諾，而是以既成事實的東西為憑證。」（Johnsson, Hebrews, p. 145）

聖經的作者所說「第一要緊」的是，「我們有這樣的大祭司，已經坐在天上至大者寶座的右邊，在至聖所，就是真帳幕裏，作執事；這帳幕是主所支的，不是人所支的。」（8：1、2，作者譯文）在這數節經文之前，本書信曾多次提及有一屬天的聖所存在，比如來6：19、20告訴我們，耶穌進入幔內成為我們的大祭司。來7：26顯示基督徒有一位高過諸天的大祭司。然而到了來8：1－5，他第一次向我們清晰地介紹他一直所暗示的事物真相。在談到「坐在天上至大者寶座」時，他頭一次道出他在來1：3所說耶穌「坐在高天至大者的右邊」的一些具體概念。來8：1、2開始呈現天上聖所，那是神供職的寶座。

天上聖所對猶太人來說並非全新的觀念，不少在基督教之前的猶太文獻已經有記載，像《利未遺訓》（The Testament of Levi）稱那「至大榮耀者」（神）居住在第三重天的「至聖所」，「與他在一起的眾天使長，代表所有無知有罪的人服事主並獻上和好的祭。」利未稱在該處見到「至高者（神）坐在寶座上」（利未遺訓3：4、5；5：1）。在另一則有關天上聖殿的記載中，《所羅門智訓》（Wisdom of Solomon）說有一個智者謂：「你囑咐我在你聖山上建造一座殿，在你臨格之城裏建造祭壇，就是照著你最初神聖帳幕的樣式。」（所羅門智訓9：8）[註7]

以上的參考資料明顯以出25：8、9為根據，神指示摩西說，

以色列人「當為我造聖所，使我可以住在他們中間。製造帳幕和其中的一切器具都要照我所指示你的**樣式**。」（比較25：40）

希伯來書在介紹屬天的聖所時，同樣以出埃及記25章為根據。按本書信指出，天上聖所是真帳幕，是「主所支的，不是人所支的」（8：2），為曠野的帳幕提供了「樣式」，所供奉的職事是天上事物的「副本和影像」（8：5，新譯本）。

來8：1-5的其他舊約聖經根據，還有我們至今該相當熟悉的詩110：4，來8：1引述這節經文說，作大祭司的耶穌「坐在天上至大者寶座的右邊」。這個意念和一些猶太人十分熟悉的觀念相關連，即認為神的寶座是在天上的（詩11：4；賽66：1），並把祂的寶座與天上聖殿連繫起來「當烏西雅王崩的那年，我見主坐在高高的寶座上。祂的衣裳垂下，遮滿聖殿。」（賽6：1）

故此，天上聖所有神的寶座在其中，希伯來書的猶太讀者對這一概念不會感到陌生。或許叫他們感到新奇的觀念是，如今耶穌代表他們在天上聖所作大祭司。

作者所要力證的是，基督的事奉是千真萬確的事，至於利未人的職事則不過是預表祂工作的影兒而已。利未人的職事並不能有效地醫好罪的問題（來7：11、18、19），反正那本來就不是該制度的真正功能。利未職事只是作為一個示例，說明基督在天上的職事。正如所有動物的獻祭，都是指向作為「神的羔羊」（約1：29）和逾越節真祭物的耶穌（林前5：7），即祂只一次獻上自己為祭物，地上的聖所也照樣把人的注意力轉向天上的真聖所。簡單而言，所有利未制度之下的會幕、事奉和祭司職任，都是用來描繪那將由耶穌在天上聖所成就的、神終極的獻祭與事奉。

希伯來書認為，基督徒要仰望天上的時候到了。儘管天上聖所曾經提供地上帳幕存在的合法理由，在第8章說明地上帳幕

是天上聖所的代替品。事情發生的地點轉變了。真祭物已經獻上，真祭司已經就位。故此，基督徒需要專注天上，那裏有他們「已經升入高天」的大祭司，隨時給那些需要幫助的人賜下憐憫和恩惠（4：14 16），「凡靠著祂進到神面前的人，祂都能拯救到底。」（7：25）

我們在來8：1－5找到的，是一個為更優越事奉而設的更優越聖所（是神所支的）。縱使聖經沒有太多提及這屬天的聖所，我們還是可以找到關於它的點點滴滴。啟示錄第4和第5章提供了可能與其榮耀與宏偉相關的最佳線索。啟11：19以榮光、雷電、還有地震來刻畫它的榮耀；但7：10在提到天上聖所的面積時說，在寶座前有「千千萬萬」天上的生靈。

懷愛倫以聖經對天上聖所的描述為基礎，進一步寫道：「這地上聖所無比的輝煌壯麗，向世人反映出天上聖殿的光明燦爛；在那裏，有我們的先鋒基督站在上帝的寶座之前，為我們服務。在這萬王之王的居所裏，『事奉他的有千千，在他面前侍立的有萬萬。』（但7：10）在那個聖殿裏充滿著永恆寶座的榮光，還有那光輝四射的守衛者撒拉弗蒙著臉崇拜上帝。人手所造極其富麗堂皇的建築物，**實不足以**反映這殿的偉大和榮光於萬一。雖然如此，那有關天上聖所的重要真理和在那裏所進行救贖人類的偉大工作，還是藉著地上的聖所和其中的禮節來闡明的。」（《善惡之爭》，433頁）

關於屬世聖所和它的事奉，有一點我們要記住，它們僅是天上事物的影兒。就像你不可能按我的影像來說出我真正的模樣，我們對屬天聖所及其事奉的真相也只能有一個粗略的梗概。

可是我認識某些人，竟以為可以通過檢視地上聖所及它的工作來了解天上聖所及其工作的全部細節。這些人詳述他們認為天

上正在發生或者未發生的事物。依照他們對地上聖所的研究，可以說，他們準能告訴你天上聖所是用多少塊「磚頭」砌成的，以及每一塊磚頭的屬靈意義為何。

要提防！我可以肯定告訴你，耶穌一定不像地上祭司那樣，在聖所的祭壇前踱來踱去把血灑上。凡企圖依仗他們對地上聖所的理解，而對天上聖所作出望文生義和以偏概全的解釋，便是從影兒倒過來看真像。天上聖所不是地上聖所的影兒，地上聖所才是天上聖所的影兒。我們對天上的事奉只有概略的了解，但即使是了解有限，神已經藉著好像希伯來書這些書本，把我們必須知道的東西向我們啟示出來。

我們若心中記取地上的事只是真像的影兒，就能以謙卑的心來提出我們的主張。也許在解釋比喻時，我們也應該參照地上（影兒）的觀念。比喻傳授教訓，但我們不能夠拿比喻的每個細節與終極的真相（ultimate reality）聯繫起來（比方說試一試路16：19－31）。這個觀念也適用於理解天上聖所。天上聖所是一個關於形象化的比喻，（注意，來9：9說地上聖所是一個預表（新譯本）[即希臘文parabolē]），因為有這預表的聖所和它的利未事奉，我們就得著無價的洞察力，得以深入了解救恩計畫和基督在天上的工作，但我們並不知道全部真相，也不應該拿地上事物的種種細節強行解釋天上的工作。

好消息是縱使我們的知識有限，我們還是可以確信，有一位大祭司正在真聖所內為我們供職，以致我們可以「坦然無懼」地來到神施恩的寶座前（4：16）。

註1：「至聖所」（holies）（第2節）屬作者譯文。
註2：《利未遺訓》與《所羅門智訓》是舊約偽經。

26
建立在更美應許、
更美職任上更美之約

來8：6－13

6 如今耶穌所得的職任是更美的，正如祂作更美之約的中保；這約原是憑更美之應許立的。

7 那前約若沒有瑕疵，就無處尋求後約了。8 所以主指責祂的百姓說（或譯：所以主指前約的缺欠說）：日子將到，我要與以色列家和猶大家另立新約，9 不像我拉著他們祖宗的手，領他們出埃及的時候，與他們所立的約。因為他們不恆心守我的約，我也不理他們。這是主說的。10 主又說：那些日子以後，我與以色列家所立的約乃是這樣：我要將我的律法放在他們裏面，寫在他們心上；我要作他們的神；他們要作我的子民。11 他們不用各人教導自己的鄉鄰和自己的弟兄，說：你該認識主；因為他們從最小的到至大的，都必認識我。12 我要寬恕他們的不義，不再記念他們的罪愆。13 既說新約，就以前約為舊了；但那漸舊漸衰的，就必快歸無有了。

　　希伯來書來到它的主旨。「更美」這字在本書信中十分突出，它在第6節中一次接一次地出現。我們發現那裏提到更美的職任、更美的約、還有更美的應許。無論我們認為希伯來書的信息說甚麼，可以斷定，一切與基督之工有關的事物，在作者看來都是最高級的。

　　來8：6－13的獨特主題是更美的約，這樣的主題已經引起了很多關於這段經文的爭論，當中不少牽涉所謂神在西乃山與以色列人所立的約有不足之處。有人認為「舊」的約只注重律法，而神如今在「新」的約中另闢蹊徑——恩典之路。這個論點引致的後果之一是，既然現在我們是在恩典之下而不是在律法之下，那就毋需再守十條誡命了。

　　然而，這根本就不是希伯來書第8章要討論的。由於「約」這個題目是如此重要，我們將會分兩部分來討論。今天這一章（第26章）將會從釋經的角度研究「約」，即把約放在希伯來書的上下文來研讀。下一章（第27章）將分析約的神學意義。

　　在來8：6－13中第一點要注意的是「約」這個字。「約」原本指兩個人達成的協議，協議的有效性有賴雙方一致同意遵守所協定的條件，任何一方破壞協定，約就失效。有時，舊約聖經所提到的約，或多或少含有這種人間協議的意義，是故大衛與約拿單在互相信任的基礎上立約（撒上23：18），而基遍人則謀求跟約書亞立約（書9：6－27）。

　　雖然我們在整本舊約聖經中讀到都是人類的約，但「約」這個字的真正焦點卻是在神和祂子民間的關係之上，故此就有神與挪亞立的約（創6：18），還有神與亞伯拉罕立的約（創15：18；出2：24），祂又與以色列人立約（申5：2）。新約聖經也使用「約」這個概念來描述神和祂子民之間的關係，不過我們卻在那裏發現了一種特殊的語意情境。

　　一般用來形容盟約協定的希臘文是*synthēkē*，這字用來表示兩個政治團體或者婚姻配偶之間的關係，從而顯示一些涉及雙方的事情。

　　但是希伯來書第8章並不是使用*synthēkē*這個字，而是

diathēkē。*Diathēkē*原本不帶有協議的意思，而是指遺命或者遺囑。

我們必須自問，為甚麼新約聖經（與《七十士譯本》一樣）以這個不尋常的字來形容約？答案是因為synthēkē所描述的雙方都有著同等的地位，這樣，任何一方都可以討價還價，兩者皆可以建議條款。

可是*diathēkē*就不同了。立遺囑的人在遺願和遺囑中定下條件，是另一方不能更改的。因此，比方說我以父母的身分立遺囑，我的孩子別無選擇，他們若不接受，便是拒絕，我所定的規條，他們不能改動一筆一劃。

*Diathēkē*和*synthēkē*兩個字的意思天差地別，雖然兩個字皆指由雙方訂定的協議，但兩者的處理手法卻不盡相同。

「約」這個字的希臘文

Synthēkē= 由地位同等的雙方訂定的盟約或協議，任何一方均可以就條款進行商議。

Diathēkē= 無磋商餘地的約，跟立遺囑和定遺命一樣，只有一方有議定條款的權力。

神與人立的約是diathēkē。因著人類的需要，這種約並沒有討價還價的空間。神的diathēkē是恩典之約。我們惟一的選擇就是接受或者拒絕由祂所定的條件。

新約聖經的作者貫徹始終選擇*diathēkē*一字來表示約，並非偶然。神所立的約不是由地位均等的雙方所立的約。祂與祂的創造物並不同等，因此，對於祂或者由祂定下的約之條款，我們不能提出異議或者與祂斤斤計較，我們只能接受或者拒絕祂所賜予

的，我們無從改變所立之約的規定。因為神立的約是百分之一百由祂發動的，所以祂的約就完全體現了*diathēkē*這字的意義。祂是神而我們是祂的兒女，完完全全依靠祂。故此，因著祂願意和我們一同進入這約的關係，我們可以心存感恩，因為*diathēkē*的約是十足地、堅固地、全然地靠賴祂的恩典。

可是為甚麼神有兩個約呢？前約出了甚麼問題？來8：7、8提供了部分答案。第7節把問題歸因於前約本身，第8節則指出問題出在人類身上。

但是，倘若前約同樣是神立的約，又怎能出錯呢？為甚麼這約不是完美無缺的？莊遜正確地論稱，要從來8：6－13的上下文而非從神學臆測才能提供答案（Johnsson, Hebrews, pp. 152-156）。現在我們就來看看該上下文的思路。

希伯來書在7：22首次談到約。正當討論到耶穌更美的祭司職任之際，該節經文指出祂是更美之約的中保，如此，希伯來書就突出了耶穌把約和祭司職任連繫起來的重要立場。這個連繫到了第8章得到進一步的發揮。耶穌在更美的聖所中事奉（真聖所，見1－2節），祂有更美之職任，是直接與更美之約和更美之應許結合在一起的（第6節）。至此，希伯來書就「約」所要強調的重點就一目了然了，約的重點在於其跟聖所、聖所的服務、及與這些服務有關的應許，而不在於靠律法還是靠救恩這兩種得救途徑。

這一刻我們要問：「和第6節的更美之約相關的更美之應許是甚麼？」我們在8－12節中找到答案，那是新約聖經引述自舊約聖經最長的一段經文，這段源於耶31：31－34的經文突出了幾個要點：

- 神要立新的約（應許）
- 以色列違背了神的約

- 神要把祂的律法寫在祂子民的心上（應許）

- 所有神的子民都要認識主（應許）

- 神要寬恕他們的罪（應許）

莊遜指出，即使上述所列舉的都是要項，作者在來9：1－10：18的論點，及他之後在來10：15－18引述耶31：31－34，幫助我們明白到他所最關注的，是更美之應許和更美之約的本質（同上書，pp. 153, 154）。

讓我們來領會本書信的論據。首先，來9：1－10討論前約給地上聖所的敬拜設下各種規例，經文並提到敬拜所涉及的種種儀式——以色列人的獻祭制度。

接著在來9：11－22，作者轉到基督的獻祭，及這祭奠定了祂作新約的中保（9：15）。祂的祭不像利未祭司要重複獻上的祭，因為祂的祭能有效處理罪愆。

來10：1－10繼而指出，基督的祭是真獻祭，而前約中利未的獻祭和事奉都只是「將來美事的影兒」（第1節）。因此，基督廢除了在先的，為要立定在後的（第9節）。

然後來10：11－18記載基督只一次的獻祭，「便叫那得以成聖的人永遠完全」（14節）。為了說明這一點，希伯來書再次引述耶31：31－34，但是第8章和第10章所使用的耶利米書引句有一個主要分別：來8：8－12引用了耶利米書關於約的全段經文；來10：16、17（新譯本）卻只集中在三點之上：

- 我要與他們立新的約

- 我要把律法放在他們的頭腦裏，寫在他們的心坎上

- 我要赦免他們的罪

最重要是要辨識到，希伯來書每當使用神立約的這個觀念時

（7：22；8：6、7－13；9：1、15－22；10：15－18、29；12：24；13：20），都是與

獻祭制度有關。

莊遜這樣寫道：「因此，希伯來書對約的討論，並不是一下子就轉往律法主義或者恩典的題目上（如加4：21－31的情況）。兩個約在這裏代表了兩個成就神計畫的階段。第一階段涉及舊約聖所、包括當中的人類祭司職任和動物祭品。不管所曾進行過的全部祭典、不管如何恪守神聖規則、不管屠宰了多少動物，這約還是不能為罪愆帶來一個永恆的解決辦法。但神應許立新的約，在這新約之下，大祭司，耶穌基督我們的主，在天上聖所事奉，獻上自己的血為祭。這就是神自己擔受了我們的痛苦與絕望，這也是我們迫切需要的最後解決辦法……

「有了對希伯來書這約的認識，我們便能夠回到8：6關於『更美之應許』的問題上。這應許所以是更美的，因為是從神，而不是從人而來的，也因為它確保徹底除淨罪愆。」（同上書，pp. 154, 155）

作基督徒的我們可以因為有這更美之約、更美之應許、更美之職任而感恩。前約容或有瑕疵（8：7），可並不代表它不好，畢竟那是神所立的。該約的限制是它不能夠解決罪。藉著指向耶穌的獻祭和祂的工作，前約就提出了解決罪的真正辦法，但僅靠這約是不足夠的——它只是耶穌將要成就之工的影兒（10：1）。我們惟一的指望是靠賴耶穌只一次的死（10：10、12、14），和祂在天上聖所的事奉，好叫我們這來到祂面前人得到完全和白白的赦罪（4：16；7：25；8：12；10：17）。

注釋「新」的約

關於各種「約」的題目，曾經引起不少重大的神學爭辯和不少誤解。在本書第26章，我們從釋經的角度檢視了在希伯來書中關於「約」的概念。我們發現作者真正關注的不是律法和與它相對的恩典，而是與前約相關的「敬拜的規例」和「屬世界的聖所」（9：1，新譯本）。他在希伯來書第9和第10章論證，它們為何只是預表基督的影兒，屬世的制度不能解決罪，基督的獻祭和事工卻能成就利未制度所不能做到的，故此，前約、它的祭祀及動物祭品都已經「當作舊的了」，「變成陳舊衰老的，就快要消逝了。」（8：13，新譯本）利未體制本身不是壞東西，但它並不能解決罪的問題。

這個重要的教訓在希伯來書的論證思路中清晰可見。然而，縱使閱讀上下文有助解明希伯來書所強調的約，很多重要的神學問題仍懸而未決。當中主要的課題是保羅在諸如加4：21－31提出的，有關律法和恩典的拯救方法。

有些對約抱著錯誤觀念的人教導，綜觀歷史的發展，神有超過一個拯救的方法。從西乃山開始——該理論如此說——神就期望人透過守律法得救。不過到了現在，因為耶穌的死，人是憑著信心，靠恩典得救（弗2：8）。

這種扭曲的說法製造了不少問題，其中之一是，它錯誤解釋

出埃及記第24章中古以色列人接受神立的約。當摩西向他們宣讀
神的約和十條誡命，他們回應：「耶和華所吩咐的，我們都必遵
行。」（24：7）有人認為該段經文就是靠信服誡命得救的律法之
約。

然而那不是神的心意。在曠野生活快要結束的時候，摩西
回顧：「你們對我說的話，耶和華都聽見了。耶和華對我說：
『這百姓的話，我聽見了；他們所說的都是。惟願他們存這樣的
心敬畏我，常遵守我的一切誡命，使他們和他們的子孫永遠得
福。』」（申5：28、29）。此外，神特別為那些遵行誡命的人祝福
（28：1），又詛咒不遵行誡命的人（28：15）。守誡命並沒有錯，即
使保羅在他那本因信稱義的鉅著——羅馬書，也把神派他作「信
服真道」的使徒（羅1：5；16：26）與他的思想連結起來，以致「信服
真道」成為羅馬書首尾呼應的偉大概念。神期望祂的子民信服。

就像古猶太人答應信服並沒有錯一樣，神的律法也沒有錯。
事實上來8：10告訴我們，神要將律法放在基督徒的裏面，寫在
他們心上。那絕不是要廢掉律法，改為靠恩典得救。

看來靠恩典得救和靠行為得救之間的爭論焦點，隱含了對恩
典和律法彼此的關係有重大的誤解。不少人讀十誡時皆沒有覺察
經文的引言：「我是耶和華你的神，曾將你從埃及地為奴之家領
出來。」（出20：2；申5：6）那是一句恩典的話，神先拯救祂的民，
然後才頒布律法。就是在舊約聖經中，在理念上，信服也是憑信
心去回應神救贖的恩典，就如類似羅1：5的經文所說的。

歷代以來，問題並非在於信服的意願，企圖在神的救贖關係
以外信服才是問題所在。新約之下的信服，往往是從信靠的關係
中流露出來的，因此保羅能夠說「得救是本乎恩，也因著信」。
我們不是靠遵行律法得救的。不過他在緊接著的下一節經文又補

充說：「我們原是他的工作，在基督耶穌裏造成的，為要叫我們行善，就是神所預備叫我們行的。」（弗2：8－10）這位使徒又可以談「藉著愛表達出來的信」（加5：6，新譯本），還可以稱讚帖撒羅尼迦人「因信心所做的工夫，因愛心所受的勞苦」（帖前1：3；比較帖後1：3）。

就是馬丁路德，當他沒有因自己那著重行為的修士生活而反應過度時，他也能看到律法和恩典的正確關聯。因此，他能夠在其羅馬書注釋的前言寫出這番話：「這信心是生動的、有活力的、充滿大能的東西，有了信心卻沒有殷勤作善工是不可能的……。行為和信心是分不開的，就好像熱和光與火是分不開的一樣。」（Luther, Romans, xvii）

舊的約不是神在西乃山所立的約，而是人類很想在神的關係之外信服。無論何時何地，當人以為透過一己之力可以賺得救恩時，他便是讓自己處於舊的約之下。信服不會帶來救恩；信服是從救恩湧流出來的。

那些會把舊約等同於西乃山之約，而把新約等同於靠耶穌的恩典的人還要認識到，其實所謂的「新」約其實比「舊」約還要古老。我們永不可忘記，在西乃山之約之前亞伯拉罕已經活著，而神與他所立的約，是本於信心而非本於行為（創15：6、17－20）。更重要的是，聖經一再稱這本於亞伯拉罕的信心而立的約，是神「永遠的約」（17：7、13、19）。實際上，祂和以色列人在西乃山所立的不是新的約，反而是重新肯定祂與亞伯拉罕早已立定的約。事實上出埃及記這本書，正是以神記念祂和亞伯拉罕所立的約為基礎而寫的，神定意要拯救以色列人出埃及，從而成全祂對先祖的應許（出2：24，6：5）。

最終，問題不是出在神永遠的約上，而是出在祂的子民身上

（來8：8）。照著希伯來書第3和第4章的記載，他們斷絕信靠的關係，並且認定祂沒有能力領他們進入應許之地的安息（參閱3：7－19；4：2、6、11；8：9）。接著，在拒絕讓神的恩典帶領之後，他們意圖靠自己的力量征服應許之地（民14：39－45；來3：18；8：9），他們就在這裏失敗了，而這失敗正好象徵了他們是活在舊約之下。古以色列人曾放棄與神的救贖關係，企圖依靠己力尋找應許中的安息。

總括而言，神只有一個約——靠恩得救的永遠之約。舊的約是出於人意，企圖在神的關係以外靠人的努力得救。在這過程中，人們利用律法作為進天國的途徑，守律法不再是對神救恩的回應。由於對律法有這種曲解，於是保羅便拿西乃山之約與為奴之約作比較（加4：21－31）。西乃山之約所以有問題，是因為人的曲解，與神本來的心意無關。

也許你正在想，**如果事情是這樣的話，為何希伯來書8：7宣稱那前約並非沒有瑕疵呢？**我們已經在第26章解答了這個問題。不應該只因為摩西之約所應許的拯救是建基在人力所不能為之處（即靠自身努力進天國），就把它當作是邪惡的約。這約所以不足，是因為所附帶的儀式制度不能夠帶來確實徹底的赦免。利未制度只能做到指向基督，祂只一次的死就帶來永遠解決罪的真正辦法（來10：1、10、12、14、18）。

你或許又在想：有道理。**可如果神只有一個永遠的約，為甚麼希伯來書第8章和其他新約經文又說有一個前約和一個後約——或者叫新約，這不就暗示有一個舊的約麼？**為了回答這個問題，我們要明白在希臘文中有兩個字同樣被翻譯成「新」一字。第一個是neos，意指時間上某事物是新的；第二個是kainos，指事物在性質或本質上的分別（Trench, pp. 233－237）。希伯來書使用了第

二個字，暗示作者強調的不是時間上的新，而是性質上的新。如一位作家形容：「這約所以被稱為新約，因為神永遠的約早已被完全忽略了，以致於這約看來像是一個全新的約。」（Heppenstall, p. 456）

故此神的慈愛與恩典之約對許多第一世紀的猶太人來說是新的，但對神卻不是，因為早在領以色列人出埃記時，神就已經是「有憐憫、有恩典」，並且赦免罪孽的（出34：6、7）。除了這個，論到把律法寫在信徒的心上，就再沒有新的東西。神願意為祂在舊約聖經中的子民做相同的事（讀申6：4-6；耶31：33）。

因此，對以色列人和對基督教會，約的主旨都是一樣。但在某種意義上，神永遠的約又「不像」祂和西乃山的民所立的約（來8：9）。當中的實質差異跟利未制度有關，這制度不能使人完全（7：11、19），並且快要消逝（8：13，新譯本）。

關於新約我們還有一點必須注意的：它尚未完全應驗。來8：11使人回憶起賽11：9有關千禧願景的話，告訴我們當新的約全然應驗，所有人便會認識神。神與之立約的子民還未到達這個境界，我們還需要教導和傳福音。故此，新約的體驗既是當下的實況又是將來的盼望。當基督「向那等候祂的人第二次顯現，並與罪無關，乃是為拯救他們」時（來9：28），便是這盼望完全實現的時候。

地上聖所的榮耀

來9：1－5

> [1] 原來前約有禮拜的條例和屬世界的聖幕。[2] 因為有預備的帳幕，頭一層分隔間叫作聖所，裏面有燈臺、桌子，和陳設餅。[3] 第二幔子後又有一層分隔間，叫作至聖所，[4] 有金香爐（爐：或譯壇），有包金的約櫃，櫃裏有盛嗎哪的金罐和亞倫發過芽的杖，並兩塊約版；[5] 櫃上面有榮耀基路伯的影罩著施恩（施恩：原文是蔽罪）座。這幾件我現在不能一一細說。註1

希伯來書第8章後半段用利未事奉相關的約作為對照，從而顯出與耶穌在天上事奉相關之約的優越性。有關比較在希伯來書還沒有完成，但本書已準備好跨越舊約的討論，從處理罪的果效來看兩個事奉的本身。作為這任務的第一步，希伯來書描述摩西在曠野建立的帳幕。我們必須注意，第9章並不是談論位於當代耶路撒冷的聖殿。

以色列的帳幕是一個便於攜帶、呈帳篷模樣的神祠，以色列人在曠野安營時，把帳幕立在營的中央。十二支派在帳幕的四圍安營，井然有序，每一邊有三個支派（民數記2章）。因此，在曠野的聖所是他們生活的、也是敬拜的中心。這裏是處理罪的地方。

一個走進帳幕的以色列人，首先會看到被白色細麻幔子四周圍繞的院子。院子的面積是150呎×75呎，內有燔祭壇、洗濯盆

和會幕。帳幕的四周有高7呎半的細麻帷子團團環繞。

一個敬拜者在進入院子之際，立即映入眼簾的是銅製的燔祭壇（7呎半×7呎半）。每日的動物獻祭就在這裏進行。獻某些祭物時，敬拜者（包括祭司）按手在祭牲的頭上，以表示祭物蒙神悅納，可以為獻祭者贖罪（利1：4）。獻上祭牲表示祭品為有罪的敬拜者（或多個敬拜者）替死。在大多數的獻祭中，獻上祭物之後，祭司便把祭牲的某些部分燒在祭壇上。一般人不能逾越院子的範圍，只有祭司才可以進入聖所的帳篷。因此，普通人必須透過祭司接近神。

院子的第二個器具是洗濯盆，祭司在那裏先把手腳洗淨才進入帳幕。不洗乾淨的祭司會招致死亡（出30：20、21）。惟有那些象徵性地潔淨了的人才能來到神的面前。

古猶太人敬拜的中心地點是會幕，一個寬15呎長45呎呈帳篷樣式的建築物，由三層幔子覆蓋。第一層分隔間（從裏面觀看）用漂亮的藍色、紫色、朱紅色線編織而成（26：1）。其他在外的兩層由動物的毛皮所製，用以保護內部。裏面的牆壁由幔子形成。豎板用金子包裹，有銀造的座子作底板（26：15-30；36：20-34）。

帳幕中的會幕由兩個分隔間組成，都要經過幔子進入分隔間。裏面一層的幔子同會幕的內部一樣，也是用藍色、紫色、朱紅色線織成（26：31）。

第一層分隔間是聖所，有三個陳設：一、一個由精金錘鍊、巧奪天工的燈臺，燈臺上有七個燈盞（25：31-40）；二、用金包裹的桌子，上面有十二個陳設餅（一個代表一支派）；三、香壇，也是用金包裹的（30：1-10）。只有祭司才可進入聖所從事每日的崇祀。

圖一　按照出埃及記第25至27章記載的曠野帳幕

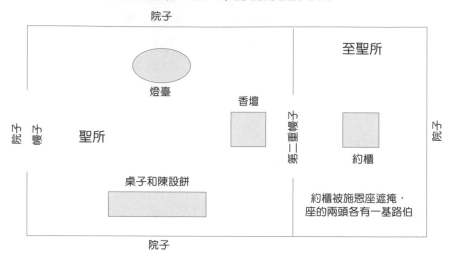

曠野帳幕最重要的部分是至聖所，只有大祭司才可每年進入一次，就是贖罪日（見利未記16章）。至聖所內只有一陳設：約櫃，裏面本來只有兩塊寫上十條誡命的法版。約櫃是我們找到的另一件以精金包裹、精雕細琢的陳設。約櫃被施恩座或贖罪座（NIV中譯）遮掩。座的兩頭各有一以黃金精製的基路伯，連同刺繡在幔子上及帳幕裏面的基路伯，在在突顯了圍繞在神寶座前千千萬萬的眾天使（出25：10-22；但7：10）。大祭司到了每年的清算日或者審判日，就在施恩座上用血贖罪（利16：15、16）。

希伯來書的作者讓讀者對聖所有一個基本的了解，這是重要的，因為在後面一章半的經文中，當他討論利未祭司所做的事奉時，他會引述聖所的細節為據。

在研究利未祭司的事奉，及這事奉與基督的事奉的對比之前，我們還要做一些評論。第一點，帳幕是輝煌莊麗的傑作。燈臺上忽隱忽現的燭光，把金光燦爛的陳設映照得耀眼奪目，繡上

天使的七彩幔子也顯得栩栩如生。當祭司侍立在這代表的神的寶座之前，敬畏之情油然而生。

我們在這裏學到一課。神不反對優美的敬拜。事實上，祂還規定敬拜必須是優美的。「華美」（代下3：6）的建設同時可見諸帳幕和所羅門王的殿。

曠野帳幕毫無疑問深深吸引著希伯來書的作者。韋斯科特解釋，本信的作者把「摩西的帳幕和敬拜條例的莊嚴和魅力」描畫出來，「基督徒不否定帳幕的美麗。不僅如此，當他們認識到律法的美意和意義，他們便能夠更明白福音的真諦。」（Westcott, p. 242）。

有關帳幕和其禮儀的第二點是，神特別重視我們怎樣拜祂。必須以尊崇和敬畏的心敬拜神，不能隨隨便便。

第三點是利未制度刻劃了接近神的進階。普通人可以進院子，但不能進入帳幕；一般祭司可以進聖所，但不能進入至聖所；惟獨大祭司可進入至聖所，但只能每年一次。與之相比，基督的獻祭和事奉為人靠近神打開了一條路，任何基督徒都可以坦然無懼地來到神「施恩的寶座」前（來4：16）。

第四點，就內容舖排而言，希伯來書第8至10章是仿照出埃及記下筆的。首先，出埃及記第24章重申所立之約，接著在25至40章描述帳幕和它基本的崇祀規則。我們在本信找到類似的內容安排：來8：6－13討論約，接著來9：1－10：18描寫帳幕和與之相關的敬拜模式。但希伯來書領讀者走前一步，以基督在天上聖所的事奉和新的約的功效，對比利未祭司事奉對解決罪的無效性。在這個對比的過程中，讀者發現利未制度不外乎是一個預表（9：9，新譯本）或者是「影兒」（10：1），反映基督將要在天上工作的真相。

就來9：1－5對帳幕的研究，第五個要記住的觀念是，本書信把香壇放在錯誤的位置。出埃及記將之放在聖所內，那是香壇必須被安置的位置，好便利日常的事奉（出30：1－8）。但希伯來書卻將之置於至聖所內。為甚麼？至少有兩個可能性：一、香壇和至聖所關係密切。二、因為有更重要的事情要討論，作者可能因而並未理會細節。

來9：5的後半節證實了第二個可能性。我們讀到「這幾件我現在不能一一細說」。無可否認，作者本可以滔滔不絕講述地上聖所的外觀與結構，但他意不在此。他熱切期待快快進入那關鍵的主題，就是從來9：6至10：18吸引著他的主題──在基督的祭司事奉的對比下，利未禮儀的不足。

希伯來書基本上不是關於天上聖所的細節或者其建物配置的教導（有關這主題參閱本書第二十五章）。它也無意過於著重甚麼時候穿過哪一重幔子，或者在哪一個特定時刻神在甚麼地點臨格。反而，本書信期望教導讀者基督一次獻上自己的全效，並且祂在天上事奉的效果，好叫各人對救恩得著充分的把握（10：22）。正是這一份把握幫助他們（和二千年之後的我們）不至動搖（10：23），直等到基督「向那些熱切期待祂的人成全救恩」（9：28，新譯本）。

註1：「一層分隔間」（2、3節）屬作者譯文。

地上聖所的弱點

來9：6－10

⁶ 這些物件既如此預備齊了，眾祭司就常進頭一層分隔間，行拜神的禮。⁷ 至於第二層分隔間，惟有大祭司一年一次獨自進去，沒有不帶著血為自己和百姓的過錯獻上。⁸ 聖靈用此指明，頭一個帳幕仍存的時候，進入（真）至聖所的路還未顯明。⁹ 那頭一個帳幕作現今的一個表樣，所獻的禮物和祭物，就著良心說，都不能叫禮拜的人得以完全。¹⁰ 這些事，連那飲食和諸般洗濯的規矩，都不過是屬肉體的條例，命定到振興的時候為止。註1

不用懷疑，摩西按照神的啟示，根據天上聖所的樣式建造地上聖所（來8：5；出25：9、40），絕對是天工之作。正如摩西律法所宣告，聖所不僅榮耀無比，有關它的禮儀更是鉅細無遺（參閱利未記）。

地上聖所不但壯麗，其禮節又有意義，同時它也相當妥善地達成它的目的。

就這一點你可能正要對自己說：等一等，來7：11、19都指舊的制度不能使人完全，來9：9說得更明確：「所獻的禮物和祭物，就著良心說，都不能叫禮拜的人得以完全」，你怎能說它相當妥善地達成它的目的？

請留意，我沒有說地上聖所是萬能的，我只是說它達成了神

創造它的**目的**。那是甚麼？來9：9說利未制度是「現今」的一個「預表」（新譯本）或者「示例」。來10：1換另一個比喻稱地上事物是「將來美事的影兒」。

作為「預表」或者「影兒」，地上聖所的表現無懈可擊，但是在實際解決罪的問題上它的失敗使人氣餒。當然，神從來不依靠它來達成這最終的功能。惟有基督的祭和祂的事奉，才能一次而永遠地把罪除淨，並解決被定罪的問題。本書信將在來9：11－10：18強而有力地論證這一點。

按照來9：6－10的上下文，這段經文的整體意思一目了然，但當我們把希臘文翻譯成英文時，經文中就有一些混淆的地方。比方說，第6節我把 *prōtos skēnē* 譯作「頭一個分隔間」，但同一組希臘文在第8節卻譯作「頭一個帳幕」。

你可能問我為甚麼在短短三節經文之內，把同一組字翻譯成不同的意思。這個出色的問題讓我們稍為領略到翻譯的挑戰和難度，使我們能夠從中學到一些有助讀經的方法，特別幫助我們發現，怎麼來自同一本希臘原文聖經，卻出現遣詞造句毫不一樣的不同聖經譯本。

要做到忠於原文的翻譯，我們必須考慮幾個因素。首先是文字的意思；其次是有關文字在怎麼樣的上下文出現。就第一點而言，必須注意一種語言有不少文字，當翻成另一種語言時往往會有多過一個以上的意思。我們需要在不同的字義裏斟酌選定。文章的上文下理是幫助譯者做決定的因素之一。

讓我們來看看要討論的字。*skēnē* 的直譯是「帳篷」，按照猶太人的思想，這字也可被理解為帳幕或者地上聖所。第9章開宗明義指出，前約有敬拜的條例和地上聖所（第1節），第2節繼續談到「頭一層分隔間」（*prōtos skēnē*）。本來最直接的翻譯應該是「頭

一個帳篷」或者「頭一個帳幕」，但我還是把它翻譯為「頭一層分隔間」（相似的英文譯法見於《新國際譯本》、《英文標準譯本》、《新欽定版譯本》）。為甚麼？因為來9：2餘下的部分相當確切地顯示，作者沒有用這個字來形容整個聖所，而是僅以此來指放置了燈臺和聖所其他陳設的空間，如此解釋不但得到經文本身的支持，還有出埃及記第25至40章有關頭一層聖所的描繪為證。再下一節（來9：3）稱第二個 *skēnē* 為至聖所，更進一步鞏固這個解釋。故此，毋庸置疑，這段經文討論的是地上聖所的兩層建築。是以我把第1和第2節的*skēnē*都翻譯成「分隔間」，縱使在來8：2和8：5我把同一個字翻成帳幕，本書信在該處顯然是在討論整個帳幕。

來9：6再使用 *prōtos skēnē*，這裏顯然也應該譯作「頭一層分隔間」，因為經文談到祭司在每天進行的祭祀，並與第7節在地上聖所第二層分隔間一年一次舉行的崇祀做對比。

這一點領我們到來9：8的結尾，和來8：2、5一樣，我把 *prōtos skēnē* 譯成「頭一個帳幕」。為何第6節的「頭一層分隔間」會變成第8節的「頭一個帳幕」？因為作者的論述改變了。在來9：1－7他以聖所和它的服務對比至聖所和它的事奉——地上聖所的兩層分隔間。但從第8節開始，他轉而比較兩個不同的聖所——「真」聖所和「頭一個帳幕」，也就是天上聖所和地上聖所。

第8節論述的改變明顯見於該節前半部分的討論：

1. 頭一個帳幕不會永遠保持其地位（8節）
2. 它是一個比喻或預表，不是真像（9節）
3. 它不能叫人完全（9節）
4. 它是在新的命定來到之前被立的（10節）
5. 來9：11開始討論基督的祭司職任在「更大更全備的帳幕」中解決罪的功效

來9：11（及之後直至來10：18為止的討論）讓我們肯定，第9章的話峰一轉，從來9：1－7比較地上聖所的兩層**分隔間**，轉向來9：8開始比較天上和地上的兩個聖所。換言之，由集中討論空間的關係（地上聖所第一層和第二層分隔間），進而突顯時間的關係（第一個地上聖所和之後的第二個天上聖所）。

這樣看來，我們的作者在一節經文之內對*skēnē*一字的解釋作出了根本性的改變。這也許令一些人感到不解，可是並非只有來9：7才出現這種突如其來的轉變。埃利華斯指出，我們千萬不可「低估作者在解釋時，從一個意思移向另一個意思時的功力」（Ellingworth, p. 438; 比較Lane, vol. 2, p. 216）。事實上到了來9：15－18他會再做一次，把 *diathēkē* 的解釋從神的約快速地轉變為人的遺囑和遺約。

若不藉著改變翻譯來捕捉作者的意思，來9：15－18就會變得意思不明。同一道理也應用在翻譯來9：1－10中*skēnē* 一字上。準確的翻譯並不追求一成不變，而是必須在前文後理的啟發下揣摩作者真正的意思。

好了，也許你已經在這一章中學到意想不到的一課──翻譯。這是重要的，因為我們皆或多或少地依賴聖經譯本，很自然便會問為何會出現不同的版本。我們對翻譯的事情掌握越多，便越能領會神給我們的信息。

除了關於好的翻譯之外，來9：6－10還有另一課引起我們注意，那就是固執行錯事的危險。希伯來書寫作年代的人，竭盡所能謹守地上聖殿和其禮儀，但是，他們把信心放在不真實的事物上。聖殿祭儀不能真正解決他們的問題。

希伯來書的作者嘗試把他們的目光轉到天上，察看耶穌和祂拯救的工作。今天我們有些人的問題和古猶太人一樣，信靠其他

東西而不信耶穌。也許我們看重工作、外表、地上的財物、甚至是教會的會籍，視這些東西為保障。但是對我們每個人而言，和耶穌的關係才是惟一的保障，祂正代表那些憑信心接納祂的人在天上事奉。

註1：「頭一層分隔間（6節）、「（真）至聖所」（8節）及「頭一個帳幕」（8–9節）屬作者譯文。

更美的祭

來9：11－14

> [11] 但現在基督已經來到，作了將來美事的大祭司，經過那更大更全備的帳幕，不是人手所造，也不是屬乎這世界的；[12] 並且不用山羊和牛犢的血，乃用自己的血，只一次進入（至）聖所，成了永遠贖罪的事。[13] 若山羊和公牛的血，並母牛犢的灰，灑在不潔的人身上，尚且叫人成聖，身體潔淨，[14] 何況基督藉著永遠的靈，將自己無瑕無疵獻給神，祂的血豈不更能洗淨你們的良心，除去你們的死行，使你們事奉那永生神嗎？[註1]

　　罪咎感是一件可怕的事情，它侵蝕人的心靈，摧毀人內心的平安。這是希伯來書的首批收信人，和活在二千年後的讀者們同樣面對的實況。事實上，地上的始祖與同一個問題搏鬥。亞當和夏娃在犯罪之後，感受到難以逃避的赤裸羞愧，他們知道出了問題，卻不曉得如何是好，於是便以無花果樹的葉子編成片塊遮掩罪咎。可是這個方法行不通。罪咎感，就是那令他們恐懼神的心情（創3：6－8），仍然折磨著他們。他們自覺污穢不堪，於是就疏遠創造他們的主。

　　污穢感不是只存在於聖經之中。不少偉大的世界名著皆以污穢和需要潔淨作為主題。納撒尼爾・霍桑（Nathaniel Hawthorne）的

《紅字》（Scarlet Letter）給我們提供了污穢和需要潔淨的例子[註2]。當基督徒唱：「洗淨我，使我潔白如雪」時，他們呈現的是同一種感受。在基督教以外，污穢還對語言構成影響，是故我們說「臭錢」或者「醜聞」。

莊遜認為，人類污穢的實況絕對是希伯來書的主旨，他寫道：「人的基本問題是，他是骯髒的，污穢的。實際上，全人類都需要淨化，或者潔淨。」（Johnsson, Absolute Confidence, p. 101）

莊遜建議，若我們要明白希伯來書的思想邏輯，我們便需要全面理解貫穿在全書中關於污穢和潔淨的脈絡。與這條頑強的思想脈絡息息相關的，是作者所提出「若基督要解決宇宙的困局，祂就必須有潔淨的能力」這一意念（同上註）。

與希伯來書潔淨的思想血脈相連的，還有本書信強調的基督全備的血。頭九章經文討論了兩個約、兩個聖所、及兩個祭司職任，當中凡是與基督有關的，均比藉著利未制度得到的更美。現在由來9：11－14開始，本書信介紹兩個祭，一個不能除罪，一個能夠除罪（13、14節）。

基督的工作有淨化或者潔淨的功效，這在希伯來書開頭幾節就已經是重要主題。我們在來1：3讀到，耶穌「洗淨了人的罪，就坐在高天至大者的右邊」。

潔淨這個主題，到了第9和10章就在作者的論述中逐漸來到舞台的中央。

來9：1－10：18的要項
問題＝污穢
解決辦法＝潔淨
途徑＝不是死行，而是基督的血

- 「若山羊和公牛的血，並母牛犢的灰，灑在不潔的人身上，尚且叫人成聖，身體潔淨，何況基督藉著永遠的靈，將自己無瑕無疵獻給神，祂的血豈不更能洗淨你們的良心。」（9：13、14）
- 「按著律法，凡物差不多都是用血潔淨的。」（9：22）
- 「照著天上樣式做的物件必須用這些祭物去潔淨；但那天上的本物自然當用更美的祭物去潔淨。」（9：23）
- 關於利未祭祀的無效，來10：2解釋：「因為禮拜的人，良心既*被潔淨*，就不再覺得有罪了。」
- 「我們良心的邪惡既然*被灑淨*，……就應該懷著真誠的心和完備的信，進到神面前。」（10：22，新譯本）

這些經文使我們完全不懷疑，希伯來書對污穢和潔淨的深切關注。事實上，在羅馬書，稱義是救恩的主要隱喻（在律法上被算為義，免於律法上的罪債）；在希伯來書，救恩的重要隱喻則是污穢的罪被清洗潔淨（Johnsson, Defilement）。

淨化或者潔淨誠然是希伯來書第9和10章的重要主題，但兩章經文卻還有另一條主線——獻祭。來5：1解釋：「獻上禮物和贖罪祭」，就暗示了這個主題，但這節經文卻沒有刻意把獻祭和基督聯繫起來。另一方面，當來7：27以利未大祭司的獻祭和「將自己獻上」「為百姓的罪獻祭」的基督作比較時，獻祭和基督之間的關係就顯得較為明確。接著來8：3再次引述每個大祭司必須獻上祭物的這一事實，但一直到來9：11－28才進一步發揮這個題目，從該段經文一直到來10：18，為有關聖所和其事奉的討論提供了基礎的方向，讓基督的獻祭成為來9：11－10：18的核心主題。

污穢、潔淨、和基督的獻祭，這些高潮全部見於來9：11－10：8，情況並非偶然。潔淨無獻祭不行，基督的血能做成山羊

血和母牛犧血不能成的事。

來9：11－14從三方面展現基督的祭比利未的祭優越。第一，祭司的祭只可潔淨表面，不能洗淨心靈（13節），這是當然的，因為神創造這前祭的原意本不是為了作真正的潔淨，它們只不過是「預表」，為解明即將來臨的基督工作而設（9：9；10：1）。

第二，耶穌的祭成了「永遠的救贖」（9：12，新譯本）。這是一個重要的思想。縱使每天的生活令人沮喪，基督徒有神為他們提供了救贖的保證。當耶穌在十字架上喊「成了」（約19：30），祂是真的做到了。那是一聲勝利的喊叫，在歷史的長廊上一直迴響，直到我們這世代。當我們相信耶穌，我們便有信心得到永生（約3：36；5：24）。好消息是祂不僅克勝了罪惡，在十字架上洗淨了我們的罪，祂還在天上聖所為我們作大祭司，繼續看顧祂得勝的果子。祂長遠活著，替每個信靠祂的人代求（來7：25）。

第三，耶穌的祭把我們從死行中釋放出來，使我們能夠「事奉那永生神」（9：14）。我們可以最少從兩方面解釋何謂死行。死行一方面指導致死亡的行為，罪人「死在過犯罪惡之中」（弗2：1）；另一方面，死行指無助於清潔罪污的行為，從這方面看來，亞當意圖拿無花果樹的葉子掩飾罪行就是死行，他這行為於事無補。同理，今天我們當中某些人想藉著做好事、捐款、或者做好人來平息罪的良心譴責，但在救恩的面前，這一切都是死行。同樣的情況也許還可以應用在本書信的首批讀者身上，他們很想重返猶太人的獻祭制度，他們如此行就是為了影兒而放棄本物的真像（10：1），他們努力的結果將會是死行。

來9：14沒有只停留在使人從錯誤的行為裏得釋放這一觀點上。相反，它的結尾主張，已經得到潔淨的基督徒要「事奉那永生神」，如加爾文獨特的形容：「我們必須以此作為得淨化的目

的，因我們不是為了再次落入污穢的境況才被基督洗淨，而是為了能以我們的潔淨來榮耀神。」（Calvin, p. 205）得救的人成為神的工人，這個主題貫徹全本聖經之中，也是希伯來書第12和13章將會再次討論的主題。

註1：「（至）聖所」（12節），「……洗淨你們的良心」（14節）屬作者譯文。
註2：十七世紀美國文學作品，以清教徒（Puritans）時期為背景，講述一名年輕的有夫之婦與一名神職人員不為當時社會所容的愛情故事。

必要的祭

來9：15－22

> ¹⁵ 為此，祂作了新約的中保，既然受死贖了人在前約之時所犯的罪過，便叫蒙召之人得著所應許永遠的產業。¹⁶ 凡有遺命必須等到留遺命（遺命：原文與約字同）的人死了；¹⁷ 因為人死了，遺命才有效力，若留遺命的尚在，那遺命還有用處嗎？¹⁸ 所以，前約也不是不用血立的；¹⁹ 因為摩西當日照著律法將各樣誡命傳給眾百姓，就拿朱紅色絨和牛膝草，把牛犢山羊的血和水灑在書上，又灑在眾百姓身上，說：²⁰「這血就是神與你們立約的憑據。」²¹ 他又照樣把血灑在帳幕和各樣器皿上。²² 按著律法，凡物差不多都是用血潔淨的；若不流血，罪就不得赦免了。

本書信繼續有力地論證。來8：1－5向我們介紹地上聖所是天上聖所的副本，然後來8：6－13比較舊的約和新的約，這比較由來9：1承接，之後就是關於舊的約的一段討論，這舊的約有聖所和各種敬拜規條。作者在來9：2－5描述了聖所，又在9：6－10略略提到利未祭司的活動，然後在9：11－14筆鋒一轉，談到在天上聖所的大祭司基督和祂更優越的祭。

作者分明希望讀者轉眼，察看基督在天上聖所更有效的職事，他將在9：23－28重新回到這個主題，一直到10：18為止。

但是他先以讀者們能夠明白和欣賞的話，為新立的約立下穩固的基礎，他利用來9：15－22來實行這個任務。

　　第15和第22節是本段的兩節關鍵經文。第15節指出，在天上聖所（11、12節）的耶穌「作了新約的中保」，與在舊約/地上聖所供職的利未祭司成為對比。

　　作者所講說的新約，代表了莫大的福惠。首先，新約指向未來，是基督徒所預見「永遠的產業」。此外，新約同時回望過去，「贖了人在前約之時所犯的罪過」（9：15）。這是一個有影響力的意念。由於公牛和山羊的血決不能除罪，數世紀以來一直在帳幕和耶路撒冷的聖殿從事獻祭的猶太人，嚴格來說仍然是污穢的。然則他們的祭是無用的嗎？不然，因為他們遵照神的吩咐進行各種利未祭祀，就是那預表將來在基督裏真正的獻祭，神會記念他們的信心。因此，他們在耶穌將要來的死亡裏得到預期的赦罪，如巴克來形容：「耶穌基督的獻祭具有追溯力。」（Barclay, p. 117）羅3：25道出了相同的觀點。

　　也許新的約所給與的美好應許包羅萬有，涵蓋過去與未來，可是這些應許的實現完全靠賴一個事實，就是一次有救贖功效的死已經發生（來9：15）。作者希望多談談這死及其帶來的效益，但在這之前，他需要把這死與新約的設立聯繫起來，他以來9：16－21達成這項任務。

　　在來9：15－22中，基督的犧牲與設立新約之間的關係由兩條思路連繫起來。第一條在第16和17節，作者利用同時意指約、遺囑和遺命的 *diathēkē* 一字大玩文字遊戲。雖然從英文的翻譯看不出這文字遊戲，然而當中的意念很清楚：正如遺囑必須在立遺囑者死後才生效，基督也必須死去，新的約才會得到確認。

　　死與設立新約的關係，這思想直接進入第18至21節，也就是

作者的第二條思路。他從遺命此一觀念轉到透過摩西頒布的前約，先用第18節「前約也不是不用血立的」打好基礎。接下來的經文展現怎樣用牛犢和山羊的血來立約（19節），之後這血又怎樣應用於曠野帳幕的奉獻禮上（21節）。此外，經文引用了出24：8，談到立約的血（來9：20）。基本意思是，基督的死（祂在十字架上所流的血）賜福了新立的約，這是和摩西事件相同之處，或者好像德西爾瓦所說：「所要論證的重點在於，基督的受死成就了耶利米書所指新約的設立。」（deSilva, p. 309）希伯來書引用的耶利米書的話見來8：8－12。

從設立新約與血之關係的主題，作者又再返回有救贖功效的死這個概念（9：15），及來9：11、12所說更美的祭。正如在設立新約和奉獻帳幕時，血具有使器物成聖與潔淨的功能，同理，「按著律法，凡物差不多都是用血潔淨的；若不流血，罪就不得赦免了」（9：22）。

注意，在此作者說得格外準確，當他說「差不多」，就意味著他了解到另有一些特殊的例子。利5：11－13就顯示，那些連奉獻雀鳥的能力都沒有的窮人，可以用穀物來代替；利15：10宣稱，水能夠有一點點潔淨的功效；民31：22、23教導，火和水可以潔淨金屬器皿。但這些皆屬於特殊例子。利未制度一貫的規則，是用血（即以死亡的祭物作代替品）作為除罪和潔淨的方法。

希伯來書沒有解釋原因何在，卻把論點建基在利17：11「因為活物的生命是在血中。我把這血賜給你們，可以在壇上為你們的生命贖罪；因血裏有生命，所以能贖罪。」還有在猶太文獻中記載的廣泛傳統根據。所以喬治‧布肯南（George Buchanan）能夠寫出這番話：「因此，當希伯來書的作者說：『若不流血，罪就不得赦免了』，他反映了一個相當普遍的主張。」（Buchanan, p. 153）。

　　以血為祭、以血立約、以血成就約的應許（包括赦罪和救恩），一概被基督教承接下來。故此，耶穌在設立聖餐時告訴門徒：「這是我立約的血，為多人流出來的」（可14：24；比較林前11：25；10：16）。

　　血除了和立約有關之外，新約聖經一向把基督的血（祂在十字架上替我們受死）與新的約所應許要實現的救贖（讀來9：12）緊扣在一起。比方說，像保羅所說關於救恩的四大隱喻：

- 「神設立耶穌作挽回祭，是**憑著耶穌的血**」^{（羅3：25）}
- 「**我們藉這愛子的血**得蒙救贖」（弗1：7）
- 「現在我們既**靠著祂的血**稱義」（羅5：9）
- 神「**藉著祂在十字架上所流的血**成就了和平，便藉著祂叫萬有……都與自己和好了」（西1：20）

　　保羅這四個偉大的隱喻，每一個都跟基督的死有關。在和解、稱義、救贖、和好之外，希伯來書再加上罪得潔淨。我在另一本書中曾指出：「**和解**救我們脫離神的怒氣；**救贖**救我們脫離罪的轄制；**稱義**救我們脫離罪疚和被定罪；**和好**救我們脫離與神為敵。」（Knight, My Gripe, p. 76）出於同一思路，在希伯來書中潔淨使我們從污穢中得釋放，這潔淨同時建基在基督一次而永遠的祭。全本新約聖經所述說的救恩，都是以基督的血為中心，怪不得我們的作者宣稱：「若不流血，罪就不得赦免了。」（9：22）

　　約翰・斯托得（John Stott）謹記基督獻上自己的重要性，如此寫道：「代贖並不是一條『贖罪的理論』，更不是在眾多同類意象中的另一選項。它是每一個這類意象的實質內容，也是贖罪本身的核心。」（Stott, pp. 202, 203）那被一次而永遠地獻上的祭，也是希伯來書的核心，故此基督「不用山羊和牛犢的血，乃用自己的血，只一次進入聖所，成了永遠贖罪的事」（9：12），祂「如今在

這末世顯現一次，把自己獻為祭，好除掉罪」（9：26）。

然而，正是這真理使不少希伯來書的首批讀者感到困惑，他們之中有人正想離開基督教。一人之死怎能拯救全人類呢？他們接受的是神話嗎？一個死在十字架上的人有可能是真正的彌賽亞嗎？對於這些問題，希伯來書回答：「真理最偉大之處在於，一位流血死亡的彌賽亞才是獨一無二的真彌賽亞。相比所有在摩西的約之下灑的血，祂的血無可比擬地更寶貝、更貴重、更有救贖作用，讀者應該珍惜，不應覺得反感而棄絕。」（Lenski, p. 312）

同一真理對我和你都有用。我們永恆的盼望全賴基督在加略山上為我們所做的一切。

最全備的祭

來9：23－28

[23] 照著天上樣式做的物件必須用這些祭物去潔淨；但那天上的本物自然當用更美的祭物去潔淨。[24] 因為基督並不是進了人手所造的（至）聖所（這不過是真聖所的影像），乃是進了天堂，如今為我們顯在神面前；[25] 也不是多次將自己獻上，像那大祭司每年帶著牛羊的血（牛羊的血：原文作不是自己的血）進入（至）聖所，[26] 如果這樣，他從創世以來，就必多次受苦了。但如今在這末世顯現一次，把自己獻為祭，好除掉罪。[27] 按著定命，人人都有一死，死後且有審判。[28] 像這樣，基督既然一次被獻，擔當了多人的罪，將來要向那等候他的人第二次顯現，並與罪無關，乃是為拯救他們。[註1]

我們在第23節遇到一個奇特的觀點：天上的東西需要潔淨。怎能有這事呢？不潔或者污穢之物豈能存在於天國中？

這問題使不少希伯來書的解經家異常苦惱。有人把天上有不潔之物的想法視為「無稽之談」，乾脆「置之不理」。然而拉納在回應這一類託辭時指出，來9：23「顯然暗示，就是天上聖所也因為人犯罪而被玷污了。」（Lane, vol. 2, p. 247）

凱斯特有相同的觀點，他富於洞察力的說：「倘若地上聖所是天上聖所的代表（來8：2、5），那麼有關地上帳幕的律法，大抵

就揭示了天上帳幕所代表的一些東西。有人或以為潔淨地上聖所，是為了讓天上聖所也得到潔淨。基督不是因為受到利未制度的約束，才潔淨天上聖所。實情恰好相反。利未制度預表了基督潔淨天上的帳幕。」（Koester, p. 427）

罪不光是人類的問題，也是全宇宙的困局，故此必然涉及天上本物的潔淨。因為是全宇宙的罪，地上祭物便不可能真正解決罪的問題。不過，儘管地上祭物不能處理罪，它卻能指出並以實例說明有效的解決方法。因此，透過研究地上的祭儀，我們能夠學習到關於基督在天上事奉的方式和意義。

來9：23－28沒有全面討論潔淨天上聖所的含意，經文倒提出了關於這項工作的兩個重點。

一、當基督進入天上聖所「為我們顯在神面前」（24節），祂就取代了利未會幕和地上祭司的職事。

二、基督不是兩手空空站在神面前。相反，祂在加略山獻上自己。只有在「把自己獻為祭」之後，祂才「為我們顯在神面前」，「好除掉罪」（24、26節）。

這幾節經文包含了幾個重要的思想。一個是基督的祭確實有效地對付了罪。年復一年，祭司獻上利未祭物，這一事實暗示了他們沒有把罪解決掉。若有，獻祭早就結束了。

基督的祭與別的祭不同之處就在於此。那是「只一次」的祭，永遠毋須重複。一次獻祭就夠了！一次獻祭就提供了解決方法！

希伯來書一再使用被翻譯為「只一次」這個詞，這是有原因的。這字所隱含的意義，對於理解希伯來書的信息十分關鍵。讓我們來看看含有這個詞的幾段經文：

· 來7：27　「祂不像那些大祭司，每日必須先為自己的罪，後為

百姓的罪獻祭；因為祂只一次將自己獻上，就把這事成全了。」

- 來9：12　祂「不用山羊和牛犢的血，乃用自己的血，*只一次進入聖所*，成了永遠贖罪的事。」

- 來9：26　「如今在這末世顯現一次，把自己獻為祭，好除掉罪。」

- 來9：28　「基督既然一次被獻，擔當了多人的罪，將來要向那等候祂的人第二次顯現，並與罪無關，乃是為拯救他們。」

- 來10：10　「我們憑這旨意，靠耶穌基督，*只一次獻上祂的身體*，就得以成聖。」

本書信的立場再明白不過了，基督的祭蘊藏著一股決定性的氣氛，這祭只一次便解決了罪，是處理天上和地上罪污的辦法。倘若污穢具有宇宙的層面，照樣，神在基督裏的解決辦法也延及宇宙的層面。祂獻的祭是最全備的。

這祭成就了甚麼？根據來9：23－28，它成就了兩件事情。第一件是除掉了罪（9：26）。按照前文後理，這除罪連繫到第23節的潔淨。希伯來書的信息指出，基督的祭根除了罪污，這祭成已成就了的真確事件。不過，根據希伯來書所言，基督的死並不是祂為人類所做之工的全部。在本信中，基督的祭之後還有祂在聖所的事奉，情況就和祭司在利未帳幕中執行獻祭一樣。因此，我們有一位在天上的大祭司。

基督一次獻上的祭所成就的第二件事，是為祂的再來鋪路。祂「將來要向那等候祂的人第二次顯現，並與罪無關，乃是為拯救他們。」（28節）

第一代猶太基督徒在讀到這封信時會感到費解。他們早已接受了神給他們「榮耀尊貴為冠冕」（2：7）的應許，但在日常生活所遭遇到的，卻是不受尊重和迫害。和我們一樣，他們大惑不

解。如果我們真已經得救了，為甚麼情況沒有好轉？神應許給我
們的榮耀在哪裏？

一個重要的字
Hapax通常被翻譯為「一次」或「只一次」
這字意指：
（1）一件獨特的事件——一件不重複發生的事件
（2）一件終極的事件——一件永遠有效的事件
（3）一件包括一切的事件——一件為了全人類的事件
（4）一件決定性的事件——一件把問題徹底解決的事件
　　基督的祭便是這樣的一件事，它是hapax（只一次）的。

　　像這樣的處境很容易令人沮喪。但好消息是耶穌會再來。當
祂第一次顯現，祂「只一次」把自己獻上，「好除掉罪」；等到
第二次顯現，祂會帶祂的子民回家，給他們現在就想要得到的
「榮耀尊貴」。

　　對原本的讀者而言，箇中的含意是他們當堅持下去，不要氣
餒，因為更美好的事即將來臨。這應許曾在過去二千年的基督教
歷史中，給神的子民帶來安慰。

　　儘管如此，從現在至基督復臨之間，有一件事還是必須發
生。提到死後審判的來9：27便略略談及這事。神審判的這個主
題，在希伯來書中並不陌生。作者曾在來6：2提過，而來10：30
更直接指出，連基督徒也不能免除審判，來12：23則告訴我們，
在新耶路撒冷基督徒將要跟審判眾人的神見面。

　　好消息是基督徒對審判無所懼怕。審判就是為了要證明那些
接受了基督一次獻祭的人無罪，他們保證得救。因此，基督徒熱

切期待（9：28，新譯本）耶穌的復臨。他們懷著信心，以基督一次獻上的生命和祂在天上的事奉為確據，等候駕雲降臨的主。

來9：23－28是一篇充滿大能的經文，給我們基督徒每天的生活賦予豐富的意義。但我們要當心，不要把某些不屬於經文的觀念讀進經文裏去，這種意圖會為該段經文添上兩個問題。一個問題是，設法從來9：23引伸潔淨天上本物的全部含意。可是，經文的本意旨在說明天上的本物需要潔淨。關於潔淨天上本物的詳盡意思，及這如何配合神的計畫，我們便要研究利未聖所的事奉——那是基督在天上事奉的表樣。

來9：23－28被視為彷彿要說明贖罪日祭祀的先後次序，同樣是嚴重的問題。也許來9：23的確提到贖罪日，但其用意並不是為了說明時序。莊遜指出，希伯來書「所關心的，是一個崇高的意念——**基督最完備的死**。[希伯來書]以舊約聖經的祭對比那最高級的祭。為了說明這一點，[希伯來書]取了舊約時代宗教年的高潮——贖罪日（Yom Kippur），並且力證，即使在這一日所獻的祭物都無法除罪，因為在每年的贖罪日還得重複獻祭。意思是，在舊約崇拜年的最高峰時刻尚且不能清除罪孽，顯然，連贖罪日的事奉都有不足，其他祭物就更加不足了」（Johnsson, Absolute Confidence, p. 116；比較Johnsson, "Day of Atonement"）。

是的，在天上確有一些本物需要潔淨，而審判也確會臨到，但來9：23－28並沒有在這些主題上再作發揮。經文的重點是，基督一次的祭作成了猶太獻祭（即贖罪日之祭）所永不能成就的事情。

緊握這個真理為指望，基督的十字架一直是基督教歷史的中心象徵就不足為奇了。「只靠主的十字架」並不僅是讚美詩的歌詞[註2]，這些文字還道盡了人們得救的惟一憑據，也是我們基督徒盼望的根源。

註1：「（至）聖所」（24、25節）屬作者譯文。
註2：《讚美詩》，443首，《萬古磐石》

33
關於影兒與本物

來10：1－10

> [1] 律法既是將來美事的影兒，不是本物的真像，總不能藉著每年常獻一樣的祭物叫那近前來的人得以完全。[2] 若不然，獻祭的事豈不早已止住了嗎？因為禮拜的人，良心既被潔淨，就不再覺得有罪了。[3] 但這些祭物是叫人每年想起罪來；[4] 因為公牛和山羊的血，斷不能除罪。
>
> [5] 所以基督到世上來的時候，就說：神啊，祭物和禮物是你不願意的；你曾給我預備了身體。[6] 燔祭和贖罪祭是你不喜歡的。[7] 那時我說：神啊，我來了，為要照你的旨意行；我的事在經卷上已經記載了。[8] 以上說：「祭物和禮物，燔祭和贖罪祭，是你不願意的，也是你不喜歡的（這都是按著律法獻的）」；[9] 後又說：「我來了為要照你的旨意行」；可見他是除去在先的，為要立定在後的。[10] 我們憑這旨意，靠耶穌基督，只一次獻上他的身體，就得以成聖。

乍看之下，來10：1－10似乎很複雜，其實當中的意思很明白。每一段最後的一節經文皆總結了該段的意思。第4節告訴我們：「因為公牛和山羊的血，斷不能除罪」。相對而言，我們在第10節讀到：「我們……靠耶穌基督，只一次獻上祂的身體，就得以成聖」。簡單而言，利未祭物做不到的，基督的血能夠完全

而徹底地做到。

　　也許你在想：可是，**要是動物祭物不能除罪，何故神會作出如此的規定？為甚麼祂要求人在漫長的猶太歷史中，進行這項又費勁、又昂貴的祭祀，獻上不計其數的祭物？**來10：1相當清楚地回答了這些問題。神從來無意藉祭牲醫治罪病。動物獻祭是本物的影兒，它們是神所賜的，以便作為基督在加略山上一次獻祭的預表。

　　我記得小時候，晚上走在街上，路燈把我的身影照在地上，真是叫人著迷。影子有我身體的輪廓，但並不完整。影子雖然只是我真實身體的一個模糊影像，但它依然代表了真實的我，因為它把我身體的基本線條都勾勒了出來，倒映在行人道上。

　　利未帳幕及祭禮與基督在天上聖所擔任的角色，兩者有著如上所述的影子與本物的關係。利未帳幕及祭禮為基督對人類的作為畫出了一個基本輪廓，但它們絕對不能代表那本物。比方說，古以色列人知道被宰祭物的血能夠贖罪（利17：11），但他們難以預先知道這血在加略山事件中的全部意義，即神的兒子為全宇宙受死。不少猶太先知，像以賽亞，曾約略提到受苦的僕人會因「百姓的罪」受鞭打，又「為我們的罪孽壓傷」，把「眾人的罪孽都歸在祂身上」，好讓「我們得醫治」（賽53：8、5、6）。但來到新約聖經的作者才能看清楚這些事實真相，他們認出耶穌是「神的羔羊，除去世人罪孽的」（約1：29），是「從創世以來被殺之羔羊」（啟13：8）。

　　當耶穌的被釘成為每一本福音書的寫作高潮，當希伯來書道出祂死亡的意義，及祂在天上事奉所帶來的益處，「羔羊」的工作便成為注意的焦點。

　　到了新約時代，影兒的年代告一段落，我們為本物的年代已

做好準備。因此，希伯來書告訴首批讀者和我們，務要抗拒重回舊制度的誘惑。這舊制度沒有能力解決生命最嚴重的問題。對於第一世紀的讀者，他們的引誘是他們為求保障而重投猶太人社會和猶太祭儀的懷抱，以求適應整體的文化要求；對於我們這些現代人，我們的引誘可能是為了經濟成就所帶來的保障而委曲求全。可是兩種方法都是判斷錯誤，都不能提供永久的保障。最終的解決方法是要靠賴基督的祭和事奉。其他的方法都不足夠，正如一位聖詩作者形容：「其餘根基全是沙土」[註1]。

為了說明這一點，來10：1－10展現了兩個對比。第一個對比：重複獻上的利未祭物提醒人們有罪（2、3節）；基督的祭卻不僅使人不再覺得有罪，還確認了新立的約，連神也「不再記念他們的罪愆和他們的過犯」（2、17節）。

第二個對比（5－9節）以詩40：6－8為根據，不只討論動物的祭，更討論甘於服在神旨意之下的基督。在成就神的旨意上，之前的（利未）獻祭制度比不上之後的祭（基督的死，載於來10：9b）。希伯來書這數節經文由消極的論證轉向積極的論證。直至目前為止，論證一直指出動物的祭是無效的。到了現在，作者提出實際的理由：基督的祭確能永遠有效地為全人類清除罪惡（10節）。

來10：10尤其重要。我們該留意四點：第一點是基督「只一次」的犧牲，我們在第32章已經討論過這個主題。第二點關係到「這旨意」，一個相當神祕的意念。「旨意」這字表面看來在經文中顯得格格不入，及至我們注意到它所指的原來是第7和第9節，經文指出耶穌說祂來了，為要照神的旨意行。那旨意是甚麼？就是神的百姓「靠耶穌基督，只一次獻上祂的身體，就得以成聖」。

這句話領我們來到第三點，即作者關於「成聖」的意思。許

多現代讀者將這節經文理解為，成聖是一生的功夫，是信徒隨著成長愈來愈像耶穌的一個過程。但作者在此無意按這個意思使用這個字。請注意，來10：10說「就已經成聖」（新譯本），「成聖」是早已成就了的一個事實。基督只一次的死已經使信徒成聖。

要理解成聖的意思，我們需要回頭看這字的原意。成聖意指「被分別出來」。因此，基督的死已經為神把基督徒分別出來。在這「被分別出來」的身分之內發生的成長過程，才該是我們對成聖一般的理解。

我們要記住的第四點是，拯救是靠耶穌基督「只一次獻上祂的身體」而作成的。有些基督徒試圖避開這話中所描繪相當嚴酷的景象，他們著重來10：5－10中基督照神的旨意行，而不著重祂以死為祭。他們辯稱，耶穌在意志上信從神才是重點所在，祂自甘降服在神的旨意之下。推論下來，他們於是強調客西馬尼比加略山更要緊，還認為基督實際的死並非關鍵。

可這不是希伯來書所說的話；它所宣揚的剛好相反。在客西馬尼基督信服神的旨意是重要的，但正是基督在加略山上以死為祭，才使人類的救贖成為事實，如莫里斯指出：「[來10：1－10]所要比較的不是動物獻祭與道德服從，而是動物不知受死的後果，而耶穌乃是接受神的旨意及其受死的後果。」（Morris, p. 100）。

基督的死是基督教獨有的信息，也是聖經信息的基礎。福音書看重耶穌的死、希伯來書重複談論流血、保羅以基督的死來定義他傳講的福音，這都不是偶然的。沒有基督的死，罪惡的世界便沒有基督教、沒有救恩、沒有盼望，誠如莫里斯解釋：「沒有任何其他宗教曾發生過一件大事，為每一個世紀和全世界帶來救贖。這就是基督教與眾不同的教義」（同上註）。沒有基督的死，

我們便一無所有。

　　記取上面的教訓，早期信徒竟曾那麼愚蠢，以為背棄耶穌之後，還能找到其他更有效的方法解決他們的罪和過犯。若我們和他們一般見識，我們也同樣不智。

注1：《讚美詩》第288首，《別無根基》

34
基督決定性的終局

來10：11－18

11 凡祭司天天站著事奉神，屢次獻上一樣的祭物，這祭物永不能除罪。12 但基督獻了一次永遠的贖罪祭，就在神的右邊坐下了。13 從此，等候他仇敵成了他的腳凳。14 因為祂一次獻祭，便叫那得以成聖的人永遠完全。

15 聖靈也對我們作見證；因為他既已說過：16 主說：那些日子以後，我與他們所立的約乃是這樣：我要將我的律法寫在他們心上，又要放在他們的裏面。17 以後就說：我不再記念他們的罪愆和他們的過犯。18 這些罪過既已赦免，就不用再為罪獻祭了。

對於那些敬畏神的人，上面是一段偉大的經文。我們的作者藉這段經文給基督工作的成果做一個總結。作者特別闡明耶穌的成就、祂的高升、及祂最終的勝利。

基督徒的盼望和信靠的根據來自基督的三項貢獻。一，希伯來書再次強調耶穌的祭含有終極性。祂「獻了一次永遠的贖罪祭」（10：12）。本書信拿祂只一次的祭，與利未祭司「屢次獻上一樣的祭物」（11節）或「每年常獻一樣的祭物」（1節）作對比。

祭司要重複獻祭，理由是獻上的祭物不是本物——它們不能除罪，不能潔淨，不能淨化。它們只不過是「影兒」（1節）或本

物的「預表」（9：9，新譯本）。每一頭被宰的羊都是一個示例——也僅僅是示例而已——拿來預表耶穌為罪人在十字架上所做成之工。

耶穌——神解決罪的答案
1. 祂的貢獻——「因為祂一次獻祭，便叫那得以成聖的人永遠完全。」（來10：14）
2. 祂的高升——「基督獻了一次永遠的贖罪祭，就在神的右邊坐下了。」（10：12）現在祂在那裏作我們的大祭司。
3. 祂的得勝——當祂再來的時候，其仇敵要成為「他的腳凳」（10：13）

由於要重複獻上又果效不彰，利未的祭成為罪持續不得赦免的提醒。換言之，每一次當祭司們獻上祭物，就讓人記起祭司本人和獻祭者的罪均未獲解決（10：1-4）。相對而言，耶穌只一次的祭，就得到相反的效果。接納祂的祭的人，他們的罪將不再被記念（17節）。基督的祭的效能在於，它永遠不用重複，因為它規定了真正赦罪的基礎，這祭獻一次就夠了（18節）。

只一次的祭除了既完備又有效之外，來10：14還告訴我們，基督的獻上「使成聖的人永遠完全」。在此我們再讀到「完全」這詞，它是作者於第7至第10章反覆使用的一個詞。

當人們讀到「完全」，便會想到神的聖徒已經或正在進行的某種無罪狀況。但這不是希伯來書使用這詞來形容神子民的觀點。來10：14相當明確，作者正在形容一件過去的事件，如《欽定版譯本》聖經（KJV）的翻譯：「祂一次獻祭，便叫那些得以成聖的人永遠完全。」註1

神的子民得以完全，情況與太5：48所說「所以，你們要完全，像你們的天父完全一樣」不同。按照上下文，馬太福音談及的神子民的完全，是好像神愛人般充滿愛心（讀太5：43-47），那裏所指的完全乃是發生在神子民的內心，與愈來愈像耶穌的過程有關。

　　可是，在希伯來書中，完全並非**神正在祂子民心中動工**的事情，而是祂**已經為他們做了**的事情。那是一件已經發生了的事，由基督在加略山「一次獻祭」所成就（10：14）。當我們看看作者把「完全」這個詞跟神的子民和罪的問題相提並論時，這個真理就昭然若揭：

- 來7：11最先使用這字：「從前百姓在利未人祭司職任以下受律法，倘若藉這職任能得完全，又何用另外興起一位祭司，照麥基洗德的等次，不照亞倫的等次呢？」
- 我們在來7：19找到同一觀點：「因為（利未祭司職事和獻祭）的律法從來沒有使甚麼得到完全。」
- 在來9：9我們再次讀到：「所獻（在利未制度之下）的禮物和祭物，就著良心說，都不能叫禮拜的人得以完全。」
- 接著在來10：1，我們發現：「律法既是將來美事的影兒，不是本物的真像，總不能藉著每年常獻一樣的祭物叫那近前來的人得以完全。」

　　上述四段經文一再鄭重說明一個教訓：舊約的祭不能**使人完全**，故此需要基督只一次的祭。

- 「因為祂獻上了一次的祭，便叫那些成聖的人永遠完全。」

　（10：14）

　　希伯來書使用完全這個概念來表示基督為凡接受祂的人在加略山上所做成之工。本書信一再把「完全」連繫到人良心的潔

淨。因此來9：9說利未的祭「不能叫禮拜的人得以**完全**」，來
9：14承接這個思想，指出基督的血能**洗淨**基督徒的良心，如莊
遜所言：「第9節和第14節的完全和良心互相緊扣，完全等同潔
淨」。這個關係在來10：1、2再度出現，不能使人完全的利未祭
物等同不能潔淨良心的利未祭物。又一次，「『完全』表明『潔
淨』的意思」（Johnsson, Hebrews, p. 177）。

因此，重點是在於基督只一次的祭，這祭確實把罪的問題解
決掉，又洗淨基督徒的罪污，它「叫那得成聖的人永遠完全」
（來10：14），好讓我們能坦然無懼來到神施恩的寶座前（4：16；10：
19），因為罪已經解決了，神不再記念祂子民的罪和過犯（10：
17）。換句話說，罪這個障礙再無法架在基督徒和神中間，因著
基督的祭，神赦免人的罪，同時洗淨罪人的良心。藉著我們在天
上的大祭司耶穌，一條通向神的路徑就為基督徒打開了。

在離開來10：14之前，我們必須察看一個事實：藉著基督的
獻上而永遠得到完全的，是「那得以成聖的人」。和第10節一
樣，成聖在這裏的意思似乎指被分別出來作聖潔之用途、被留下
來作神子民的一個過程。故此，看來經文所指的是一個過程，在
這過程中，不斷有人成為成聖的新信徒。縱使第10節是談及那些
已經在基督救恩裏的人（他們「就已經成聖」，《新譯本》），在第14節
我們卻發現作者提到現在的境況（那些正在不斷加入信徒行列的人「得以成
聖」）。結果，希伯來書能說，凡被神分別出來的人都藉著基督獻
上的祭「永遠完全」，即耶穌的祭已經除淨他們一切的污穢。

耶穌的成就絕對是本書信的中心思想。祂不僅在十字架上為
我們成就了救贖之工，還為祂自己的高升立下了基礎。來10：12
告訴我們，耶穌「獻了一次永遠的贖罪祭，就在神的右邊坐下
了」。作者曾兩次提到耶穌「坐在」神的右邊（1：3；8：1），但他

沒有在那些章節特別強調這一點。但是來到第10章，他卻以耶穌坐下的這個姿勢，與天天站著事奉神的利未祭司作出鮮明的對比（10：11）。這對比於作者而言是必要的。利未祭司從沒有完成他們獻祭的工作，那是一件永無休止的工作。但是，基督卻是坐下的，因為祂已經結束了祂獻祭之工。祂的獻上只一次而永遠，就大功告成了。

我們同時必須留意，神的右邊是無上尊榮的位置，就是天使也不過站在神的面前而已（路1：19）。當耶穌宣稱祂會「坐在那權能者的右邊」降臨時，大祭司就以此為僭妄的話，甚至把自己的衣服也撕開，以表示忿怒（可14：62、63）。

耶穌在十字架上所成就之工，直接導致祂的高升。這高升又反過來導致祂在末後的得勝。來10：12、13說耶穌在神的右邊坐下，「等候祂仇敵成了祂的腳凳」。

在此我們有一節稍為變換了詩110：1的措辭，又同時引述詩8：6的經文，兩節詩歌都表達了對神的彌賽亞完全得勝的期待。

縱使世事不盡如人意，作為基督徒的我們一無所懼，就像菲利普・休斯（Philip Hughes）說：「在基督**等候**仇敵都服在祂腳下的描述中，（比較來2：8，引述詩8：6『只是如今我們還不見萬物都服祂』），對那段等待時刻的結果，並沒有不確定的預兆。祂的仇敵確定被徹底打敗，因為祂的高升宣告祂的對手都要滅亡。而藉著高升，道成肉身聖子在地上的救贖工作得以圓滿完成。（Hughes, p. 402）。

給希伯來書的第一世紀基督徒聽眾的好消息是，儘管現況看似艱難，他們要堅持下去，不要放棄他們的信心，因為有一天，基督的仇敵都要服在祂腳下。當然，那就是基督復臨的時候，這是本書信曾在來9：28略略提過，到了來10：33—39、11：39、40及12：28會再作詳盡說明的主題。

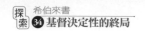

　　基督是神解決罪的答案，祂的祭能夠潔淨祂的跟從者，祂的高升使祂配當我們在天上的大祭司（7：25），祂保證有最終的得勝。因此，凡接受祂的祭和祂事工的人一無畏懼，可以坦然無懼來到神的施恩寶座前（10：19），分享祂在末後的勝利成果。

註1：《欽定版譯本》「完全」一字是現在完成時態，顯示動作在當時已經完成。

第七編 耶穌—
信靠耶穌是更美之路

（來10：19－11：40）

EXPLORING HEBREWS

有確據的信心

來10：19－25

¹⁹ 弟兄們，我們既因耶穌的血得以坦然進入至聖所，²⁰ 是藉著祂給我們開了一條又新又活的路，從幔子經過，這幔子就是祂的身體。²¹ 又有一位大祭司治理神的家，²² 並我們心中天良的虧欠已經灑去，身體用清水洗淨了，就當存著誠心和充足的信心來到神面前；²³ 也要堅守我們所承認的指望，不至搖動，因為那應許我們的是信實的。²⁴ 又要彼此相顧，激發愛心，勉勵行善。²⁵ 你們不可停止聚會，好像那些停止慣了的人，倒要彼此勸勉，既知道（原文是看見）那日子臨近，就更當如此。

神的降臨會是一件可怕的事。在西奈山，雷轟、閃電、密雲隨著神的降臨而至，百姓盡都發顫（出19：16）。他們應當發顫，因為神曾宣告：「凡摸這山的，必要治死他。」（12節）

在整本舊約聖經中，作者筆下的神既聖潔又與人遠離。人不可接近祂。只有祭司才獲准進入聖所，儘管如此，也只能每年進入一次。干犯神聖潔的人，後果堪虞，像拿答和亞比戶便因為獻上凡火，而被神用火燒滅（利10：1、2）。至於烏撒，光是伸手碰觸約櫃就被擊殺（代上13：10）。站在聖潔的神面前真是十分可怕。

不管怎樣，希伯來書出人意外的宣告之一是，基督徒在神的

面前毋須恐慌。事實上，本書信再三告訴讀者，可以坦然無懼就近祂（10：19；4：16）。被翻譯為「坦然無懼」的原文，也可以解作「有信心」或「有保證」。來10：22就把它作進一步的發揮，指出我們「良心的邪惡既然被灑淨，身體也用清水洗淨了」，便該「懷著真誠的心和完備的信，進到神面前。」（新譯本）

何故有如此大的分別？為甚麼作者鼓勵基督徒「進到神面前」，而舊約聖經卻勸人與神保持距離（12：20）？為甚麼基督徒可以懷著信心和喜樂接近神，而古時人們卻要戰戰兢兢面見神？

希伯來書回答：基督的祭解除了罪，祂的死和祂的工作已經開啟了一條直接通向神的路（10：19-22）。根據希伯來書的福音（好消息），凡接受基督的人，他們的罪污都已經被基督的血洗淨了（10：1-18），「凡靠著」復活的大祭司基督「進到神面前的人，祂都能拯救到底；因為祂是長遠活著，替他們祈求。」（7：25）我們有一個「又堅固，又牢靠」的錨和指望，因為耶穌「照著麥基洗德的等次成了永遠的大祭司」（6：19、20）。

來10：18結束了從來7：1就展開的一段長長的教義段落。使徒以三章半的經文敘述了基督是更美的祭司、祂以更美的應許為基礎，問啟了更美的約，又奉獻了更美的祭。現在，作者再度由闡釋教義轉向實用的規勸，不過本書信從來不會顧此失彼，因為這書信原本就是一番「勸勉的話」（13：22）。

縱使作者具有很深的神學造詣，他卻不以神學討論本身為目的，反而利用這神學討論的平台來發出警告、保證、責備，故此作者才會在10：19的開頭說：「所以」（新譯本）。**因為**基督是更美的祭司（7章）、**因為**祂立了更美的約（8章）、**因為**祂獻上了更美的祭（9：1-10：18），所以基督徒能夠坦然無懼來到神面前。

我們從來10：22－25找到三個具體的勸勉：

- ．「來到神面前」（22節）

- ．「堅守我們所承認的指望」（23節）

- ．「彼此相顧」（24節）

我們剛剛談論了第一個勸勉，基督徒有完備的確據來到神面前。不過，有這確據並不表示可以對神心懷不敬或者掉以輕心。神依然是聖潔的神。祂與舊約聖經的耶和華是同一位神。不錯，大祭司基督已經在人類與神之間築起了一道橋樑，但是，凡藉著耶穌來到神面前的人仍然必須心存敬畏。

來10：22認為，凡懷著完備的確據，應邀進到神面前的人會具備幾個特質：

1.他們有真誠或者忠誠的心。神不喜歡祂的跟從者偽善。真誠的心就是「一顆對神全然委身的心志，心無二意」（Westcott, p. 322），這心代表人對神內在的「真誠」（Dods, p. 346）。

2.他們有「完備的信」，如韋斯科特形容，那是一顆「成熟有活力」的信心，是藉著「穩穩地投靠那位隨時給與幫助的神」而成全的「完美的自我降服感」（Westcott, p. 322）。

3.他們「良心的邪惡……被灑淨」（新譯本），意指凡來到神面前的人，都已經接受了基督的死和祂的職事，他們的罪污得到潔淨。

4.他們的「身體用清水洗淨了」。這裏提到受浸。儘管受浸本身不等同得救，受浸卻是外在行為的象徵，代表了上面提到的三種固有的內在轉變。受浸是一件公開的事件，向信徒和非信徒的群體作見證，受浸的人告別了以往，委身於一種新的生活方式。在聖經中基督和祂的門徒均十分重視浸禮（比方說，讀太28：19；羅6：1－4；彼前3：21；徒2：38）。基督徒不僅指凡相信神的人，也指凡

透過受浸公開宣稱忠於神的人。

　　來10：22－25的第二個勸勉是，「也要堅守我們所承認的指望，不至搖動。」（23節）這正是希伯來書的對象遇到的問題。他們已經憑信接受了基督，並且藉著受浸公開宣告他們放棄猶太教，加入基督教（22節）。如今他們開始動搖了，當中有人漸漸像一條失去了錨的船兒，隨流失去（2：1）。

　　作者正是在這個問題的刺激下撰寫這封希伯來書。凡接獲此信的人都要覺醒。他們必須看到，與那本物相比，他們所放棄的只是無價值的影兒而已（10：1）。本書信的讀者群必須認清一個事實，猶太教充其量只能指出耶穌的彌賽亞使命。倘若他們真正明白此信息，他們就不會三心兩意。最要緊的是，他們務必「堅守……所承認的指望」。他們要曉得，那應許他們的是信實的（10：23）。倘若神曾經信實地領古以色列人進入迦南的安息（4：8），又信實地照著麥基洗德的等次興起了大祭司耶穌（5：6；6：20－7：10），到了末後，祂也必照樣信實地在掙扎度日的基督徒群體身上成就祂的應許。

　　來10：23－25的第三個勸勉是，他們「要彼此相顧，激發愛心，勉勵行善。」（24節）基督教從來不是個人獨處的體驗。事實上，聖經並未論及基督群體以外的基督教。決定跟從基督或許有個人層面，基督教本身卻有團體層面，要照顧基督教團體內部及外部的人。

　　基督徒彼此鼓勵是這種集體特質之一。在風平浪靜的日子，這種集體支援固然重要；在危機四伏、患難處處的時候更不可少。

　　很不幸，教會群體中有不少基督徒把時間浪費在互相批評、吹毛求疵的事上，魔鬼就最高興不過了，因為這是粉碎耶穌建立

教會的最好手段。「彼此相顧，激發愛心，勉勵行善」（10：24）是一條更美的路。在教會裏人人都應該能夠得到鼓勵且去鼓勵有需要的人，那是我唯一想要歸屬的教會，那也是聖經所標榜的教會。

雷蒙德・布朗（Raymond Brown）寫道：「有人因為在所屬的教會找不到所渴望的溫暖、照顧和關懷，於是他們便從有組織的或者制度化的教會，轉往參加其他宗教團體和家庭教會，其中部分洋溢著更融恰的團契生活和關懷之愛。」（Brown, p. 187）每位教友的作用是要讓他或她的團契成為彼此鼓勵的地方。

來10：25接著指出，收信人中有人曾被引誘停止聚會，有些可能是因為別的教友而灰心失望，但無可否認，有些卻是基於對廣大社會的恐懼，因為他們開始迫害基督徒弱小群體。可是收信人採取這種行為——希伯來書認為——是大錯特錯的，正如摩法特所說：「任何早期教會的基督徒，意圖在不靠群體的支持下仿效隱士般生活，實在非常危險，因為缺乏公眾意見來支持他。不管基於甚麼動機，他的孤立使他置身在連信仰也都一併放棄的危機之中。」（Moffatt, p. 147）

今天，同樣的危機依然潛伏。故此，「來到神面前」、「堅守我們所承認的指望」、「彼此相顧」的勸勉在第一世紀和二十一世紀都同樣重要。

再思不得赦免的罪

> ²⁶ 因為我們得知真道以後，若故意犯罪，贖罪的祭就再沒有了； ²⁷
> 惟有戰懼等候審判和那燒滅眾敵人的烈火。²⁸ 人干犯摩西的律法，
> 憑兩三個見證人，尚且不得憐恤而死，²⁹ 何況人踐踏神的兒子，將
> 那使祂成聖之約的血當作平常，又藐慢施恩的聖靈，你們想，他要
> 受的刑罰該怎樣加重呢！³⁰ 因為我們知道誰說：「伸冤在我，我必
> 報應」；又說：「主要審判祂的百姓。」³¹ 落在永生神的手裏，真
> 是可怕的！

　　人們很容易以為，神彷彿一個齒髮俱落、希望在末日拯救全
人類的聖誕老人。像來10：26－31和6：4－8的經文，便把這類
想法一概駁倒。就是憐憫人的神也拯救不了某一類人。

　　來10：25的結尾提醒人「那日子（正在）臨近」（作者譯文）。第
26至31節的上下文清楚說明，作者所指的日子就是審判大日。

　　來10：19－25和26－31的對比十分重要。第19至25節重提，
接受耶穌的血，人就有得救的確據；第26至31節則闡明，拒絕
祂的祭，人就要面對神的審判。第一種人能夠「坦然無懼」（19
節）；第二種人卻要戰懼害怕（27、31節）。

　　許多基督徒以為來6：4－8是衝著他們說的，因而害怕自己

已經干犯了不得赦免的罪，再沒有盼望。因此，我們有必要研究經文所指的是誰，他們做了甚麼事引致這麼一句可怕的話，而來10：26－31又如何吻合本書信的思路。

首先，毋庸置疑，經文說話的對象是基督徒，因為他們已經接受並顯然明白真理（26、32節），用血立的約使他們得以成聖（29節），大抵他們也早已領受聖靈（2：3、4；6：4、5；10：29），他們跟那些可能失去盼望（10：23）和停止聚會的人是同一群人（25節）。

這領我們到第二點。他們到底正在幹甚麼，竟會引致來10：26－31這樣可怕的警告？畢竟，從許多方面看來，他們所犯的都只是小問題而已：有些疏忽了參加信徒的公開聚會，有些則需要督促一下去行出愛心（24、25節）。像第26至31節般嚴苛的審判，到底原因何在？

在經文中我們找到答案。其中一個是，他們「得知真道以後，……故意犯罪」（26節）。這句話說明了一種反叛的生活方式，一種反叛神的精神狀態，使他們成了神的「敵人」（27節）。敵人不是指犯了錯然後求饒恕的人，而是慣常地抗拒神的人。悖逆者滿足於自己犯的罪行，罪就是他們生命的特徵。問題的關鍵在於，他們已經放棄了基督的祭，或者他們有想放棄基督的祭的危機。失去這除罪的和醫治的祭，「贖罪的祭就再沒有了」（26節）。

這個道理在第28至29節更加清晰。兩節經文就有關的嚴重性由輕入重提出論證。猶太人都曉得，任何人若違抗摩西的律法，憑兩三個人的見證就可以將他處死（申17：6；19：15）。有關觀念的根源深植於舊約聖經之中，因此我們的作者知道他所有的讀者都會接受。接著，他以拒絕那位只一次死亡便解決了罪的基督，來對比拒絕那只能預表基督、卻不能解決罪的摩西和利未制度。倘若拒絕摩西尚且要處死，拒絕基督豈不更加嚴重（參閱來2：2、3；3：1－6）。

但他們是怎樣拒絕基督的呢？第一個責備是他們「踐踏神的兒子」（10：29）用腳踐踏強烈表達了蔑視或鄙棄。神的兒子，坐在神寶座右邊等候祂的仇敵成為祂的腳凳，祂竟然成了悖逆者的腳凳（1：13；10：13），甚或比腳凳還不如。

第二個責備是他們「把那使他成聖的立約之血當作俗物」（10：29，新譯本）。希伯來書第8至10章早已有力的陳述，指出解決罪的方法只有一個——基督獻上的血洗清凡接受祂的人的罪污。把這血當作俗物是對神的侮蔑，活該受到責備。同時，如凱斯特指出：「宣稱基督的血是『污穢』（俗物），就使那令人神隔絕的罪污死灰復燃。」（Koester, p. 457）

第三個責備是「褻慢施恩的聖靈」（10：29）。耶穌指拒絕聖靈的工作是不得赦免的罪（見太12：31、32；可3：28－30；路12：10）。為何不得赦免？因為聖靈使人知罪，並且把人引向耶穌，為要求悔罪、蒙饒恕、得著完備的救恩。任何人棄絕聖靈就是丟棄三一真神的其中一位（請記住，惟獨有位格者才能被褻慢），聖靈發出警告，並且領人得救恩。耶穌對拒絕聖靈工作的人宣告最可怕的話。這種人不可能有盼望。

那些採取如此敵對態度的人，將要面對定罪的審判。來10：30、31引用申32：35、36帶出這個真理，第一句說：「伸冤在我，我必報應」；第二句說：「主要審判祂的百姓」，兩個引述句之後是總結：「落在永生神的手裏，真是可怕的！」

> ### 耶穌論拒絕聖靈
> 所以我告訴你們：「人一切的罪和褻瀆的話都可得赦免，惟獨褻瀆聖靈，總不得赦免。凡說話干犯人子的，還可得赦免；惟獨說話干犯聖靈的，今世來世總不得赦免。」（太12：31、32）

　　希伯來書的首批讀者不可對這些話掉以輕心；今天，我們也要重視這番話。教會很容易會忘記，連基督徒也要面對最後的審判。巴克來提醒我們：「在基督教的深處永遠存在著一個威脅，挪走這個威脅就等於使這信仰無力開展。」（Barclay, p. 141）西奧多‧魯賓遜（Theodore Robinson）有相同的觀點，他說：「必須明白耶穌基督的福音並非愚昧的、膚淺的、無力的，這一點對我們是好事。那福音是跟流血與苦難攸關的事，是一件莊嚴、有時幾乎是殘酷的事。」（Robinson, p. 148）

　　我們如何論述那以耶穌的血為中心的福音，會出現不同的結果。希伯來書只給我們兩個選擇：一方面我們可以接受耶穌的血，並坦然無懼來到施恩座前（4：16；10：19）；另一方面，在承認這真理之後，我們踐踏這禮物，藐視它的賜予者（10：29）。人若選擇停留在後者的狀態，就不可能再有指望。

　　可是，即使曾犯上嚴重過錯的人，當他們回應施恩的聖靈，就依然有盼望。基督潔淨的祭能夠使他們與神和好。

　　謹記這一事實，有必要說明一個重點。來10：26－31被放在聖經中，其目的並非要使人絕望。相反，它是一個警號，用來提醒那些已經或者正在隨流失去、拒絕基督的人（2：1）。他們和我們都不是沒有希望的。在來10：32－39中，本書信呼籲它的讀者要重燃盼望，並懇求他們切莫丟棄勇敢的心（35節）。只要他們忍耐到底，神便會賜給他們更美長存的家業（34節）。

　　這個觀點說明的真理是：審判是一柄兩刃劍。劍刃的一面是來10：30所指，對於拒絕基督的祭的人，神會消極地施以審判。但這不是審判的全部意思。「審判」這字同時意指被定罪或者獲伸冤。來10：30的用法分明是指被定罪，可是該節經文所引用的申32：36和詩135：14，卻顯示審判有兩個含意。惡人會被定

罪，但另一方面，「耶和華會為祂的百姓伸冤。」（申32：36，RSV中譯）

問題不在於人會不會在末後面對審判，而是他們的審判會導致被定罪還是獲伸冤。希伯來書的信息是，結局取決於我們是接納，還是拒絕基督的血。因此，我們每個人都和希伯來書古時的讀者一樣，必須作出抉擇。

神已經在來10：26－31發出了警報，到了第32至39節，祂將與凡願意覺醒，並繼續接受祂福惠的人重新立約。

堅持到底的福惠

來10：32－39

> [32] 你們要追念往日，蒙了光照以後所忍受大爭戰的各樣苦難：[33] 一面被毀謗，遭患難，成了戲景，叫眾人觀看；一面陪伴那些受這樣苦難的人。[34] 因為你們體恤了那些被捆鎖的人，並且你們的家業被人搶去，也甘心忍受，知道自己有更美長存的家業。[35] 所以，你們不可丟棄勇敢的心；存這樣的心必得大賞賜。[36] 你們必須忍耐，使你們行完了神的旨意，就可以得著所應許的。[37] 「因為還有一點點時候，那要來的就來，並不遲延；[38] 只是我的義人必因信得生。他若退後，我心裏就不喜歡他。」[39] 我們卻不是退後入沉淪的那等人，乃是有信心以致靈魂得救的人。[註1]

　　如同來6：4－8，第10章在嚴肅的警告之後，就提出更詳盡的論述。所謂，先來一記雷轟閃電，接著是平靜的懇求；讓人覺醒的警號在先，鼓舞信心的慰語後至。

　　本段經文的第一部分號召希伯來書的收信人回顧歷史。曾幾何時，他們信心堅定。本書信以他們自己的幾個經驗來說明這信心：

- 他們為了所蒙的光照和信心受苦（32、33節）
- 有時在眾人面前被毀謗，遭患難（33節）
- 有時他們當中有人陪伴其他受苦的人，再度顯出基督徒信仰的共

同特質（33節）

- 有人體恤那些被捆鎖的人（34節）。我們必須以第一世紀而不是二十一世紀的眼光，才能理解這種體恤的意義。在第一世紀的世界，囚徒的生活十分困苦，掌權的人很少或者不會供應他們的需要，他們要依賴朋友供給食物和其他接濟。基督就是在這種情況下，突顯出探望囚徒為一種美德（太25：36）。可是探望和接濟獄中人是冒險的事情，因為官方會把探望者與囚犯視為同類。然而，即使個人會遭遇危險，希伯來書的讀者還是盡了這愛心責任。

- 有人的家業被搶去（來10：34），可能是暴徒所為（參徒16：22、23；17：6；18：17）。德西爾瓦指出，他們甘心忍受，因為他們早已重新界定了「『喜樂』的定義」（deSilva, p. 358）。他們不像那些詆毀他們的人，把喜樂界定為肉眼所戀慕的財產；他們的定義是那只有憑信心才能看得見的長存家業。

總之，上面所臚列的經驗具有巨大的屬靈能量。有人認為，與相對安舒的日子比較，在艱難時期作基督徒可能更容易。另外，有些人在短暫的激情與興奮下更能過基督徒生活，當日子如水長流，作基督徒就難了。長遠的得勝比一時興奮而得勝有更高的要求——它要求「忍耐」的心（10：36）。

但在第一世紀基督徒群體中，這忍耐的心正開始陷入困境。在這情況下，希伯來書的作者特別突顯他們往日的成績，以此鼓勵他們不要放棄，如加爾文說：「為了激勵他們，引發他們飛快前進，他提醒他們曾有的敬虔表現為證據；半途而廢已經夠羞恥的了，更何況功虧一簣。」（Calvin, p. 252）

作者記取他們過去的成就，於是呼籲：「所以，你們不可丟棄勇敢的心；存這樣的心必得大賞賜」（10：35）。為著身邊發生

的種種問題，那些希伯來基督徒中有人已經開始放棄信仰，而這信仰一度令他們不僅坦然無懼來到神的施恩座前求幫助（4：16；10：19），還勇敢地抵抗了社會的主流文化。

在這情境下，作者接著談到，為了達成目標和得著賞賜（36節），他們需要「忍耐」。在同一思路上，第32節說他們曾「忍受大爭戰的各樣苦難」。被翻譯為「爭戰」的詞是一個富有啟發意義的詞，其原文是athlēsis，由這字我們得出英文athletics（運動員）一字。新約聖經廣泛使用athlēsis一字來形容基督徒像屬靈的運動員（林前9：24－26；腓2：16；3：12－14），以表明艱辛發奮的基督徒生命本質。在希伯來書中，有目標的運動員這一觀點提醒我們，生命是一趟天路之旅，基督徒朝著神的安息（來4：8－11）和神的城前進，那城是神所經營所建造的（11：10、16）。

本書信教導我們的一課是，賽跑的人若是虎頭蛇尾（10：32－35）將一無所穫；展開了旅程的客旅若沒有走畢全程將不能得到賞賜。故此，要「忍耐」，「使你們行完了神的旨意，就可以得著所應許的」（36節）。

「賞賜」這一觀念曾使某些基督徒尷尬。但聖經的作者們卻沒有這種壓力，還一再強調，凡忠心到底的人會從神那裏得到甚麼樣的賞賜。然而，問題是怎樣從我們所處的位置走到目標。作者在來10：37－39就是要處理這個主題。首先，他引述哈2：3、4來預表基督再來。

基督的再來雖然重要，但來到這個論點的接合處，希伯來卻把重點放在哈巴谷書引文的下半節：「我的義人必因信得生，他若後退，我的心就不喜歡他。」（來10：38）「信」這個字為希伯來書第11章打穩基礎，該章經文的全文將會突顯偉大的信心行為所呈現的面貌，這一章普遍被視為聖經的信心經文。在進入天上安息的天路

上（4：1－11），神的子民惟有憑信心才能忍受地上的考驗。

哈2：4宣稱「惟義人因信得生」，這是特別引人注意的，因為它構成了羅馬書、加拉太書、和希伯來書論點的關鍵部分，但這三封信卻以不同形式引用該段經文。羅馬書和加拉太書用經文的字句來說明一個人怎樣稱義，其答案是透過信靠基督，所以有所謂「因信稱義」（羅1：17；加3：11）的道理。

相對羅馬書和加拉太書，希伯來書利用哈2：4強調，信心是基督徒活出基督生命的惟一方法，如默里指出，哈2：4「意味深長」，其含意超過「罪人因信被算為義，也超過義人因信得永生……。這節經文意指義人，即他整個生命，必因信得生……。以因信得生的義人與退後的人（來10：38、39）做比較……。導致退後的最大原因是，對看不透的事情缺乏信心，對看得見的事物心存戀慕，並且，在和退後作戰時，靠自己的力量而不靠基督。在這裏我們又是沒有選擇餘地──不是信靠就是退後。在基督徒的人生中，除了充足的信心，甚麼也不能幫助我們避免退後。信心就是永遠在一切事上憑信而活。」（Murray, pp. 438, 439）

在同一條思路上，雷‧斯特德文（Ray Stedman）把羅馬書和希伯來書就哈2：4的引文相提並論，他解釋：「信心是我們開始基督化生命的方法；信心也是維持這基督化生命的方法；信心領我們得著最後的勝利，跨越榮耀之大門來到主面前。」（Stedman, p. 116）

作者以來10：39結束他的論證且為第11章立下基礎：「我們卻不是退後入沉淪的那等人，乃是有信心以致靈魂得救的人。」第11章將會展現聖經中一幅偉大的全景──逐一介紹歷代以來前往天上之城的信心客旅。

註1：按作者譯文，第37至38節加上前後引號，第38節「義人」之前加「我的」。

更美的指望

來11：1-3

> [1] 信就是所望之事的實底，是未見之事的確據。[2] 古人在這信上得了美好的證據。[3] 我們因著信，就知道諸世界是藉神話造成的；這樣，所看見的，並不是從顯然之物造出來的。

外面的世界危機四伏，令人沮喪。故此，既然事事彷彿皆不利於我們，實在很難堅持下去。

不過，世上無新事。二千年前希伯來書的收信人面對同一樣的世界。希伯來書有話給這些男女，他們感到無法抵抗那聯合起來對付他們的勢力，他們感到頭頂陰霾密佈，無處見青天。此外，他們的宗教生活已經開始變得索然無味，他們失去了最初悔改信主的熱情。

本書信所要回應的處境，是信徒傾向從教會中「隨流失去」（2：1）、停止聚會（10：25）、從信靠變成離棄基督徒群體（3：12；6：6；10：29）。然而，作者鼓勵他的聽眾不要退後（10：39），反倒要「持定所承認的道」（4：14），「不至動搖」（10：23）。

希伯來書第11章就是寫給上述這一群人的。他們需要保持信念和信心，好叫他們得著忍耐的心，在不利的環境中仍然活出信仰（6：19；10：36）。這種信心能讓他們坦然無懼來到神和人的面前

（4：16；10：19、35），無盡的福惠將會隨著這無懼的心而來。

憑信而活從來就是困難的。記得當我初為基督徒，神彷彿在很遙遠的地方，矇矓不清，毫不真實。我想知道祂對我的生命到底有甚麼意義？許多時候我很想回到享樂主義的老生活方式（吃喝玩樂），但在心靈深處，我卻心知肚明在那裏不會找到安慰。雖然如此，那種生活看來總是比較容易呀。

希伯來書的作者是為了阻遏這種三心兩意，於是便給第一世紀的猶太基督徒寫這封信。他期望他們曉得，對於生命，有些事情比周遭眼目能見、耳朵能聽、口舌能嚐、指頭能觸摸的世界更重要。希伯來書是一本卓越的書，其全書的意義在於幫助提升我們的視野，超越物質境界，看到屬靈的真相。本書堅信，從長遠和宏觀的角度來說，屬靈的真相比當下的物質世界更重要。在那屬靈真相的中心，有創造主、掌管萬有者、祭物、祭司、復臨之大君耶穌。惟有在祂和祂的工作裏，我們的靈魂才找到真正堅固可靠的錨（6：19）。

希伯來書第11章就是在這種情況下開始，它訴說之前各世代的男女，不管感覺如何都竭力憑信心而活的事蹟。例如亞伯拉罕和撒拉，他們在年老得應許生子，儘管這看來多麼像可笑的幻想（11：11、12）；又如約書亞，他相信圍著大城行走，角聲揚起，城牆就會倒下（11：30）。

教訓十分清楚，他們得勝了，縱使神的應許嚴格來說看似不合情理。他們憑信心前進，不靠眼目判斷，然而神就是照著這種信心成就了他們的盼望。故此，第11章表現了因信而活的人積極的一面。來3：7–19在討論曠野不信的民不能進入神的安息時，已經把消極的一面描繪出來。終於，第11章的高潮讓我們見到那些真正進入安息之人的觀點（39、40節）。

根據第11章，信心是基督徒生活的核心。引述哈2：4的來10：38已經為第11章立下基礎，指出神的義人會因信得生。莫里斯指出：「作者沒有像保羅以行為與信心作對比，他也不以信心為稱義的方法，而是認為信心與未來的（神在基督裏成就的事）關係，比現在的關係更密切。他視信心為信靠神，信心讓信徒得著能力堅定不移地前進，不管前途如何。他知道可以毫無保留地仰賴神」（Morris, p. 112）。

> 「信心是相信我們所看不見的，這信心的報償是我們能看見我們所相信的。」——奧古斯丁

威廉・尼爾（William Neil）的說法稍有不同：「信心意指不管發生甚麼事，始終信靠神，相信神偉大供應的真確與實在，縱使一切狀況使人覺得這種信心是瘋狂的。信心不單單希望事情會有令人滿意的結局——那只不過是人的樂觀主義而已。信心有賴與神建立起個人關係，這種契合隨時帶我們離開此時此地進到神的面前。我們活在此世，卻同時能進入此世之外。正因這種體驗及確切的知識，我們得以對此世和自身的生命有恰當的理解，因為我們去察看它們時有永恆的光照，是故當我們以洞悉的眼光環顧世界……我們的信心就告訴我們，世界不是『偶然出現』的，在其背後有神創造的大能（來11：3）。」（Neil, p. 117）

與信心息息相關的是盼望（來11：1）。基督徒的盼望並非只是虔敬地奢望一些事情可能成真，而是信心滿滿的，認為「所深信的必會成真，所期望的必會來臨」（Barclay, p. 144）。

因此，基督徒的盼望是更美的指望，因為它的根基是更美的應許，並涵蓋了千世萬代的時間和空間的終極真相。基督徒的盼

望會感動他坐言起行，獻出個人的生命和金錢，它主宰了他的操守並引導他的行為。

這基督徒的盼望把信靠的心放在未來而非當下，它站在基督的一方，而非彼拉多的一方（彼拉多以為在他法庭上的激烈爭論已經由他一手結束了）；它拒絕接受當今屬世秩序所定義的偉大；它摒棄一刻的歡愉，以換取更重要的成果；它不以世界認為聰明的抉擇為保障；它明白今天的常規只是短暫的，神有遠比現在一切更有價值的東西；最後，它把一切都押在神的身上。

以當下作為判斷事物的觀點，最終會分崩離析、扭曲走樣。有人曾指出，尼羅皇帝[註1]曾經指控謙卑的使徒保羅。但時至今日，人們卻給兒子起名叫保羅，而叫他們的狗作尼羅。

來11：3告訴我們，基督徒的盼望和信心紮根於有創造主身分的神，我們活在其中的這個世界，不是從看得見的造出來的，而是從看不見的造出來的，即神是從無造有[註2]。

可是，與其說第3節是強調神**怎樣**創造，還不如說是強調祂創造了世界的這個**事實**。經文的信息是，這是神的世界，祂是最終的主宰（儘管現在看來不像）。這有力的事實——從創世記到啟示錄的聖經主題——該使我們的生命有所改進。

如果這是神的世界，那我們就無所懼怕了。此外，若我們真心相信這是神的世界，這一份理解就會支配我們的價值觀和我們的每一個行為，神創造主的身分也因而成為我們的信心與盼望的錨。

格思里在思考希伯來書第11章時，曾問了好幾個發人深省的問題：「如果我們深信神的存在，也相信祂深愛我們，並且為我們預備了一個哪怕只是其中的一小塊草皮已足夠把整個世界比下去的天家，我和你今天會怎樣生活？如果我們相信神關心我們的

每個行動和每個意念，並且祂想要因著我們的信心厚厚地賞賜我們，我們會怎樣生活？如果我們信靠神，真正地相信以致我們整個生命彷彿都仰賴祂和祂的生命，我和你今天會怎樣生活？」還有，「如果你不信神，你的生活會怎樣改變？會有很大的變化嗎？」（Guthrie, Hebrews, p. 390）

註1：公元54－66年的羅馬皇帝。
註2：參閱來11：3「因著信，我們就明白宇宙（ "宇宙" 或譯： "諸世界" 或 "眾世代"）是因著神的話造成的。這樣，那看得見的就是從那看不見的造出來的」（新譯本）。

再論更美的祭

來11：4

> ^{4}亞伯因著信，獻祭與神，比該隱所獻的更美，因此便得了稱義的
> 見證，就是神指他禮物作的見證。他雖然死了，卻因這信，仍舊說
> 話。

聖經的某些事件令我生氣，像創4：1－7該隱和亞伯的故
事。四十年前當我第一次讀到這故事就已經很難接受，因為在我
看來，不管怎樣該隱的祭物足可媲美亞伯的祭物。我甚至有理由
相信，該隱的祭物比亞伯的祭物更好，因為相對於坐在高崗上任
羊兒吃草繁殖，種蔬果需要的人力（行為）更多。當神選了亞伯流
血的祭物，「看不中」該隱勞力的成果時，我的感受更壞。我
發現自己同情該隱，跟他一樣為了這件不公平的事而光火（1－6
節）。我也不明白神告訴該隱他若行得好，豈不蒙悅納（7節）那番
話的意思。

並非只我一個覺得該隱亞伯的故事令人費解。巴克萊寫道：
「原本故事的意思是難明白的。沒有任何跡象顯示為何神悅納亞
伯的禮物而不悅納該隱的禮物。在我們看來，如此選擇是相當隨
意的，而這古怪的故事似乎不太合理也不公平」（Barclay, p. 140）。
抱著跟巴克萊類似心緒的尼爾，在評論希伯來書第11章的「第一

個信心典範」時說：「很遺憾，該隱就是不夠引起好感……。不管創4：1－10背後有甚麼道理，很難看到這故事跟信心有任何關係」（Neil, p. 118）。

我們在此面對一個問題：亞伯是憑甚麼被稱讚和被稱義的？是甚麼使他的祭物比該隱所獻的「更蒙悅納」或「更美」（NASB，中譯）？

無論創世記第4章抑或來11：4，均沒有明顯回答這問題。蒙特菲阿爾相當正確地寫道：「聖經的記載沒有給神悅納亞伯的祭物而拒納該隱的祭物提出理由。」（Motefiore, p. 189）

R・C・H・列斯凱爾（R. C. H. Lenski）同樣對準了目標，他表示經文所強調的是亞伯的信心而非祭物的種類：「作者把一切歸因於亞伯的信心和該隱缺乏信心」（Lenski, p. 383）。拉納提出了同一個令人信服的見解：「聖言的大意顯示，亞伯祭物最優質之處在於那是他全心全意的獻上，與祭物本身的性質無關。這一含意清楚見於創4：7，主對該隱說：『你若行得好，豈不蒙悅納？』對於希伯來書的作者，亞伯因信而獻的祭，足以解明他的祭得到神接納。」（Lane, vol. 2, p. 334）

上面的說法再正確不過了。焦點是在亞伯的信心上，聖經並沒有明顯而詳細地闡述他的祭物更蒙悅納的理由。

另一方面，聖經所說的信心從來不是抽象的概念，反之，那**是相信某些東西**。這一點是理解該隱和亞伯獻祭的正確觀點。這思想與神對該隱說的話息息相關，即他若行得好，他同樣會蒙悅納（創4：7）。請留意，神沒有說亞伯的祭物蒙悅納，而是亞伯本人蒙悅納。

我樂意提出，行得好和信心，兩者均與亞伯獻上的祭物種類有關，以致神不是純綷因為亞伯抽象的信心而稱他為義（來11：

4），乃是因他信某些東西。

　　我也樂意提出，導致亞伯的祭「更蒙悅納」的那某些東西，就是他的祭預表了耶穌代贖的祭。代贖的祭是整本舊約聖經的主旨，在聖所崇祀中尤其突出。新約聖經取了其中的寓意，指出耶穌是「神的羔羊，除去世人罪孽的」（約1：29），是「被殺的羔羊」（啟5：12），也是為我們被宰殺獻上的基督教逾越節羔羊（林前5：7）。這一切在希伯來書中都是重要的教訓，書中毫不含糊教導，「若不流血，罪就不得赦免了」（來9：22）。新約聖經沒有任何一本書比希伯來書更注重基督的血的功效（第9章和第10章更加著意提到基督的血的重要）。在本書信中，惟有基督只一次的死所獻上的血才能潔淨罪污。基督的祭能夠成就山羊和公牛不能成就的事——除罪（10：4、10）。那每年常獻的各種動物的祭是基督工作的影兒（10：1）。這影兒分明是構成了亞伯信心的基礎，使他的祭更蒙悅納。

　　約翰・奧雲（John Owen）寫出了上述的觀點：「亞伯的信心不是立足於作為創造主的神，而是立足於作為救贖主的神……。他的信心附帶著罪惡感和罪疚感……以及信靠神所賜下的拯救和復和之道。他所獻上的死亡和流血的祭，把這信心見證出來。」（Owen, p. 218）弗朗茨・杜里茲（Franz Delitzsch）同樣突顯亞伯血的獻祭包含了贖罪元素的這一觀點，他宣稱：「如果聖經所記載首個流血獻祭的用意，有別於之後所有同類的獻祭，那肯定是一件奇怪的事。」（Delitzsch, vol. 2, pp. 225, 226）

　　懷愛倫有相似的論點，她力言該隱和亞伯：「熟悉神拯救人類所有的安排，並明白神所設立的獻祭制度。」因而，亞伯的祭代表了悔罪，而該隱卻「要獻上**自己的**成果，就是他親手勞碌得來的產品。他奉獻祭物，好像是為神作一件美事，希望藉此而得

蒙神的悅納。該隱在建築祭壇和奉獻祭物上雖然都已信從，但他的信從只是局部的。對於至為重要的部分，就是承認自己需要一位救贖主，他卻沒有實行。」（《先祖與先知》，44頁）。

不把「更美」或「更蒙悅納」的祭與基督代贖的祭放在一起進行理解，很容易會跟巴克來和尼爾一般見識，認為作為信心的示例，創世記和希伯來書中的該隱亞伯故事是「隨意的」和「不被看重的」。然而，一旦認知到「更美」或「更蒙悅納」的祭與基督代贖的祭的關係，特別是放在希伯來書強調耶穌的血的上下文來解讀，該隱亞伯的故事就合情合理了。

面對那為罪獻上之祭物的性質，及動物祭品的象徵意義等教導時，我們必須視該隱的祭物或者禮物為不信從的悖逆（罪），以便掌握該隱亞伯故事的邏輯。有人或會反駁，認為我把之後新約聖經的觀點來解釋創世記第4章，然而除了我的觀點之外，另一種讀法是忽視隱藏在經文裏面的象徵意義，因而把一個可能有意義的故事減損為一派可笑的胡言。

總之，必須指出亞伯的祭「本身沒有贖罪價值，但是他對應許的信心引領他獻上神所規定的祭。他獻上的『禮物』是作為信心的證據被神悅納。」可是，「箇中的差異（兄弟兩人祭物的差異）並非僅在於禮物的性質，也同時在於獻祭的人藉著所獻之禮物所反映出來的性情和態度。」（Nichol, vol. 7, p. 472）

因此，更美的祭與更美的信心之間有直接關係。今天，亞伯相信更美的祭的信心依然有意義。他的信心繼續引導我們信靠「除去世人罪孽的」「神的羔羊」（約1：29）。

信心的必要

> ⁵ 以諾因著信，被接去，不至於見死，人也找不著他，因為神已經
> 把他接去了；只是他被接去以先，已經得了神喜悅他的明證。⁶ 人
> 非有信，就不能得神的喜悅；因為到神面前來的人必須信有神，且
> 信他賞賜那尋求祂的人。⁷ 挪亞因著信，既蒙神指示他未見的事，
> 動了敬畏的心，預備了一隻方舟，使他全家得救。因此就定了那世
> 代的罪，自己也承受了那從信而來的義。

「人非有信，就不能得神的喜悅。」（11：6）留意，希伯來書
沒有教導人：非有信，就難以得神的喜悅，或者人非有信，就要
用長時間來滿足祂。相反，它宣稱**不能**得神的喜悅。簡單而言，
信心沒有代替品。過去，屬神的偉人因信而活；今天，神的子民
也必須因信而活。

希伯來書提供了三個生於亞伯拉罕之前的信心實例——亞伯
（4節）、以諾（5節）、和挪亞（7節）。舊約聖經沒有賦予他們任何
「信心」的稱號，可是三個人都活出信靠的生活。在他們各人的
生命中，信心就是生活的原則。他們的信心不光是存諸於內的某
種信念，而是在日常生活中形諸於外的行動：

- 亞伯獻祭
- 以諾與神同行（創5：24）
- 挪亞造方舟

對三位先祖來說，信心就是生活方式。他們各人都實踐了哈巴谷的話：「義人因信得生」，因而得神的喜悅（來10：38；哈2：3、4）。使人得救的信心很容易被誤以為光是人內心接受了基督的義。信仰當然包含了精神上的認同，但這只是個人信仰的一部分而已，連羅馬書——關於因信稱義最卓越的一本書——也以「信服真道」（羅1：5；16：26）這句話為引言和結語。羅12：2更講述隨信心而來的新生命。羅馬書的第12章到15章幫助我們稍微認識到，因信而活的新生命之意義，這生命會徹底改變我們一切的關係。

在福山寶訓中，耶穌以另一番話教導了相同的原則：「『凡稱呼我『主啊，主啊』的人不能都進天國；惟獨遵行我天父旨意的人才能進去。』」（太7：21）

基督徒的信心不光是被動的；它也是主動的。縱使起初看不到結局，這信心仍然按神的旨意行。

上述最後的一點，正好解釋了為何古時希伯來書的收信人猶豫不定。因為社會的反對，他們變得灰心。在初信的時候，基督教當然又美好、又新鮮、又刺激——當事事順遂之際。但當困難時刻臨到，教友們便開始質疑自己信仰系統是否明智。

同一道理適用於二千年之後。當佈道會結束時，全體的熱情被激發起來，各人重新立志，在這個時候是很容易相信的。在成功的顛峰狀態時，相信並不困難。然而，處於人生低谷時，情況就截然不同了。

但正因如此，謹記挪亞這個例子便顯得特別重要，難怪希伯

來書以他的事蹟作為「信就是所望之事的實底，是未見之事的確據」（來11：1）的實例。用一點時間思考挪亞。這個人花費畢生精力，在乾地上建造一艘遠離大海的方舟。為甚麼？因為他「在還沒有看見的事上，得了神的警告」（7節，新譯本）。莫里斯指出，「『警告』這個動詞經常被用來指傳達神的信息、預言的宣告，諸如此類。挪亞的行動不是出於心血來潮的衝動，或僅是聽從人言的勸告。是神的聲音使他信服。」（Morris, p. 116）這個警告關乎將來要發生的事，在警告發出之際，挪亞看不見有洪水或者與之有關的跡象，但他仍然付出生命、用盡辦法建造他的巨船。

挪亞肯定一度是眾人的笑柄。然而別人的想法阻止不了他。他已經聽到神的聲音，他義無反顧。他以信心而非肉眼的判斷作為生活和行動的準則。

挪亞的處境跟希伯來書首批讀者的處境不無類似。他們都曾「在還沒有看見的事上，得了神的警告」（來11：7）。對挪亞而言，是洪水事件；對早期基督徒而言，是神快要臨到的審判，就是神的「日子」的臨近（6：8；10：25、37、38）。

如同挪亞必須在洪水湧至之前回應神，希伯來書的讀者也要在審判到來之前行動起來，如德西爾瓦的表示：「像挪亞一樣，收信人得用他們今生的時間和資源，為了在審判的大日、在基督再來的時候得著拯救而做準備，並要整裝待發迎接那一場危機，好叫他們得到神為他們所預備的『救恩』或『拯救』（1：14；9：28），即進入那『存留』下來的國，逃過那『震動』的大災難（12：26—28，新譯本）。連像挪亞這樣的人也要靠相信神和遵行神的警告，他和他一家才可『得救』」。挪亞這個例子證明，生命的保障是取決於神對未來——就是「未見卻必要來臨的事」所做的宣告（deSilva, p. 391）。

因信而活對挪亞產生了兩個副作用。積極方面，他全家得救。我們在這裏發現一個教訓：人類無法離群索居，我們的生活與身邊的人休戚與共，如默里形容：「信的人，神就賜福給他們，又讓別人因他們得福。挪亞的信……救了他全家；藉著他全家，他救了全族，並成為我們全人類的祖先。他講道所結的果子雖然看似寥寥無幾，但從他那時開始，神整個教會的生命是因為他的信才得到保存。」（Murray, p. 454）我們永遠無法知道，我們因信而活的生命會對誰的生命產生影響。

消極方面，挪亞信心的生活定了那世代人的罪。歷史上的信心行動全都是明證，不利於那些決意逆神旨意而行的人。敬虔的操守永遠審判邪惡（比較太12：41；約壹3：12）。

從挪亞的世代到希伯來書的作者發出他的書信，直至二千年之後，有某些境況大同小異。人們還是分成憑眼見行事與憑信心行事兩種人。但各人都在行動，各人都有一個目的地。聖經說以諾因為與神同行，所以蒙神喜悅（來11：5；創5：24）。

「行」是聖經有關拯救的偉大暗喻之一。約翰告訴我們：「人若說他住在主裏面，就該自己照主所行的去行」（約壹2：16）；保羅宣告，基督徒「行出新生的樣式」（羅6：4，RSV中譯）；耶穌警告不要行在黑暗中（約12：35）。

希伯來書的信息是，憑信心而不憑眼見行事，才是基督化生活最核心所在，因為「人非有信，就不能得神的喜悅」。但是，憑信心而行從來不容易：

- 對亞伯不容易，他為此付上生命。
- 對以諾不容易。
- 對挪亞不容易，他為此受盡譏諷。
- 對希伯來書的早期讀者不容易，他們為此遭到輕視。

．在二十一世紀，要憑信而行也不容易。

而且，對為我們信心創始成終（來12：2）的耶穌也不容易。聖經筆下的忠信之士不是走在康莊坦途上的人，而是按神的旨意而行的人。凡藉著耶穌以個人整個生命與神建立關係的人——好像挪亞——便「承受了那從信而來的義」（11：7），成為後嗣。若要成為神家的後嗣，信心，不是任君選擇的東西，而是必要之舉。

信心與難成的事

來11：8－12

> [8] 亞伯拉罕因著信，蒙召的時候就遵命出去，往將來要得為業的地方去；出去的時候，還不知往哪裏去。[9] 他因著信，就在所應許之地作客，好像在異地居住帳棚，與那同蒙一個應許的以撒、雅各一樣。[10] 因為他等候那座有根基的城，就是神所經營所建造的。[11] 因著信，連撒拉自己，雖然過了生育的歲數，還能懷孕，因她以為那應許她的是可信的。[12] 所以從一個彷彿已死的人就生出子孫，如同天上的星那樣眾多，海邊的沙那樣無數。

神是實現難成之事的專家，想一想祂過去的作為：

　　從一無所有中創造大地

　　為以色列人分開大海，讓他們在中間走過

　　從童女生出道成肉身的耶穌

　　使釘死在十字架上的基督復活

神所能做的難成之事豈止這些，還有更多即將發生：

　　當耶穌駕雲降臨，屬世的文明就要結束

　　所有死去的義人復活

　　當一千年結束時，新耶路撒冷要從天而降

　　也許我們可以這樣說：信心生活發生的地點，是介乎神在過

去和未來所做難成之事的邊界上。這不是新事，亞伯拉罕便曾經站在那個邊界位置，那也是閱讀希伯來書的早期基督徒所身處的位置。那邊界同樣是我們今天正在立足之處。神藉著過往祂所成就的難事展現祂的大能。但是，我們還未知道祂會在何時用何種方法去做那些發生在未來的難事。信心就是當我們朝著不可知的將來前進時信靠神。

來11：8－12提供了亞伯拉罕的兩宗事蹟，藉以說明信心的生活。第一宗（8－10節）是他蒙神呼召離開在美索不達米亞（Mesopotamian）的祖家。我們要注意幾件關於這個經驗的事情：

一、他信服，就像亞伯、以諾、挪亞一樣（4－7節），亞伯拉罕有主動的信心，那信心不是光接受從神而來的東西，還要以行動回應神的旨意。信心就是行動。

二、亞伯拉罕的信心不以眼見為行事原則，好像第8節說，祂「出去的時候，還不知往哪裏去。」莫里斯稱這節經文為「憑信信服的經典句子」（Morris, p. 118），恰如挪亞的例子，亞伯拉罕的例子再度說明，信心是未見之事的確據（11：1）。有些人希望在行動之前，充分掌握事情始末的每個細節。這不是有信心的行事方式。一般而言，謹慎是重要且必要的，但這種處事態度卻可能阻礙屬靈的成長。

三、亞伯拉罕是一位奇特的繼承人。遺產通常是指父母傳給孩子的家業，一般跟家庭和本族有著相當密切的關係。但是，神沒有告訴亞伯拉罕他將要繼承他父親的房子或者土地。相反，祂命令他離開祖先的故土與家鄉，往一處他從未見過的地方。如此處境跟希伯來書的首批讀者，及歷代的基督徒所面對的處境相同，他們全都正在等待承繼神永恆的家業，這家業就是到如今也還只能用信心之眼才看得見。

四、繼承人一般都受人尊重（太2：37；可12：6；路20：13）。但亞
伯拉罕在應許之地卻是寄居的外人，不時被視為「居無定所的
人」，受到該處土地原擁有者不尊重的對待。那處境又再引起世
世代代面對相同處境的基督徒的共鳴，他們擁有一個屬天的應
許，卻經常受到各種權勢蔑視，情況延至今日。

> **信心就是**
> 信心就是信服。信心超越眼界所及的事物。信心就是忍耐。信
> 心指望屬世以外的東西。信心會成長。信心相信那似乎是難成之
> 事。

五、亞伯拉罕的應許沒有在他有生之年得到實現。他沒有
永久的家，反而暫居在帳棚（來11：9），如莫里斯說：「全地都是
神應許賜給他的，但亞伯拉罕卻連一間像樣的房子都沒有。」
（Morris, p. 118）直到生命結束，他在迦南擁有的土地僅是買回來安葬
撒拉的墳地（創世記23章），如司提反告訴第一世紀的猶太人：「神
並沒有給他產業，連立足之地也沒有給他。」（徒7：5）這已經是
夠壞的了，並且以撒和雅各也都沒有得到產業，事實上，後者和
其全家還死在埃及——那是他們曾經移居的國家。我們在這裏得
到一個重要的教訓：信心就是忍耐。神最終實現了給亞拉罕的應
許。儘管表面看來，所應許的產業似難成真，神還是在領以色列
人出埃及時賜下了。對於凡等候那位說「我必快來」（啟22：20）的
主、卻在二千年後仍未見祂再來的人，這是有意義的一課。

六、亞伯拉罕的信心超越地上賞賜，及天上賞賜，「他等待
那座有根基的城，就是神所經營所建造的。」（來11：10）信心珍惜
此時此地所擁有的，但把真正的目標放在永恆。因此即使亞伯拉

罕盼望得著地上的迦南為產業，他從沒忘記這世界不是他永久的家鄉。

我們經文中的第二宗事件，是神應許亞伯拉罕從撒拉生子（11、12節）。這真是難度極高的事情，讓我們看看一些事實：一、撒拉一生不育；二、她已過了生育的歲數，亞伯拉罕則過了當父親的適齡；三、此外，希伯來書謹慎地形容他是「彷彿已死的人」（11：12），尤金・彼得遜（Eugene Peterson）把這節經文翻譯成：「從一個枯死的人生出子孫」（TM，中譯），頗能觸及其意。坦白說，怎麼看亞伯拉罕和撒拉都不可能有做父母的希望。

他們最初的反應完全沒有信心：「亞伯拉罕就俯伏在地喜笑，心裏說：『一百歲的人還能得孩子嗎？撒拉已經九十歲了，還能生養嗎？』」（創17：17）。撒拉同樣感到荒唐，她「心裏暗笑，說：『我既已衰敗，我主也老邁，豈能有這喜事呢？』」（18：12）。

我們要留意他們的反應所顯示的一個重點：亞伯拉罕和撒拉的信心不是一夜之間就出現的，那是花了一輩子的功夫才成長起來的。神的應許最先給人的感覺是：「哪有這麼好的事」，我們對它一笑置之，表示欣賞，然後繼續過現實的生活，到頭來才曉得，也許神的應許未必如當初我們以為那麼難以實現。

這領我們進入信心成型的第二個階段。我們開始明白，倘若那真是神賜給我們的應許，它就必定會實現。

這第二個階段若能得到滋養，我們就會提升到所謂信心成熟的層次。這個成熟的屬靈境界以堅定的信心為基礎，相信聖經記載的那位作難事的神，能夠在我們的生命中成就難成的作為。因此祂對撒拉說：「誰能預先對亞伯拉罕說『撒拉要乳養嬰孩』呢？因為在她年老的時候，我給她生了一個兒子。」（創21：7）。

　　好消息是行難事的神仍然活著。但是要相信祂的應許是要給
我們的，這是多麼困難啊！巴克萊的話幫助我們看看真信心對我
們生命的意義：「『做不到的了』，這個判斷不知打消了多少胸
中的宏偉願景、夢想與大計。人們花更大的精力給神的大能設
限。信心就是有力量緊握神的能力——這能力在人的軟弱上顯出
完全；信心就是有力量緊握神的恩典——這恩典在萬事上都足
夠，以致在人不可能的事，在神變成可能。在神凡事都能，因
此，在基督徒和基督教會的詞彙中，『不可能』這句話不該佔有
一席之地。」（Barclay, p. 166）

更美的信心家鄉

來11：13－16

> ¹³ 這些人都是存著信心死的，並沒有得著所應許的；卻從遠處望見，且歡喜迎接，又承認自己在世上是客旅，是寄居的。¹⁴ 說這樣話的人是表明自己要找一個家鄉。¹⁵ 他們若想念所離開的家鄉，還有可以回去的機會。¹⁶ 他們卻羨慕一個更美的家鄉，就是在天上的。所以神被稱為他們的神，並不以為恥，因為祂已經給他們預備了一座城。

「這些人都是……死的」。這是一個令人灰心的說法。連對神有信心的人都免不了人類共同面對的問題——包括死亡。

不過，這不是事情的結局。古時屬神的先祖不只是死而已，他們是「存著信心死的」。他們的信心，就是那「所望之事的實底」，「未見之事的確據」（11：1）已經令世界從此不再一樣。他們信心的眼睛讓他們「看見」肉眼所看不到的，在瞥見了「神所經營所建造」（11：10）的那座城之後，他們「承認自己在世上是客旅，是寄居的」（13節）。

正如先前我們曾提過，寄居的客旅在世行走天路，是希伯來書的一個關鍵主題。羅伯特・朱厄特（Robert Jewett）的話相當正確，他視「希伯來書為一篇首尾呼應、分析鞭辟入裏的論文，說明了

在危機四伏的世界，基督徒人生旅途的特性。」（Jewett, p. 2）

來12：2說，為「我們信心創始成終的耶穌……因那擺在前面的喜樂，就輕看羞辱，忍受了十字架的苦難，便坐在神寶座的右邊。」

我們不是孤孤單單地在世上度這天路之旅，耶穌比我們先走完了這旅程。耶穌所面對的一切，彷彿總是黯淡無光、了無希望、脅迫處處，我們的處境與祂的一模一樣。不過，祂得勝了，如今坐在神的右邊。

不是只有耶穌才踏過這條路；希伯來書第11章列出的所有人物，都曾經走過這條天路。他們受過同樣的恥辱，經歷過曲高和寡的孤寂，在陌生的環境中作客旅，成了寄居的人（13節），又「是陌生客，是背井離鄉的人」（13節，RSV中譯）。

客旅這個主題曾經感動了那些不以世上為家鄉、且等候天上之城的人，創作出格外獨特的讚美詩歌，托馬士・泰勒（Thomas Taylor）寫下「在世我只是異鄉客，我的家在天上」。然而，有關這個主題的詩歌，我最喜愛的卻是《我是客旅》（I'm a Pilgrime）：

我是客旅　是異鄉人
暫且逗留　僅此一夜
別留住我　因要遠行
崎嶇山巒　我要踏破

遙遙途上　有一城邑
發亮發光　是我救主
遠離悲傷　沒有嘆息
也不淌淚　再無死亡

我是客旅　是異鄉人
暫且逗留　僅此一夜

　　歌詞道盡了從亞伯（來11：4）直至今天，世代以來追隨基督的人的情操，神的子民「要找一個家鄉」（14節），他們還可以返回故土，或者返回世界的道路和價值觀（15節），但是「他們卻羨慕一個更美的家鄉，就是在天上的」，它是神為他們預備的一座城（16節）。

　　神把得救之人的家鄉比作一座城，最初看來是奇怪的比較，因為，城市豈不是罪和邪惡的象徵嗎？聖經豈不是形容城市為「大巴比倫」嗎（啟18：2）？啟示錄豈不是宣告：「哀哉！哀哉！巴比倫大城，堅固的城啊，一時之間你的刑罰就來到了嗎？」（10節）

　　這些都是真話。世上的城都是惡貫滿盈的，但故事還有下文。神也有一個城，啟示錄稱之為「聖城新耶路撒冷」（21：2），希伯來書則形容她是「永生神的城邑，就是天上的耶路撒冷」（來12：22）。

　　兩城代表兩種價值觀，兩種生活樣式。世上的大城信奉自私、邪惡、霸權，娛樂事業和運動工業，利用這些價值觀從中取利。與此城形成鮮明對比的，是神的愛（apapē）與服務他人之城。基督徒永遠是世上之城的客旅和異鄉人。腦袋裝滿屬世思想的人也不喜歡神的價值。在聖經中，兩個大城楚河漢界，各在一邊。當人們開始意識到兩城之間的分別，他們就漸漸被迫選擇一個，放棄另一個。沒有人能同時取兩個城，因為她們的價值觀有著天壤之別。我們正面對「二取其一」的抉擇。

　　韋斯科特指出，希伯來書的作者對「城」這個意象的用法，

十分深思熟慮和發人深省。猶太人、希臘人、斯多亞派（Stoic，當代具有相當影響力的哲人），他們對城的三種見解風行於第一世紀世界。猶太人認為城是體現神主權的屬地，先知期待耶路撒冷有一天會成為「神聖王國的寶座，有出自大衛支派的王國為記號，『神的子民』首先復興，然後與『列國』一同在主的聖山上聚集，以色列的拯救者要作『全地的神』，耶路撒冷要成為宇宙的敬拜中心（珥3章；摩9：11；賽54章；66：20[七十士譯本]；結40－48章；亞12、14章）（Westcott, p. 386）。

希臘思想認為城市是人們行使政治特權的地方，那裏「盡可能講究公民的政治權利與義務」。斯多亞派則宣揚一個普世之城，一個「與全世界共同拓張的」城市。（同上書，pp. 386, 387）

韋斯科特總結：「在使徒時代，這三種關於polis（城市）的特殊概念影響深遠，並且兼容並蓄，形成了基督徒國度的這個概念。在這國度裏有神的寶座，在此有神的計劃在神人關係中得到實現的應許；那裏是一個社群，當中每個國民皆被賦予最完全的屬靈特權，又承擔最完全的義務，使各人都得到保障；那是一個普世性的組織。」（同上書，p. 387）

神的天上之城是希伯來書的重要主題，這主題在啟示錄更加突出。使徒如此寫道：「我又看見一個新天新地；因為先前的天地已經過去了，海也不再有了。我又看見聖城新耶路撒冷由神那裏從天而降，預備好了，就如新婦妝飾整齊，等候丈夫。我聽見有大聲音從寶座出來說：「看哪，神的帳幕在人間。祂要與人同住，他們要作祂的子民。神要親自與他們同在，作他們的神。神要擦去他們一切的眼淚；不再有死亡，也不再有悲哀、哭號、疼痛，因為以前的事都過去了。」（啟21：1－4）

歷代以來神的子民就是在等待這樣一座城。希伯來書的首批

讀者可能曾因社會的排斥而受苦——非基督徒可能曾把他們當作外人或異鄉人對待。但這些問題終會完結。耶穌早已走過這條路，有人已經追隨過祂的腳蹤，現在輪到第一世紀的讀者了。凡是因信而活又曾蒙羞遭蔑視的，神對他們說：「神被稱為他們的神，並不以為恥，因為祂已經給他們預備了一座城。」（來11：16）

　　基督教是一個有盼望的宗教，這盼望以信心為基礎。基督徒是有目標的客旅，凱斯特指出：「因為還未到達目的地，所以他們**必須**憑信而活；然而，正是因為肯定了目的地，他們才**能夠**因信而活」（Koester, p. 497）。好消息是，基督不單為我們開闢了一條路，還會伴我們走每一步。

43 信心的獻祭

來11：17－22

¹⁷亞伯拉罕因著信，被試驗的時候，就把以撒獻上；這便是那歡喜領受應許的，將自己獨生的兒子獻上。¹⁸論到這兒子，曾有話說：「從以撒生的才要稱為你的後裔。」¹⁹他以為神還能叫人從死裏復活；他也彷彿從死中得回他的兒子來。

²⁰以撒因著信，就指著將來的事給雅各、以掃祝福。²¹雅各因著信，臨死的時候，給約瑟的兩個兒子各自祝福，扶著杖頭敬拜神。²²約瑟因著信，臨終的時候，提到以色列族將來要出埃及，並為自己的骸骨留下遺命。

有些日子比其他日子更困擾人。同一情況一定曾發生在亞伯拉罕身上，那就是在那黑暗的日子，神命令他把以撒獻在祭壇上。許多人認為他的兩難在於應該愛神還是愛兒子的衝突。可是這不是希伯來書對事件的判斷。對本書信而言，他的矛盾最重要在於神的應許與神的命令之間的張力。第18節指出的應許是透過生下以撒來實現的（引述創21：12）。但是，倘若孩子死在自己親生父親的手上，所應許的又怎能得到實現呢？

用婉轉的話說：亞伯拉罕感到為難，因為以撒是神在他和撒拉年邁之時應許給他的孩子，是**他們兩人**僅有的兒子，但卻不是

亞伯拉罕惟一的兒子。這位先祖還有以實瑪利和從基士拉所生的子孫（創16：15；25：1、2、6）。不過以撒是他的「獨生」兒子（來11：17），惟獨這孩子是從應許所生。對於神的要求該如何反應，真把亞伯拉罕難倒了。

到了這個地步，他只有兩個選擇——信從或者違抗神的命令。亞伯拉罕不能明白的是，要是他順命獻上他的獨生子，神將怎樣成就祂的應許。

在痛苦的心情下，他擺脫掉困擾的情緒，選擇了信從神。經文說他「**就把以撒獻上**」。作者在這裏使用了希臘文完成式的動詞時態，顯示就亞伯拉罕而言，祭物已經獻上了。他已經毫無保留地把自己的獨生子——他所擁有的一切獻給神。

但來11：17的後半節緊接著重複使用同一個動詞，今次動詞的時態是非完成式，意味著該「獻上」的動作還未結束。亞伯拉罕已經願意把世上他最親愛的兒子獻給神，但主卻不要求他這樣行。神準備了一隻公羊作為代替品，並說：「現在我知道你是敬畏神的了；因為你沒有將你的兒子，就是你獨生的兒子，留下不給我」（創22：7－14）。

至此或許你正在想：**這豈能是信心？亞伯拉罕怎能又信神的應許，又信祂的命令？他豈不是必得二中選一嗎？**

249

EXPLORING HEBREWS

來11：17中耐人尋味的動詞時態轉換

亞伯拉罕「就把以撒獻上」，原文的動詞是完成式，暗示在亞伯拉罕的腦中，獻祭已經完成了，他已把自己的獨生子獻給神。不過，他「獻上」以撒這句經文的動詞時態是非完成式，顯示在實際行動中，獻祭還未完結。

H・奧爾頓・偉利爾（H. Orton Wiley）評論：「雖然神的介入讓以

撒不至喪命，但對亞伯拉罕來說，他早已嘗透了祭物彷彿已經
獻上的全部苦楚」（Wiley，p.328）。

他不一定要二中選一。亞伯拉罕既選擇接受應許，又聽從命
令獻上獨子。他不知道如何緩解兩者造成的張力，但在過往許多
的經驗中，當面對難事之際，他體驗到神的信實。儘管他和撒拉
的身體彷彿如已死的人（來11：11、12），神豈不是給了他們一個兒
子嗎？既然如此，神豈不更可以施行另一個神蹟？「他以為神還
能叫人從死裏復活。」（11：19）當勞‧格思里在注釋這節經文時
解釋：「**連死人神也能叫他復活**，即使亞伯拉罕也還未準備好接
受神有這大能，但是他想到，倘若以撒要被獻上，叫人從死裏復
活將是神維持祂信實的惟一方法。」（D. Guthrie, p. 236）羅馬書也提到
亞伯拉罕相信神能叫死人復活（羅4：17）。固然舊約聖經沒有明言
亞伯拉罕相信神會使以撒復活這個觀點，但也沒有排除這一點的
可能性，因為當亞伯拉罕與兒子去焚燒祭物時，他吩咐僕人說：
「你們跟驢留在這裏；我與童子往那裏拜一拜，就回到你們這裏
來」（創22：5）。

接下來的三個信心模範是以撒、雅各和約瑟。這三個實例有
兩個共同特點：他們都在臨終前給各自的後裔祝福；他們同樣為
將來留下遺命（來11：20－22）。他們本著頑強的信念行事，相信就
是死亡也不能阻撓神的計畫，他們毫不懷疑神會繼續實行祂的旨
意。因此，在談到死後要發生的事時，他們都是信心滿滿的。

也許約瑟的例子最能清楚說明這個教訓，因為他「提到以色
列族將來要出埃及，並為自己的骸骨留下遺命」（來11：22；創50：
24、25；出13：19；書24：32）。他深信隨著時間過去，神會帶領以色列
人重返應許之地。當我們回想他壯年時在埃及的日子，他獲得令

人難以置信的輝煌成就，他最終期望把遺骸埋葬在巴勒斯坦的意願就更顯得不平凡了。儘管功成名就，他卻從沒有把神的旨意拋諸腦後，也沒有忘記這旨意所根據的應許。

記載在來11：17－22短短數個關於先祖的信心故事，讓我們學到好幾課。第一課：就像亞伯拉罕願意為神放棄所有一樣，我們也要甘於放棄最好的和最寶貴的東西。神必須處於我們生命中的首位，否則祂在我們生命中就沒什麼重要地位了。有這樣一個故事：兩個孩子得到一套玩具挪亞方舟的禮物，他們曾聽過一些舊約的聖經故事，於是便決定要獻上祭物。他們逐一檢查方舟中的每件動物玩具，希望挑選其中一件當祭物。最後，他們選中了一隻**斷了腿**的羊。他們惟一願意獻上的是一件有瑕疵的玩具。許多時候這就是我們中間有些人獻給神的「祭物」。可是真理是，我們必需樂意獻上最好的——即使是個人的生命，好叫我們以生命當作活祭獻給神，每一天都為神而活（羅12：1）。

第二課：信心就是接受難明白的事。我們必須面對一個事實：在今生，許多事情是我們所不能理解的。我們懷疑為何某些事情會發生在自己身上，或者為何神在應該出現的時候反倒沉默不語。跟亞伯拉罕一樣，我們有時會感到困惑和不知所措；然而，也跟亞伯拉罕一樣，我們知道走出困境的惟一方法就是憑著信心，而不是憑著眼目所見的表象前行。

第三課：當信心受到考驗時，相信神的話語是我們惟一的保障。正如布朗解釋：「亞伯拉罕經歷過黑暗的日子，但他堅信神的應許。他拒絕氣餒，也不灰心。即使他把僕人們留在摩利亞的山腳下，他仍然向那些年青僕人說：『我與童子往那裏拜一拜，就回到你們這裏來。』」（Brown, p. 214）

第四課：當信心經受這樣的考驗時，我們要因神的大能歡

欣。亞伯拉罕相信，既然神在過去曾經供應他的需要，神也能照樣輕易的供應他在將來的需要。「他熱切堅信在神沒有難成之事。在遇到考驗時，我們不僅要對神曾說過的話保持信心，還要謹記神能夠做甚麼。」（同上書）

最後一課：信心就是忍耐，不追求神即時的行動。或許約瑟預料到以色列族將要出埃及，於是就在當時囑咐子孫把他的骸骨帶返迦南地安葬，但要到幾百年之後這才發生。信心就是忍耐，讓神按照祂的時間表行動。

信心的祕訣

來11：23－29

> ²³ 摩西生下來，他的父母見他是個俊美的孩子，就因著信，把他藏
> 了三個月，並不怕王命。²⁴ 摩西因著信，長大了就不肯稱為法老
> 女兒之子。²⁵ 他寧可和神的百姓同受苦害，也不願暫時享受罪中之
> 樂。²⁶ 他看為基督受的凌辱比埃及的財物更寶貴，因他想望所要得
> 的賞賜。²⁷ 他因著信，就離開埃及，不怕王怒；因為他恆心忍耐，
> 如同看見那不能看見的主。²⁸ 他因著信，就守逾越節，行灑血的
> 禮，免得那滅長子的臨近以色列人。²⁹ 他們因著信，過紅海如行乾
> 地；埃及人試著要過去，就被吞滅了。

按照猶太人的評價，沒有任何舊約人物的地位比摩西更高。
他帶領國家得到自由，神藉著他頒布律法，希伯來書更指出，摩
西是一位信心之士，還列舉了他生命中的五個信心行動。

第一個信心行動其實是出於他父母的。出1：8－22敘述，埃
及王恐怕受他支配的希伯來奴隸人口彷彿日益強大，於是下令把
新生的希伯來男嬰殺掉。出2：1－10的故事講述摩西的父母暗蘭
和約基別（6：20）違抗王令，把他們的嬰孩藏在河邊的蒲草箱裏。

希伯來書的讀者要注意故事中這一關鍵句子：「他的父
母……並不怕王命」（來11：23），意謂他們信神而不信法老。當他

們必須在聽從神的旨意抑或王的命令之間作選擇時，儘管法老手執生殺大權，他們還是信從神。凡因為遇到困難被引誘放棄信心的希伯來書讀者，都需要有如此優質的信心。他們要知道，信心能夠戰勝恐懼。

第二個信心行動發生在摩西四十歲的時候（徒7：23），他殺死了一名壓迫希伯來人的埃及人（出2：11-14），因這事而經歷了數個事件之後，他正式「不肯稱為法老女兒之子」（來11：24）。

第一世紀猶太歷史學家約瑟夫，同樣講述了摩西放棄埃及王族身分的故事。這位歷史學家告訴我們，摩西的養母忒苜帖斯（Thermuthis）把她的嬰孩兒子帶到她父親面前，表示她希望兒子繼承王位。「當她說完了，便把嬰孩交到她父親手中。於是他接過孩子，把他抱在懷中，因他女兒的緣故，他就歡歡喜喜的把王冠放在孩子的頭上，但摩西卻將王冠扔在地上⋯⋯還用腳踐踏它。」（Josephus, Antiquities, II:ix. 7）

聖經筆下的遠不是如此充滿想像的記載，而是成熟的摩西做出深思熟慮的決定，他完全曉得將會引致的後果。作為他子民的代表，他丟棄了王室的一切賞賜與特權。希伯來書的讀者要注意的句子是，他因著信「寧可和神的百姓同受苦害」，並且為基督忍受凌辱（來11：26）。那些忍受相同對待的讀者，也要有摩西所有的信心，一顆能幫助他們在逆境中堅守信念的信心，一顆實際上又會使他們承受當時的苦害與凌辱的信心。本書信以摩西為這信心的另一個模範，布魯斯解釋，摩西的選擇，「所有俗世的標準必視之為蠢行」（Bruce, p. 310）。然而按天上的價值衡量，那是惟一的抉擇。

第三個關於摩西傳奇式的信心行動是，他選擇「不怕王怒」離開埃及前往米甸（來11：27；出2：14-22）。我們在這裏遇到一點困

難，因為出埃及記告訴我們：「摩西便懼怕，說：『這事（指殺死壓迫人的埃及人一事）必是被人知道了。』」（2：14）

他到底有沒有懼怕？拉納調和兩段經文，他認為：「當知道其暴行已經公諸於世（出2：14），摩西確實感到害怕。然而，他因著信，就克服了遭尋仇的恐懼，並且離開了埃及，憑信心找到所望之事的把握，看到未見之事的明證（來11：1，新譯本）。」（Lane, vol. 2, p. 375）簡單而言，把兩段經文相提並論便得出**信心能夠克服恐懼**的一課，這一課既是希伯來書首批收信對象最需要的，也適合世世代代的基督徒。不要因為恐懼而驚慌失措，信心能夠克服恐懼。來11：27的結尾透露了這信心的祕訣，在本章結束時我們將再探討這個主題。

摩西經驗中的第四個信心行動與逾越節有關，藉這逾越節他的百姓得到拯救（來11：28）。在逾越節之前，神曾宣告埃及地一切頭生的都要滅亡，惟有把羔羊的血塗在門楣上的家庭，神會保全他們的長子（出12：12、13）。凱斯特評論，摩西的處境跟挪亞的一樣，挪亞「在未曾見到洪水來臨之前，就回應神的呼召建造方舟；摩西聽從神的吩咐，把血抹在以色列家的門框和門楣上，他沒有得到保證那降災的是否真會來到，或者若真正來到，牆上的血跡又是否真能化解死亡的噩兆。」（Koester, p. 510）這便是鐵錚錚的信心行動，是「所望之事的實底」，「未見之事的確據」（來11：1）。

然而，第五個摩西的信心行動才是最具威力的。「倘若摩西是**在沒有證據證明拯救會發生的情況下把血抹在門上**，那麼百姓就是在**沒有證據證明拯救會發生的情況下過紅海**。」（同上書）因為，前有海水擋住他們，後有埃及人步步進迫，似乎無路可逃了。只因憑信追隨摩西，百姓才獲拯救，因為神為他們開路。沒

有這種信心的人註定被淹沒。信與不信產生了世上兩種截然不同
的人。希伯來書正有力地指出，這信心不光是古以色列人的答
案，也是第一世紀基督徒的答案，同樣也是二十一世紀基督徒的
答案。

　　但是我們要問：信心的祕訣是甚麼？是甚麼讓摩西一生實踐
信心？信心是怎樣被建立起來，成為我個人生命中的一股大力
量？來11：23－29顯明兩點。首先，摩西「想望所要得的賞賜」
（26節），他知道表象不代表一切，他曉得縱使環境看似不利，神
是信實的，終究必成就祂的應許。這個出現在第39和40節的思
想，將會把希伯來書第11章引上高潮。希伯來書的作者一再強
調，我們要效法摩西，永遠定睛在賞賜之上。放棄、隨流失去、
放棄信仰就是被疑惑所擊敗。凡能夠堅持到底，對看不見的保持
信心的人，神給他們的賞賜足以勝過一切。

　　要保持像摩西的信心，並且從這信心得力。但有比這些更重
要的，就是：「他恆心忍耐，如同看見那不能看見的主。」（11：
27）摩西和神有親密的關係，他信心的祕訣在於他個人對神有認
識──他有信心，因為他認識神行事的方法。在我們人生中也有
相同的信心祕訣──曉得擁有大能的神在得時不得時都堅固我
們；祂一直堅固我們，直至我們度過最後的考驗和磨難；祂一直
堅固我們，直至我們渡過自己的「紅海」，站在應許之地上。

　　約翰‧布朗（John Brown）寫道：「『信心能夠為摩西做到的，
一樣能夠為你做到；只有依靠信心摩西才能做到的，你也照樣只
有依靠信心才能做到。』希伯來基督徒的處境跟摩西的處境頗
有點類似。他們被命令要『離開』，從不信的同胞中『分別出
來』。他們放棄猶太教時所遇到的困難過程，絕對不下於摩西離
開埃及地所遇到的困難過程，儘管兩者性質各異；跟摩西一樣，

他們在放棄猶太教時，必須經過一段漫長而艱鉅的考驗，才得以在天上的迦南地長久定居。身處那種容易使人意志動搖、銳氣挫敗的境況，到底是甚麼使他們能夠做出如此大的犧牲，付出如此大的努力，甘願喪失一切，遭到敵對卻依然堅忍不拔勇往直前？是信心，惟有信心。」（J. Brown, pp. 554, 555）

45

信心的勝利

來11：30－40

³⁰ 以色列人因著信，圍繞耶利哥城七日，城牆就倒塌了。³¹ 妓女喇合因著信，曾和和平平地接待探子，就不與那些不信從的人一同滅亡。

³² 我又何必再說呢？若要一一細說，基甸、巴拉、參孫、耶弗他、大衛、撒母耳，和眾先知的事，時候就不夠了。³³ 他們因著信，制了敵國，行了公義，得了應許，堵了獅子的口，³⁴ 滅了烈火的猛勢，脫了刀劍的鋒刃；軟弱變為剛強，爭戰顯出勇敢，打退外邦的全軍。³⁵ 有婦人得自己的死人復活。又有人忍受嚴刑，不肯苟且得釋放（原文是贖），為要得著更美的復活。³⁶ 又有人忍受戲弄、鞭打、捆鎖、監禁、各等的磨煉，³⁷ 被石頭打死，被鋸鋸死，受試探，被刀殺，披著綿羊、山羊的皮各處奔跑，受窮乏、患難、苦害，³⁸ 在曠野、山嶺、山洞、地穴，飄流無定，本是世界不配有的人。

³⁹ 這些人都是因信得了美好的證據，卻仍未得著所應許的；⁴⁰ 因為神給我們預備了更美的事，叫他們若不與我們同得，就不能完全。

信心真的可行嗎？為甚麼我們要信那些表面看來不可能的事？為甚麼要冒喪失地位、產業、及生命的危險，相信如同信心

這種觸摸不到的東西？生命豈不已經夠難了嗎？

這些皆是反復出現在日常生活中的問題。希伯來書以一張因信得勝的人物名單作答。

放在名單首位的，是耶利哥城和喇合的例子。耶利哥城事件是說明信心乃「未見之事的確據」（來11：1）的動人例子。這故事的內容多牽強！約書亞對民眾說，當聽到拖長的角聲響起，他們要大聲呼喊，城牆就會倒塌（書6：4、5、14、15）。像在逾越節時在門上抹血一樣，人們沒有足夠證據證明這個戰略可行。後來，所有人都知道，城牆倒下的真相並非因為人的喊叫聲或者號角聲所致。

以色列人一定曾經在營火的旁邊，興致勃勃地討論上面的話題。然而神的應許得以成就，為因信得勝提供了一個絕佳的例子，這信心不看外在環境，只按神的應許行動。正如巴克來解釋：得勝的以色列人「已預備好去相信：神能夠使人作成不可能的事」，因此，「在遇到艱鉅的任務時，我們的腦中不應想著：我們能做甚麼；而應想著：神能夠為我們、以及與我們一同做甚麼。」（Barclay, pp. 182, 183）

對了解因信得勝，喇合的故事同樣具有啟發意義。故事中，一名普通的外邦妓女（這個字的希伯來原文顯示她是職業妓女，不是廟妓）因信得著賞賜。她因信神的話而獲救。她將兩名探子隱藏，並對他們說：「我知道耶和華已經把這地賜給你們，……這地的一切居民在你們面前心都消化了。」（書2：8、9）但按當時的形勢，以色列人能夠取下耶利哥城的機會微乎其微。喇合對神的信靠違反她從感官所得到的證據。結果，不單希伯來書第11章把她列為信心人物，連雅2：25也嘉許她。此外，她成了耶穌的祖先之一（太1：5）。當中的教訓一目了然：一個外邦妓女尚且能夠呈現得勝的信

心，已經嘗過基督恩典滋味的基督徒，能夠如此行的可能性豈不該更大麼？

從第32節開始，經文不再平舖直敘逐一細數眾男女信心人物的傳記，而是匆匆提到他們一整群人，並說時間不夠了，暗示信心英雄的數目實在太多，數之不盡。在接下來的數節經文，希伯來書列出這些英雄們的豐功偉業（11：32—35a）。

有人或會感到奇怪，為甚麼作者會挑選出現在第32節的某些人物。六人之中有四個本身就是問題人物。加爾文指出，基甸處事怠慢；巴拉猶豫不決，要在底波拉的鼓勵下才肯上陣；參孫任由大利拉引誘，他一生任性不已；至於耶弗他，他所起的愚蠢誓言枉送了自己女兒的性命，加爾文於是寫道：「因此，每個聖徒身上都有可指責之處。不管如何，信心縱使步履蹣跚、未臻完善，總還是神所喜悅的。故此，假如我們憑信心在神呼召我們的路上奔跑，就沒有理由為了所犯的錯誤而一蹶不振，或者灰心洩氣。」（Calvin, p. 303）

這六位男士擁有的共同點在於，他們都願意為神冒險，迎接挑戰。不管是和三百勇士上陣的基甸、與歌利亞正面交鋒的小子大衛、或是單人匹馬迎戰非利士人的參孫，他們全都是信心之士，儘管各人都有弱點。神既然賜福他們，祂也必賜福第一世紀的希伯來書收信人，只要他們對天上的大祭司保持信心。

還有第33至35節提到的人物，他們：

- 「制伏了敵國」（像不怕王命的摩西和他的父母，23—25節）
- 「行了公義」（像亞伯和挪亞，4、7節）
- 「得了應許」（像亞伯拉罕和他全家，8—22節）
- 「堵了獅子的口」（像但以理，但6：22、23）

- 「滅了烈火的猛勢」（像被扔進火坑中但以理的三個朋友，但3：19-28）
- 「脫了刀劍的鋒刃」（像從耶洗別手中脫險的以利亞，王上19：2-18）
- 「軟弱變為剛強，爭戰顯出勇敢，打退外邦的全軍」（像基甸、大衛、還有其他許多聖經人物）
- 「有婦人得自己的死人復活」（像接待以利亞的婦人、厚待以利沙的書念婦人、還有拿因城的寡婦，王上17：17-24；王下4：18-37；路7：11-14）他們都因信大獲全勝，他們的信心帶來確鑿的得勝。

不過談到這裏，經文的內容急轉直下。必須注意的一個要點是，希伯來書沒有承諾有信心者就一帆風順。相反，來11：35b-38告訴我們：

- 有人盼望得著更美的復活而忍受嚴刑，以致於死
- 有人被戲弄、鞭打、捆鎖、監禁（像保羅、彼得、約翰）
- 被石頭打死（像司提反，徒7：54-60）
- 被鋸分成兩截而死（以賽亞的遭遇，《以賽亞殉道書》5：2）
- 被刀殺（像施洗約翰和雅各）
- 披著野獸毛皮住在山洞

布魯斯指出：「信靠神並不保證在此世有舒適的生活——毫無疑問這是作者期望他的讀者學到的功課之一。然而，信靠神確能帶來大賞賜，只有在終極的世界這賞賜才受到重視。」（Bruce, p. 329）希伯來書第11章的最後兩節經文，就是討論那另一個世界的賞賜。

第39和第40節非常重要，它們提出兩個要點。首先，第39節稱，沒有任何一個舊約聖經的信心英雄得著所應許的，縱然他們的信心都是神所喜悅。你也許在想：**等一等，亞伯拉罕不是從生以撒得著應許了嗎？亞伯拉罕的後裔不是征服了迦南地嗎？還有以色列的軍事領袖呢？他們肯定都已經得著神所應許的了。**

　　是的，他們已經得到部分的應許，但神在新立的約中還會給
他們更大的應許。神透過獨一的祭物、天上大祭司、復臨之君王
耶穌基督來成就祂最完滿的應許。因為有基督的生、死、復活、
還有祂在天上的職事，神的子民仰望天上耶路撒冷的應許（來12：
22-24）才能得到完滿實現。舊約聖經的信心勇士已經得著各種各
樣的應許，然而，只有基督自己才是那最大的**應許**。

　　就來11：39、40我們要強調的第二點是，神看祂歷代的子民
為合一的一群。各世代的人都要一同分享應許的實現。當基督復
臨，一切屬神的信心得勝者都要在同一時間分享神拯救大工的高
峰。帖撒羅尼迦前書首先提到了這合一的情境：活著還存留的
人，在空中和從死裏復活的人一同往新耶路撒冷，並在途中與
主相遇（帖前4：13-18）。希伯來書表達了相同的意念，它宣告先前
的世代有信心的人「若不與我們同得，就不能完全」（11：40），
「我們」自然就是指舊約時代的聖徒與早期基督徒的整體而言，
推而廣之，也包括神最終在基督復臨之日實現祂應許時，「我
們」這些活著的人。因此，我們這二十一世紀的信心英雄將能與
千世萬代的信心英雄相遇。這是一個值得為之而活的應許，就是
在艱難時刻，也是值得為之而死的應許。神希望我們有信心，因
為祂是信實的。

第八編 耶穌——
在信仰生活上效法祂

（來12：1 – 13：17）

信心的賽跑

來12：1－3

> [1] 我們既有這許多的見證人，如同雲彩圍著我們，就當放下各樣的重擔，脫去容易纏累我們的罪，存心忍耐，奔那擺在我們前頭的路程，[2] 仰望為我們信心創始成終的耶穌（或譯：仰望那將真道創始成終的耶穌）。祂因那擺在前面的喜樂，就輕看羞辱，忍受了十字架的苦難，便坐在神寶座的右邊。[3] 那忍受罪人這樣頂撞的，你們要思想，免得疲倦灰心。

　　希伯來書已經為一群傑出的信心英雄作了總結。來到來12：1－3，場景迅速轉移到希臘羅馬時期的競跑賽道上。希伯來書的讀者離開他們先賢英勇的事蹟，現在正置身於一場信心賽跑中。他們不再當旁觀者，搖身一變成為了參賽者，而眾多信心英雄正在旁觀看。

　　凱斯特指出：「作者邀請聽眾想像一個露天的大型運動場，當中有亞伯、以諾、挪亞，還有亞伯拉罕、撒拉、摩西、喇合、士師們、先知們、和所有殉道士聚集在跑道旁。設計這個引人入勝景象的目的，是為了改變聽眾對自身處境的理解，使他們從感到自己是被圍攻的受害者，改變為感到自己是精力充沛的競賽者，得以期待參加神在聖城舉行的慶典（12：22－24）。」（Koester, p.

　　由此看來，第11章的信心英雄就不僅是信心的見證，他們還有激勵新一代屬靈運動員堅持目標的作用。在奔走信心的路途上，每個世代的基督徒都有「如同雲彩圍著」他們的見證人給他們打氣。

　　除了作見證之外，每個基督徒都有一個目標。他們不是膽小之輩，也非遊手好閒的人。不，他們是有目的地的客旅。他們以基督和效法祂的榜樣為目標，專心一意奔赴前方。保羅在一段與來12：1－3類似的經文中說，他自己正在生命賽跑的途中，他稱：「我不是以為自己已經得著了；我只有一件事，就是忘記背後，努力面前的，向著標竿直跑，要得神在基督耶穌裏從上面召我來得的獎賞。」（腓3：13、14）

　　人們是不會無意中跑到終點的。正如腓立比書說，要跑到終點就要忘記背後，努力面前，希伯來書還加上「存心忍耐」（12：1），這話的希臘原文是指「以獨立、不屈不撓、不服輸的耐力面對步步進迫的不幸事情，故這話帶有幾分無畏之意」（Balz and Schneider, vol. 3, p. 405）。

　　因此，基督徒的賽跑不是休閒活動。相反，那是一種全心投入的生活方式。作基督徒絕不是一件普通的事情，而是需要全然委身的。人們只有透過這樣的委身才可望到達標竿。

　　不過好消息是，信心的比賽不像希臘時代的比賽，只有一人勝出，多人落敗。在基督徒的賽事中，神宣告每位忍耐到底的人都是勝利者。

　　全然委身意味一個人會擺脫可能妨礙他取勝的所有障礙（來12：1）。運動員不會携帶東西比賽。同樣，希伯來書勸勉基督徒「脫下各樣的拖累」（新譯本）。這句短語不是指「脫下罪」，作

者會在接下來的句子討論它，而是指脫下任何會阻礙一個人投入最大努力的東西。基督徒要面對的實情是，雖然有些東西本身是美好的，卻可能會消耗一個人的精力和時間，以致他失去真正的人生目標。

成功的運動員除了必須脫下各樣的拖累，還須脫下「容易纏住我們的罪」。箇中含意似乎是指，穿著衣服可能會阻礙賽跑。比方說，長裙子或者寬鬆褲子在各種情況下都可以纏著跑手，使他們放慢腳步。故在步入起跑線時，跑手會脫下外衣。我們的作者希望申論，參加信心賽跑的嚴肅程度，不會比參加地上的比賽低。信心的賽跑反而更嚴肅。因此，基督徒要願意擺脫任何阻礙其前進的東西（不管美善的還是邪惡的），以致能朝向與基督合一的目標。

基督不僅是每位基督徒的人生目標，祂也是他們的榜樣。祂不只是他們信心的創始者也是完成者（12：2，新譯本）。我們已經提過好幾次，希伯來書把基督徒描繪為向著他們的賞賜前進的客旅。耶穌不止是客旅之一，祂是開路的先鋒客旅，如朱厄特指出，祂是「信心的『完成者』，因為[基督徒]群體如今所面對極度不安的窘境，祂也曾體驗過」（Jewett, p. 217）。

耶穌作為信心賽跑的榜樣，給我們留下了一個積極的典範。祂不容許世上的人、機構、或者事情威脅祂。相比第11章的信心英雄，祂更忠信地表現了「堅忍的心」（12：1）。基督「因那擺在前面的喜樂，就輕看羞辱，忍受了十字架的苦難」（12：2）。祂不停地跑，直至得勝。社會上敵對的反應沒有使祂動搖，反而，祂「忍受罪人這樣頂撞」（12：3）。祂所仰望的是神的喜悅，而不是祂周遭群體的喜悅。

希伯來書的首批讀者十分需要這麼一個榜樣。他們因著身邊

非基督徒群體的判斷和對待，感到受威脅和灰心，有人被引誘「隨流失去」（2：1），放棄信仰，另一些人有點兒想故意放棄基督教而「把神的兒子重釘十字架」（6：6）。還有人甚至隨時準備接受主流文化和道德的同化（10：26）。對於這些人，基督以身作則說明了怎樣忍耐到底。希伯來書的收信人要「思想」祂，好使他們不會「疲倦灰心」（12：3）。

在來12：1－3之後，本書信轉移焦點，離開佔據了頭十一章經文的嚴肅神學論證。現在，作者準備好用時間提出有用的勸勉，教導人如何每天以基督徒的身分度日。不過，是以基督為祭物、祭司和將臨君王這個活生生的圖畫，來加強他實用的教導。惟有「思想」祂，作為基督徒的我們才能抵擋社會的外來壓力，以及放棄基督道路的內在壓力。信心的生活不容易，惟一能讓我們成功完成信心賽跑的方法，就是仰望耶穌。

信心的管教

來12：4-11

⁴你們與罪惡相爭，還沒有抵擋到流血的地步。⁵你們又忘了那勸你
們如同勸兒子的話，說：我兒，你不可輕看主的管教，被他責備
的時候也不可灰心；⁶因為主所愛的，祂必管教，又鞭打凡所收納
的兒子。⁷你們所忍受的，是神管教你們，待你們如同待兒子。焉
有兒子不被父親管教的呢？⁸管教原是眾子所共受的。你們若不受
管教，就是私子，不是兒子了。⁹再者，我們曾有生身的父管教我
們，我們尚且敬重他，何況萬靈的父，我們豈不更當信服祂得生
嗎？¹⁰生身的父都是暫隨己意管教我們；惟有萬靈的父管教我們，
是要我們得益處，使我們在祂的聖潔上有分。¹¹凡管教的事，當時
不覺得快樂，反覺得愁苦；後來卻為那經練過的人結出平安的果
子，就是義。

作基督徒並不容易；那從來就不容易。希伯來書一直強調竭
力持守的真信心本質，那就恰似一趟充滿挑戰的天路旅程（11：
14-16）、一場危險的爭鬥（11：36、37a）、一種窮乏的生活（11：37b、
38）、或者一次鬥志激昂的比賽（12：1、2）。

希伯來書的第一世紀基督徒聽眾曾遇到一些敵視對待。也許
有人曾入獄（13：3），又有人曾為了信仰被虐待。因此，有些信徒

已變得灰心，正準備退出比賽。

我們的作者針對上述的情境，在第11和第12章一直設法鼓勵他們。首先，在第11章他激勵他們要忍受困難與磨難，因為過去一些信心英雄也曾這樣忍耐。接著在來12：2、3，他鼓勵他們接受磨難，因為基督也一樣接受了磨難，他意味信徒可能要忍受的，與基督必須奮鬥的相比，實是微不足道。到了來12：5－11，他力言基督徒一定要忍受困苦與磨難，因為神藉此管教和教育他們。此外，管教是神愛的象徵。

去思考第5至11節之前，我們要留意第4節的整體意思，經文說他們「與罪惡相爭，還沒有抵擋到流血的地步」。他們也許曾遇到困難、忍受了責難、被捆綁，不過，他們的群體並未抵抗到殉道的地步。誠然那是很可能發生的事情。畢竟「信心的創始者和完成者」耶穌「忍受了十字架」（12：2、3，新譯本）。好消息是祂早已將眼目專注於目標（「那擺在前面的喜樂」）並且已經得勝。困難對耶穌來說是建設性而非破壞性的，對早期希伯來基督徒也一樣，只要他們學到這個功課：管教是為他們好。

「管教」的性質

在來12：5、7、8、11被翻譯為「管教」（paideia）一字並不等同懲罰。

Paideia「是指對處於成長階段的孩童給與的教養和照顧。因為他們正在成長當中，因此需要方向、教導、指導，還要以管教或者甚至懲罰的形式，在一定程度上管束他們。」（Kittel, vol. 5, p. 596）因此，「管教」的元素包括指導、訓練、教育，還有訓斥（Balz and Schneider, vol. 3, p. 3）

來12：5－11提出了三個關於管教的偉大教訓。一，基督徒要謹記神的話。聖經將苦難與兒女的身分連繫起來。作者引用箴3：11、12說明，凡是神的兒女，祂必管教。「管教」這字在此包括指導的積極方面和自控能力的發展。我們不可視管教純粹等同於懲罰。不過，箴言的引句又的確有懲罰的意思。作者安慰我們，神會處罰祂的兒子，但我們要記住，處罰不一定是壞事。健康的處罰在孩子的生命中產生糾正錯誤行為的作用。主同時管教和懲罰祂所愛的。來12：5、6告訴我們，這些行動在正確的理解下是我們身為神兒女的明證。

這是重要的一課。在生命的逆境和順境中，神都在工作。布朗指出，神「可能藉著我們的困難向我們說一些非常重要的話，要是我們一生都一帆風順，便不可能或者不會那麼容易接受這些話了。祂可能呼召我們重新信靠祂的眷顧；呼召我們再一次願意把整個生命交託給祂，不管眼前的困難會帶來什麼後果；呼召我們渴想神的心意而非我們自己的意願；呼召我們準備好去經歷任何體驗，只要這些體驗能讓我們最終更像基督。擁有如此屬靈價值觀的人肯定不想『輕看主的管教』。」（R. Brown, p. 232）

生命逆境的第一課是，聖經清楚的教導：「主所愛的，祂必管教」（12：6）。因此，基督徒在患難中應該喜樂。那不是容易學習的功課。事實上，那是十分容易被遺忘或者被忽視的一課。正因如此，本書信在來12：5－11一再大力反覆灌輸這個教導。

在生命逆境中我們能夠學到的第二課是，神真心關懷我們（12：7－9）。我們凡有孩子的都知道，建設性地管教和指導我們的孩子要費很大力氣。老實說，索性把問題或者需要擱在一旁，度日如常，通常更加輕易。同理，由我親自去做一件事，比起我教自己的孩子去做，煩惱也會較小。

但作為地上父母的我，出於對自己兒女的關心，我願意用時間和精力管教、指導、甚至處罰他們。漠不關心的人任由兒女像野草般長大，這些父母不會在園藝式管教與訓練的基本原理上下功夫──即修剪蔓枝，清除雜草。

　　神利用生活的困境塑造我們的品格（12：7）。作為基督徒，我們要以正面的態度面對這樣的管教。我得承認，年輕時我討厭父親的管教，但當我回首過去，在長遠方面我能夠體會，父親大部分的教導都幫助了我。會犯錯的地上父親，其管教尚且有實效，何況我們在天上的父親，祂的管教效益豈不更大（12：9）。我們要學習感激生命的管教，並且看到神的供給，祂藉管教使我們的靈命長進。我們不是棄子或私生子；我們是親生子，為神所寵愛。

　　從生命的逆境與管教中得到的第三課是，神藉它們來達到一個目的（來12：10、11）。首先，神的管教皆為我們的好處或益處。韋斯科特論到人類父親時指出：「縱使有最好的目的，他也可能因為方法錯誤而失敗，他的目的也可能是自私的。但是作為神，祂的目的和方法一致，祂的目標就是要祂的兒女得益處。」（Westcott, p. 403）

　　神管教我們的另一個目的是，祂希望我們「在他的聖潔上有分」（12：10）。因為這讓我們「結出平安的果子，就是義」（12：11）。生命的管教在當時也許是痛苦的，卻讓凡願意從中學習的人結出健康的果子。

　　是的，生命不容易；它本來就不容易。但要是我們能夠領受，即使我們身處逆境，我們也能從中有所學習。這就是信心的管教。

48 信心之路

來12：12－17

> [12] 所以，你們要把下垂的手、發酸的腿挺起來；[13] 也要為自己的腳，把道路修直了，使瘸子不致歪腳（或譯：差路），反得痊癒。[14] 你們要追求與眾人和睦，並要追求聖潔；非聖潔沒有人能見主。[15] 又要謹慎，恐怕有人失了神的恩；恐怕有毒根生出來擾亂你們，因此叫眾人沾染污穢；[16] 恐怕有淫亂的，有貪戀世俗如以掃的，他因一點食物把自己長子的名分賣了。[17] 後來想要承受父所祝的福，竟被棄絕，雖然號哭切求，卻得不著門路使他父親的心意回轉。這是你們知道的。

　　來12：12－17是作者勉勵人繼續行在信心之路上。勉言從第1節開始，勸告收信人要堅持下去，經文的背景是恐怕有人可能「疲倦灰心」（3節）。作者以此事為念，勸勉他的讀者要思想耶穌，祂曾受的苦難比他們在任何時刻可能必須受的苦難更大（2－3節），他們又要思想他們可以從逆境中的指引和管教得到什麼益處（4－11節）。

　　有了上述積極的觀念，我們來到第12節的「所以」。由於我們今天的不快經驗可能導致十分有益的學習（11節），所以基督徒應該「把下垂的手、發酸的腿挺起來」。巴克來指出，下垂的手

「是用來形容以色列子孫的同一個短句，那時他們想放棄在曠野的艱苦生活，重返埃及地過吃肉的安樂日子」（Barclay, p. 205）。

巴克來引用的典故十分適當，因為有些希伯來人同樣質疑，在遇到外在環境的困難時，他們的信心是否還重要。再者，「使下垂的手和發酸的腿堅壯起來」乃是特別挑選的話語，它們是舊約聖經中的勉言。以賽亞曾寫道：

你們要使軟弱的手堅壯，

無力的膝穩固。

對膽怯的人說：你們要剛強，不要懼怕。

看哪，你們的神必來報仇，

必來施行極大的報應；

祂必來拯救你們。（賽35：3、4）

來12：12的信息不只是純粹鼓勵那些在社會壓力下隨便放棄信仰的人，它還提醒我們，作為基督徒，我們對彼此負責，這責任包括了互相堅固對方的信心。

對別人負責是基督徒應當行在正直的道路上的另外一個理由（12：13）。在此我們又讀到另一個舊約的典故：

要修平你腳下的路，堅定你一切的道。

不可偏向左右；要使你的腳離開邪惡。（箴4：26、27）

基督徒行在公義的路上，不僅為了自己的好處，更同時為了讓信仰伙伴可以「得痊癒」，不至於在信心的路上走「差路」。

信心的道路有目標，也有危機。第14節提出了兩個目標。第一個：基督徒群體對內和對外都要「追求與眾人和睦」。第二個：「要追求聖潔」，「非聖潔沒有人能見主」。「**聖潔**」這字的根本意思是「差異」與「分別」。基督徒與世人不一樣。巴克來指出，儘管基督徒「住在世界，但是一個hagios〔聖潔〕的人就

某個意義上必須總是有別於世人，還要從世人中分別出來。他的標準不是世界的標準，他的操守也不是世界的操守。他的理想不一樣，他的賞賜不一樣，他的目標不一樣。他的目標不在於得人的好評，而是要得神的好評。」（Barclay, p. 207）韋斯科特在同一條思路上下筆，他形容聖潔就是「為上帝的臨格做準備」（Westcott, p. 406），他的見解與耶穌的話一致，耶穌宣告：「清心的人有福了！因為他們必得見神。」（太5：8）

聖潔與和睦並非人類天生的品性，希伯來書告訴我們，我們必須追求它們。「追求」是一個行動的字眼，需要以努力、瞄準目標、下定決心去追求，直至成功。光有意願是不能達到基督徒的目標的。魯德亞德・吉卜林（Rudyard Kipling）註1 在撰寫以下的詩句時說對了：

> 英格蘭要成為美花園啊，
>
> 但我們只空坐陰涼處高歌，說：
>
> 『英格蘭花園，你何其美啊！』
>
> 美則美矣，空中樓閣而已。

來12：14論及基督徒的生活目標，接下來的兩節經文則進一步提到這種生活的危機，並指出一個人在信心之路上可能走「差路」的三種危機。一種危機是「失了神的恩」，這在希伯來書中並不是新主題。第4章警告不可變得像曠野子民，他們心硬後退，不信靠神的應許，也沒有到應許之地尋找安息。然後來6：4－8提出了也許是本書信最嚴厲的警告：「論到那些已經蒙了光照、嘗過天恩的滋味……的人，若是離棄道理，就不能叫他們重新懊悔了。」來10：26申論相同的觀點：「因為我們得知真道以後，若故意犯罪，贖罪的祭就再沒有了」。本書信視後退為所有

問題中最嚴重之一，然而，一些讀者恰恰就有屈服的危機，是故作者才把警告再三重述。

第二種潛在危機是任由「毒根」生長（12：15）。在此，我們有從申29：18引伸出來的形像化描述，該段經文告誡我們：「惟恐你們中間，或男或女，或族長或支派長，今日心裏偏離耶和華——我們的神，去事奉那些國的神；又怕你們中間有惡根生出苦菜和茵蔯來」。那些被周遭文化的宗教儀式同化的人，可以成為毒害和腐蝕的根源，影響基督徒群體的信仰忠誠。重拾世界的標準，把注意力集中在那些被世界視為成功或者享樂、卻明顯損害基督化原則的事物上，要如此行是十分容易的。每個教會都有一些這類教友，從這些毒根可以長出壞果子，令人沮喪，也令教會的使命被曲解。尤有甚者，這毒根不單造成「擾亂」，還「叫眾人沾染污穢」（12：15）。

顯然，以掃就是染上了毒根症。作者把他標籤為淫亂的和貪戀世俗的（12：16）——希伯來信徒面對的第三種危機。在希臘世界，淫亂總能輕易誘惑那些已經開始從基督徒停泊處「隨流失去」的人（2：1）。韋斯科特解釋，被翻譯為「貪戀世俗」的一詞是用來「形容一種性情，這性情辨識不到高於世俗的標準。對於有這種性情的人，沒有東西是神聖的。他們不會對看不見的事物存有神聖虔敬的心。」（Westcott, p. 408）本書信認為以掃貪戀世俗，因為他為了一鍋世俗的食物，出賣了他的屬靈福氣。他是一個價值觀混淆不清的人。很不幸，世世代代的教會過多地充斥著像以掃的人。變成像以掃永遠是我們每個人當今要面對的危機。

但若干年後，以掃但願當日作長子的他，在出賣名分給他弟弟時，沒有放棄那麼多。現在他渴望得到他父親的祝福，但這對他來說已經太遲了，來12：17說他「雖然號哭切求，卻得不著悔

改的門路」（作者譯文）。神任由他自作自受。凱斯特指出：「就像以掃為了減輕肉體的不適而放棄應許一樣，[希伯來書的]聽眾可能為了減輕他們的社會不便（13：13）而想放棄應許。放棄委身作基督徒可能讓他們更容易在社會上取得好處，可是，若與神所應許歷久不衰的福氣相比，這些好處只是短暫的。」（Koester, p. 542）

變成和以掃一樣，其後果是嚴重的。懷愛倫解釋：「許多人為自己所犯的罪憂愁，且在外表上改過自新，是因為怕受犯罪所生的苦難。但依照聖經的立場，這並不是悔改。他們是為苦難悲哀，不是為罪孽悲哀。這樣的憂愁，猶如以掃看見長子的名分已經永遠失掉而憂愁一樣。」（《喜樂的泉源》，13頁）

他不是沒有嘗試悔改，只是他「雖然號哭切求，卻得不著悔改的門路」，為了本來屬於他的祝福而悔改，實在太遲了。他不能改變因為終生貪戀世俗而養成的心思（「改變心思」是「悔改」的原義）。反而，他必須自食其果。

希伯來書引用以掃的故事，並非為了使人洩氣。相反，如作者在來6：4－8和10：26－31引用的警告一樣，以掃的故事是為了讓人意識到危機所在。簡單地說，今天是改變我的思想和生活的時候了。引用以掃的故事（還有來12：1－17的全部內容），目的是為了鼓勵信徒堅持行走信心之路。

註1：魯德亞德・吉卜林（Rudyard Kipling, 1865-1936）英國作家，詩人；曾獲1907年諾貝爾文學獎。

信心之山

來12：18－24

> ¹⁸ 你們原不是來到那能摸的山；此山有火焰、密雲、黑暗、暴風、
> ¹⁹ 角聲與說話的聲音。那些聽見這聲音的，都求不要再向他們說
> 話；²⁰ 因為他們當不起所命他們的話，說：「靠近這山的，即便是
> 走獸，也要用石頭打死。」²¹ 所見的極其可怕，甚至摩西說：「我
> 甚是恐懼戰兢。」²² 你們乃是來到錫安山，永生神的城邑，就是天
> 上的耶路撒冷。那裏有千萬的天使，²³ 有名錄在天上諸長子之會所
> 共聚的總會，有審判眾人的神和被成全之義人的靈魂，²⁴ 並新約的
> 中保耶穌，以及所灑的血；這血所說的比亞伯的血所說的更美。

希伯來書在鼓勵了讀者要存心忍耐賽跑（12：1），又要挺起下垂的手、發痠的腿（12：12）向著目標前進之後，在來12：18－24又再給他們另一個意象，說明他們所奔跑的目標。那幾節經文想像有兩座山，用以對比兩種神人關係的性質。一種是以色列人在西乃山上與神的關係，另一種是向基督徒敞開的神人關係。兩種關係有著天壤之別。西乃山的聲音警告人們不要走近神；基督的聲音則邀請我們靠恩典來到神面前（4：16）。

當我們研究來12：18－24 時，要謹記我們是正在閱讀由文字組成的圖畫，而不是早期希伯來基督徒生活的真實寫照。他們從沒有到過西乃山或者錫安山，但卻透過摩西的話對西乃事件有

粗略的了解。而藉著神的應許，他們也對天上耶路撒冷有一點認識。莊遜指出，解讀作者在來12：22（「你們乃是來到錫安山」）想說的意思，關鍵是第11章信心的概念：「信心看得見看不見的事物；信心控制看不見的事物；信心是將來的保證。耶穌是真實的，天上聖所也是真實的；祂在天上聖所事奉，也在天上耶路撒冷事奉。因信我們進入那聖所，來到宇宙的大君王面前。也因信，我們已經在聖城舉行的崇拜中有分，因為信心是我們將來的保證。」（Johnsson, Hebrew, p. 224）

本書信儘量用最逼真的文字呈現第一座山和第一陣聲音的景象。雖然未有指明是哪一宗事件、哪一座山，但顯而易見，來12：18－21講述的是在西乃山上頒布十誡。申4：11、12記載：「那時你們近前來，站在山下；山上有火焰沖天，並有昏黑、密雲、幽暗。耶和華從火焰中對你們說話……。」出19：16加入了角聲和雷聲，說：「到了第三天早晨，在山上有雷轟、閃電，和密雲，並且角聲甚大，營中的百姓盡都發顫。」（比較19：19；20：18）

百姓面對神不可摸那山的命令，其恐懼之情可見於出19：12、13：「你們當謹慎，不可上山去，也不可摸山的邊界；凡摸這山的，必要治死他。不可用手摸他，必用石頭打死，或用箭射透；無論是人是牲畜，都不得活。」以色列人求不要直接聽神的聲音，這事記載在申5：25－27。至於摩西大喊「我甚是恐懼戰兢」（來12：21）的話顯然是從申9：19引述得來，那裏記載摩西說：「我因耶和華向你們大發烈怒，……就甚害怕。」可是該節經文所指的與西乃山並無關聯，反而跟金牛犢的危機有關。莫里斯認為，希伯來書可能「把一些在一個場合說的話，應用在另一個同樣適用這番話的場合。」（Morris, p. 141）

不管有關典故的出處為何，來12：18－21的信息非常清晰：神是威嚴的、不可靠近的，僅僅是祂的臨在和祂的話語所引致的恐懼，已經使百姓驚慌失措。

來12：22中「乃是」這個詞就在這裏出現。「乃是」（alla）暗示一個鮮明的對比，這對比再強烈不過了。德西爾瓦寫道：「作者把基督徒客旅目標的願景，與來12：18－21所組成的嚇人景象並列」，該願景因而顯得「更加光芒四射。立在旅途盡處的，不是西乃山，而是錫安山」（deSilva, p. 466）。

> 兩座山／兩個信息
> 西乃山的信息：不可靠近！（來12：20）。
> 錫安山的信息：「我們只管坦然無懼地來到施恩的寶座前，為要得憐恤，蒙恩惠，作隨時的幫助。」（來4：16）

作者把錫安山的數節經文勾畫成一幅圖畫，畫中地上作客旅的神的子民正走向「永生神的城邑，就是天上的耶路撒冷」（12：22）。啟21：1－22：5稱那天上的城邑為「新耶路撒冷」，加4：21－31則稱之為「在上的耶路撒冷」。

當神的子民到達，會有「歡慶的聚集」（來12：22，作者譯文）或者「歡聚的場所」（《現代中文譯本》）為他們而設，又或者他們的到達是這慶典的其中一個環節。在現時的階段，這些希伯來基督徒也許會感到，他們是沒有希望的、是被社會輕視的一小群。但是在天上耶路撒冷，情況卻不同了。在那裏他們是一個大群體的一分子，當中有「千萬的天使」、每一代在地上得救的人（「被成全之義人的靈魂」）、耶穌、還有「審判眾人的神」（12：22－24）。

那「歡慶的聚集」將是宴會中的宴會，毋怪乎啟示錄稱之為

「羔羊之婚筵」。約翰寫道：「凡被請赴羔羊之婚筵的有福了」
（啟19：9）。耶穌在論到這筵席時宣告：「從東從西，將有許多人
來，在天國裏與亞伯拉罕、以撒、雅各一同坐席。」（太8：11）

希伯來基督徒遠不是獨個兒在世行走天路。有一天他們將一
同出席那最盛大的聚會。當然，那「歡慶的聚集」還要等到將
來才會發生，但他們已經在天上的耶路撒冷登記成為國民（來12：
23），神已經把他們的名字寫在「羔羊生命冊」上（啟21：27）。

在世他們也許好像亞伯來罕一樣，「是客旅，是寄居的」
（來11：3）；但在天上他們將是榮耀的國民，我們在來13：14讀
到，因為「我們在這裏本沒有常存的城，乃是尋求那將來的
城。」他們和亞伯拉罕一樣，「等候那座有根基的城，就是神所
經營所建造的。」（11：10）又如來11：16形容，在世作客旅的人
「羨慕一個更美的家鄉，就是在天上的。」來12：21－24向我們
保證，有一天，基督徒將不再被視為寄居者。他們已經登記成為
天上耶路撒冷的國民，得著充分的權利、義務、還有榮耀。對於
被排斥的人，這是一幅相當重要的圖畫，希伯來書以這幅圖畫勉
勵其讀者，要有堅忍的心、存心忍耐、切莫放棄，免得使他們惟
一的盼望隨流失去。以掃或許已經丟棄自己的長子名分（12：16、
17），他們卻要繼續積極參與「天上眾長子的教會」（12：23，新譯
本）。

他們在天上的國民身分，已經因為「新約的中保耶穌」而得
到保證，凡接受祂救恩的，祂都代表他們在天上聖所獻上自己的
血為祭（12：24；第9、10章）。

耶穌的「血所說的比亞伯的血所說的更美」（12：24）。亞伯
所流的血為他哀求伸冤（創4：10）；基督所流的血卻是通往醫治、
潔淨、及完滿救恩之路，如莊遜形容：「祂的血說話！所說的話

『更美』！那是盼望的話、安慰的話、潔淨的話、大能的話、接納的話」（Johnsson, Hebrews, p. 223）。

　　來12：18－24以山的意象說明盼望的信息。德西爾瓦總結說，這信息「呈現的美善是聽眾確定可以擁有的，只要他們繼續向前。那美善是來到神面前的方式，它的特點是喜氣洋洋而不是恐懼不安，它被歡樂的筵席所包圍而非被禁忌所包圍。這再次提供了有利的主題[註1]，因為聽眾會很想保存這些現有的好處，而不會愚蠢到要用有益的東西去換取神的烈怒。」（deSilva, p. 468）

　　在來12：25－29，我們的作者將再論那使人退出天路旅程、不願前往聖山的誘惑。不過，第12章早已有豐富的勉言，足夠鼓勵我們朝著天上的耶路撒冷奔跑。

註1：德西爾瓦的Perseverance in Gratitude: A Socio-Rhetorical Commentary on the Epistle "to the Hebrews"從修辭批判學（Rhetorical Criticism）的角度分析希伯來書。修辭批判學認為聖經作者透過有技巧的文學安排，影響（正面的鼓勵或負面的阻止）讀者的行動。根據他回應譯者的電郵提問，這裏所指的「有利於聽眾」的主題，意指他認為希伯來書的作者在來12：18－24中使用「好處」這個主題作為一種修辭技巧，先讓收信人意識到他們的基督徒身分帶來的好處，接著指出要繼續享有這些好處的條件，從而驅使他們選擇持守基督化的生活，而不會作出不利基督化生活的選擇。

50
信心的抉擇

來12：25－29

> [25] 你們總要謹慎，不可棄絕那向你們說話的。因為，那些棄絕在地上警戒他們的尚且不能逃罪，何況我們違背那從天上警戒我們的呢？[26] 當時祂的聲音震動了地，但如今祂應許說：「再一次我不單要震動地，還要震動天。」[27] 這再一次的話，是指明被震動的，就是受造之物都要挪去，使那不被震動的常存。[28] 所以我們既得了不能震動的國，就當感恩，照神所喜悅的，用虔誠、敬畏的心事奉神。[29] 因為我們的神乃是烈火。

在第25節出現的最後警告，出其不意地終止了天上耶路撒冷歡慶聚集（22－24）的景象，這警告是先前本書曾提到全部警告的總結與高潮。它告訴讀者不可棄絕那向他們說話的（25節），因為「神乃是烈火」（29節），這話好比一個嚴肅的警告。作者希望得到我們全部的注意力，讓我們知道要接受或者拒絕「那……說話的」，是我們作為人類將要作出的最嚴肅決定。

可是，第25節指出向他們說話的到底是誰呢？答案在之前的一節經文，當中我們找到新約的中保耶穌的血在大聲說話。那段經文突出了整本希伯來書的數個主題。本書信在卷首宣告，神在古時多次多方地曉諭祂的子民，現在藉著祂的兒子──祂是創造

主、掌管萬有者、並且坐在神寶座的右邊（1：1-4）──賜下祂最完整的話。第二個主題是，耶穌是更美之約的中保，這約本於更美的祭物和更美的祭司職任。因此，拒絕耶穌不僅是棄絕祂的話，也同時棄絕救恩計畫。拒絕耶穌就是拒絕所有重要的東西。

藉由以色列人在西乃山對神的回應，和當代人對耶穌的反應作對比，來12：25重提上述的觀點。第19節說得十分明白，古以色列人早已棄絕那向他們說話的，他們求神不要再向他們說話。正如第3和第4章所指，他們的拒絕是四十年來慣於不信的一部分，這不信引致神讓他們死在曠野（3：7-19）。

就像祂向古以色列人所行的一樣（4：1），祂正向希伯來書的讀者發出勸告。不過，這次神的工具不是摩西，是神直接的聲音，故當中的對比是：倘若拒絕摩西的人尚且惹神發怒，棄絕神人之間獨一中保的人，豈不更加招惹神的烈怒呢。

本書信在某方面早已顯出它是一本警告的書。最先的警告見於來2：3：「我們若忽略這麼大的救恩，怎能逃罪呢？」答案很明顯：拒絕耶穌就是丟棄救恩本身。決定如此行的人無處可逃。來6：4-6進一步論及此警告，強調一再拒絕基督的人不會有盼望。還有在來10：29，我們讀到：「何況人踐踏神的兒子，將那使他成聖之約的血當作平常，又褻慢施恩的聖靈，你們想，他要受的刑罰該怎樣加重呢！」在這幾節經文反覆論到不接受基督與拒絕摩西的最終嚴重後果之對比。故此，來12：25-29並不是甚麼新見解，倒是作者在全書信中反覆灌輸的觀點，其信息的核心是，選擇因信接納耶穌還是拒絕祂。作者看不出那些已蒙光照的人還有別的選擇。

第26和27節把場景轉向天地的震動。首先是在西乃山的震動──一件不斷在舊約聖經重演的事件。我們在出19：18讀到：

「西乃全山冒煙，因為耶和華在火中降於山上。山的煙氣上騰，
如燒窰一般，遍山大大地震動。」（比較詩68：8；77：18）

作者在希臘文版本的哈2：6找到另一處與震動相關的參考資
料。主將再次震動，可是這一次，天和地將會同時震動。重點是
當神要建立祂的國，就再沒有任何東西能躲避末時的大震動。

發生在西乃山的事件或許已經夠可怕，但到了末後，將有更
可怕的時刻。再說一遍：若是在西乃山的神尚且輕慢不得，何況
賜下耶穌的神肯定更不應受到輕視。來12：26－28所說的大震
動，將會震動一切能被震動的──就是地上之物，不過有些東西
卻會不怕震動而存留。

在得到保全下來的東西中，最重要的是我們與神的關係。這
關係正是第22節所說天上耶路撒冷國民身分的基礎。再者，正如
希伯來書再三重複，這關係是基於對耶穌的信心，而這信心則是
得著「不能震動的國」（28節）的條件。

好一個應許！神有不能震動的國。希伯來書每個警告的另一
面都有一個應許。

這個思想領我們來到來12：28的後半節及第29節。各人都面
對一個選擇，就是要持定恩典，用虔誠、敬畏的心事奉神，並且
進入祂未來的國，否則就要像糠秕被簸箕揚淨，給神的「烈火」
燒滅。

本書信的作者提出的選擇最直接不過了──神的國還是烈
火。在給我們開出選擇時，他的口吻聽起來像耶穌（太7：15－27；
18：21－35；25：46）、像保羅（羅6：23）、還像寫啟示錄的約翰（啟14：
9－20；19：9－21）。莫里昂指出：「神的忿怒在今天不是一個受歡
迎的題目，但在聖經的教導中，它卻顯得格外突出。作者所強調
的，是他的讀者忽視神的忿怒的危險性。」（Morris, p. 145）

蒙特菲阿爾寫道：「作者為了維持對神觀點的一致，他必須引用強硬和有恫嚇意味的舊約經文，作為其書信主體部分的最後神學陳述。申4：24說『神乃是烈火』，這火既不是愛火，也不是淨化罪孽的火，更不是光照人心使人明白真道的火。這是忿怒和恨惡的聖潔之火，因為，正如申4：24繼續說，神是忌邪的神。此處並無譬喻的意圖。……我們的作者在這裏向其讀者最後要說的話，不是神大愛的吸引力，而是聖潔怒氣的可怕。」
（Montefiore, p. 237）

另一方面，當我們從整體的角度讀希伯來書，我們發現全書洋溢著對神的懇求。整本希伯來書充滿著的偉大背景之一，是懇求上帝的愛，求祂差遣耶穌，而不是威脅要毀滅。

從神的國和烈火之中二取其一，這個選擇形成了另一主題。每位讀者（包括現在我們每一位）必須面對這信心的選擇。儘管我們可以舉出不少相關例子加以說明，我隨即想到的就有兩個。我想起以掃，他為了一頓飯丟棄了永恆福氣（來12：16）；還有摩西，他放棄了俗世財富，好去追求基督更豐富的財寶（11：25、26）。

我又如何呢？我正在做怎麼樣的選擇？信靠神是我一生中所最重要的抉擇。

51
有信心的愛心

來13：1－6

> ¹ 你們務要常存弟兄相愛的心。² 不可忘記用愛心接待客旅；因為
> 曾有接待客旅的，不知不覺就接待了天使。³ 你們要記念被捆綁的
> 人，好像與他們同受捆綁；也要記念遭苦害的人，想到自己也在
> 肉身之內。⁴ 婚姻，人人都當尊重，床也不可污穢；因為苟合行淫
> 的人，神必要審判。⁵ 你們存心不可貪愛錢財，要以自己所有的為
> 足；因為主曾說：「我總不撇下你，也不丟棄你。」⁶ 所以我們可
> 以放膽說：「主是幫助我的，我必不懼怕；人能把我怎麼樣呢？」

隨著第12章的結束，希伯來書也總結了它的正文部分。本書
信以十二章經文讓它的讀者享用了新約聖經中一處結構最嚴謹的
神學論證。第12章的結尾生動地到西乃山一遊（18－24節），並響亮
地宣告：「我們的神乃是烈火」（29節）。最後一章經文轉而討論
教會較為日常的生活，如湯馬士‧朗（Tomas Long）形容：「這本可
能記載了新約聖經中最鉅細無遺的論基督教義的書，隨即討論日
常家事。」（Long, p. 142）

來13：1－6描述了五個基督徒的特質，我們應當從兩個角度
來理解。一方面，理論上它們是歷史上每個地方的基督徒都要擁
有的普遍特質。另一方面，無可懷疑它們讓我們知道作者最初在

信中曾經談及的一些事情，就是接收此信的教會所面對的問題和挑戰。

第一個特質是「弟兄相愛的心」（philadelphia）。作者把弟兄相愛的心列為首項，並非偶然。第一世紀的基督徒作為一個弱小群體，居住在以希羅文化和猶太宗教傳統為背景的社會，其所面對的壓力和緊張是他們遠遠不能夠承受得住的。怎樣應付這些挑戰，無疑已經造成了極大的壓力和張力。

其中最困難的是，如何能夠真正關愛和欣賞那些與我們關係最密切的人。我經常想，讓我去愛蒙古人是多麼容易。當然容易啦，因為我不需要跟蒙古人同屋共寢。老實說，我根本就不認識任何從蒙古來的人。這使我更容易去愛他們。

但弟兄的愛不是抽象的愛。那是去關心與我們一同居住、一同上教會、一同工作的人等等。基督徒的愛心不是在相隔萬里之外去愛。不是，這愛心只會在我們身處的環境中表達出來。這愛心發生在與我們關係最親近的人身上，就是那些有時十分惹人討厭、愛管閒事、固執己見、明顯犯錯的人。

要有弟兄相愛的心從來不容易，這愛不是必然的，如加爾文指出：「沒有任何東西比愛更容易流走」，不過他補充：「若不作弟兄就不能作基督徒」（Calvin, pp. 339, 340）。當耶穌論到那「最大的誡命」時，祂也教導了同一真理。祂把愛人如己，與盡心、盡性、盡意愛神緊密連結起來（太22：34－40）。基督教歷史的悲劇之一是，幾乎每個教會都有這樣的人，他們非常虔敬愛神，但同時他們待人卻非常沒有愛心。那不是基督教而只是偽裝成基督教的膺品。真心愛神的人對那些基督為之犧牲的人，也會彰顯弟兄之愛。但這是一種不尋常的愛心，只有藉著聖靈賜下改變人心及使人得力的恩賜，才會生出這種愛心。耶穌說：「你們若有彼此相

愛的心，眾人因此就認出你們是我的門徒了。」（約13：35）

　　第二個必要的基督徒特質，是用愛心接待客旅（來13：2）。基督徒的愛不會只停留在教會門檻之前。相反，這愛要進入廣大的社會，向還未認識的人表達出來。

　　在古代世界，用愛心待客是重要的。旅店是污穢的地方，收費高昂且往往牽涉賣淫與其他問題。基督徒為那在羅馬帝國境內往還的旅客分享他們的住家和食物，藉幫助他人，傳揚福音。本書信講到因接待客旅得到特殊的福氣，毫無疑問的乃是引述創18：1－8亞伯拉罕的經驗。那三個陌生人本是天使，他們給先祖第一個藉由撒拉生兒子的應許（9－15節）。要是亞伯拉罕沒有接待他們，他就會錯過這福分。希伯來書認為，殷勤待客之福將源源不絕，傾降給凡與人分享神福氣的人。

　　來13：3揭開第三個必要的特質：幫助被捆綁的和遭苦害的人，同情惹上麻煩的人。這節經文反映了一群經歷過迫害的第一世紀基督徒的經驗，他們將來還可能遭受更大的迫害。

　　這裏提到的事奉，超出了第2節所說的事奉範圍。誠如莫里斯的解釋：「客人或許不請自來，但是我們卻必須奮力去把囚犯找出來。」（Morris, p. 146）被關在牢獄的人很容易被忽視。第一世紀的犯人，其待遇並不好。之前我們曾提過，他們依靠外面的人提供每日的必需品，有時甚至連食物都要求助於外。可是幫助被困的人或者遭苦害的人，經常不易或不安全。除了耗用金錢之外，與獄中人的聯繫還可能令助人者受到株連。接濟犯人會遭遇受辱的風險，而且有時會被收監。遠離被捆綁和遭苦害的人才是安全之策。

　　不管安全與否，按照耶穌的教導，一個人在最後審判時的處境，取決於當事人是否讓上帝的愛充滿，去探訪囚徒、餵飽饑餓

的人、照顧病患（太25：31－46）。不少人以為最後審判的焦點，是著眼於他們的教義信念或者生活方式之上。可是耶穌卻教導了另一條教義，「這就是基督在橄欖山上向門徒敘述的審判大日的景象。他說**審判的判決只在於一個要點**：當萬民聚集在祂面前時，只能有兩等人；他們永遠的命運要取決於他們為祂貧窮痛苦之人身上做過甚麼，或忽略了甚麼。」（《歷代願望》，212頁）。這種服事不是靠行為得救，而是回應神注入人心的大愛。凡接受了神大愛的人，便是傳揚神大愛的推動人。

第四個重要的基督徒特質是純潔（來13：4）。所有基督徒都意識到神在伊甸園設立了婚姻制度，但有些基督徒卻不大確定，神會去注意「問題」的性關係。希伯來書的作者就沒有這個疑慮。他倒關心兩點：一、婚床是純潔的；二、只與婚姻伴侶發生性關係。

在第一世紀人慾橫流的文化影響下，要保持純潔的性關係往往不容易。人到處遇到誘惑，小小的風流韻事隨時登門造訪。當然，來一點小刺激有時不至太壞——人們這樣推論——特別是當不為人知的時候。這完全錯誤，希伯來書說。神不認可「無惡意的調情」這一回事，「苟合行淫的人，神必要審判。」（13：4）

關於物質的滿足感

有一本書這樣寫道：「當我們明白神充充足足地供應我們的需要時，我們便會感到滿足。注重物質的基督徒就是以行動說明，神照顧不了他們——或者至少祂不會照他們所希望般照顧他們。缺乏安全感可能引致視財如命，不管我們是貧窮還是富有。惟一的解藥是相信神會供給我們的一切需要。」（Barton, p. 234）

　　時代沒有改變。縱慾仍然是現代文化所嚮往的行為之一。而神的立場也沒有改變。祂一直反對那些以不負責任的愛去換取性生活的種種罪行。人不是可利用的物件。祂希望我們在健康與照顧的範圍內，享受肉體恩賜，這是祂在伊甸園設立的。耶穌說：「清心的人有福了！因為他們必得見神」（太5：8）。

　　最後一個重要的基督徒特質，是滿足於我們所有的（來13：5、6），意指以健康的態度看待金錢和金錢能買到的物質。希伯來書不是責備金錢，而是責備「貪愛錢財」。保羅做相同的區別，他寫道：「貪財是萬惡之根」（提前6：10）。不是只有富人才會犯貪婪罪，J. C. 賴爾（J. C. Ryle）指出：「人可能無財卻貪財；也可能有財卻不貪財。」不管是有錢的人和沒有錢的人，問題往往是他們愛財的心比愛神和愛人的心更大。愛財的心衝昏他們的頭腦，他們為財寢食不安、朝思暮想，不惜一切也要得更多錢財。希伯來書責難的正是這種視財如命的態度。

　　補救的方法是，基督徒要為所擁有的感到心滿意足，還要信靠神（參太6：19-24）。這在第一世紀不是壞建議；在二十一世紀也不是。

52
信心的忠誠

> ⁷ 從前引導你們、傳神之道給你們的人，你們要想念他們，效法他們的信心，留心看他們為人的結局。⁸ 耶穌基督昨日、今日、一直到永遠，是一樣的。⁹ 你們不要被那諸般怪異的教訓勾引了去；因為人心靠恩得堅固才是好的，並不是靠飲食。那在飲食上專心的從來沒有得著益處。¹⁰ 我們有一祭壇，上面的祭物是那些在帳幕中供職的人不可同吃的。¹¹ 原來牲畜的血被大祭司帶入（至）聖所作贖罪祭¹；牲畜的身子被燒在營外。¹² 所以，耶穌要用自己的血叫百姓成聖，也就在城門外受苦。¹³ 這樣，我們也當出到營外，就了祂去，忍受祂所受的凌辱。¹⁴ 我們在這裏本沒有常存的城，乃是尋求那將來的城。¹⁵ 我們應當靠著耶穌，常常以頌讚為祭獻給神，這就是那承認主名之人嘴唇的果子。¹⁶ 只是不可忘記行善和捐輸的事，因為這樣的祭是神所喜悅的。¹⁷ 你們要依從那些引導你們的，且要信服；因他們為你們的靈魂時刻警醒，好像那將來交帳的人。你們要使他們交的時候有快樂，不致憂愁；若憂愁就與你們無益了。註1

希伯來書在步向尾聲之際，繼續討論實踐勉言的各方面教導。來13：7－17進一步列出三個基督徒特質，我們可以用三個命令的語句來代表它們：要思心（7－12、17節）；要勇敢（13、14

節）；要有敬拜的心（15、16節）。

忠心永遠是一個重要的主題。當感到失望、被排擠、面對潛在危險的時候——這是第一世紀本書信的收信人所面對的處境——這個主題尤其不可少。本書作者一直嘗試幫助他們忠於他們的信仰，不要為了各種外界的壓力隨流失去（2：1）。

忠心的面貌之一，是忠於作領袖的。某些現代基督徒傾向於我行我素，對教會的領導層沒有責任。但這不是希伯來書的立場。第13章三次討論教會領袖（7、17、24節）。第7節敦促讀者要想念那些過往曾引導他們、把福音傳給他們的領袖。這些領袖堅定不移、忠心守道，這是首批閱讀本信的人所極為需要的模範。跟從神的人必須忠於信仰，即或因此而受到苦害和被捆綁（13：3）。他們應當心無旁騖追求神的榮耀，不要為了物質而分心（5、6節）。就是這一份專注，驅使他們昔日的領袖獻身，好叫基督的信息得以傳揚給他們。

第13章在第17節第二次提到領袖，告訴我們要信服今日的教會領袖，且要依從他們。這是重要的。不幸，並非所有領袖都值得人信賴。教會歷史充滿了領袖利用教友的骯髒一面。但是，那些自己信服主，且以真誠的心關顧教友靈命（「靈魂」）的人才是真領袖。神把引導他人的職責交託他們，並要他們為這呼召交帳。作者勸告希伯來書的首批讀者，要與神所立的領袖合作，好讓他們可以快樂地，而不是憂愁地執行任務。

地上的領袖來去不定，只有一位大領袖永遠陪伴著我們，祂就是耶穌基督，那位「昨日、今日、一直到永遠，是一樣的」神（8節）。祂是永遠無可替代的一位，是我們最終要效忠的對象。

不過，並非只有基督才會爭奪希伯來基督徒效忠的心。他們中間有人因為「怪異的教訓」迷途（9節）。我們不知道究竟出了

甚麼問題，只知道有人背離了恩典，轉而依靠類似飲食的方法去尋求神。從第10節至第11節引述祭壇的食物典故推斷，似乎莫里斯的觀點是正確的，他說：「看來敬拜者以為吃某些祭物是有益的。作者對此加以否定。人真正的生命不是靠屬飲食層次的物質來維持；人的生命需要神的恩典。」（Morris, p. 149）

自古以來，因為宗教原因而吃或戒吃甚麼食物，一直折騰著基督教和其他世界宗教。保羅不得不猛烈抨擊在羅馬教會中那些好此道者，他強調：「因為神的國不在乎吃喝，只在乎公義、和平，並聖靈中的喜樂。」（羅14：17）這與希伯來書第13章所說的很相似，經文申論：「因為人心靠恩得堅定才是好的」而不靠「怪異的教訓」（9節）。

作為基督徒，曉得甚麼才是我們的信仰核心是十分重要的。那核心便是我們忠心的焦點所在。

勇敢是構成忠誠信心的第二個偉大命令。來13：12述說耶穌怎樣在城門外受苦，好用自己的血叫百姓成聖，如懷愛倫準確地形容：「祂忍受了我們的死，使我們能得祂的生」（《歷代願望》8頁）。祂替我們成為罪，承擔了被釘十字架的咒詛（林後5：21；加3：10－13）。

耶穌在生命中顯出了作為一位領袖所具備的勇氣，那是基督徒要盡力效法的（來13：7）。我們必須願意「出到營外，就了祂去，忍受祂所受的凌辱」（13節）。作基督徒受人歡迎時，如此說是容易的，但當置身類似希伯來書首批收信人所處的那種困難時期，就很難做到了。堅持信仰永遠需要勇氣，但神已經要求基督徒要有聖潔的勇氣。英文字「見證人」和「殉道士」在希臘文中是同一個字（martus）。真正的見證人，甚至願意為耶穌放棄他們的生命，這一點早已證明是基督教訓中一個最難的教導。

為基督受苦且與祂一同受苦，所需要的是希伯來書之前數章經文一直推崇的那種信心。這信心讓我們明白，在地上我們沒有「常存的城」。亞伯拉罕是抱著這種信心去追求那要來的城（13：14；11：8－16；12：22）。這信心願意為基督放棄一切，因為那位基督已經為擁有這種信心的人放棄一切。惟獨擁有這信心的人，才能勇敢地擔當基督所受的「凌辱」（13：13），不管是在工作場所、在法庭上、或是為道殉身。在第一世紀這一切都是嚴肅的思想；在今天它們仍然是。

最後一個關於忠誠信心的命令，是有敬拜的心。來13：15、16從四方面表達敬拜的心。一、敬拜包含了常常「以頌讚為祭獻給神」。這是一個值得探索的題目。我要頌讚神多少遍呢？我要常為生命、救恩、健康、家庭、工作、生命中難學的功課感謝祂嗎？我們是否在教堂內唱「讚美上帝萬福之根」，卻不了解歌詞的意義註2？當我們更意識到我們是全然地依靠神，這種意識將引導我們更真誠地讚美祂。

關於敬拜的第二方面，是獻上見證為祭也不以為恥（來13：15）。「祕密的基督教」是一個自相矛盾的說法——根本就不可能。或許我們不想讓自己忠誠的心鋒芒畢露，可神卻期望得到「嘴唇的果子」。像耶穌在世時所說：「凡把我和我的道當作可恥的，人子在自己的榮耀裏，並天父與聖天使的榮耀裏降臨的時候，也要把那人當作可恥的。」（路9：26）作見證也許不常是過癮的事，卻向來是基督徒的事。

以敬拜為祭的第三方面涉及行善，就是獻上憐憫的事奉（來13：16）。憐憫的事奉是來13：3的主題，它命令我們去照顧被捆綁和遭苦害的人。基督徒作為神的管道，把神的慈愛滿有憐憫的輸送到社會大眾身上。服務他人在基督徒的生活中佔重要地位。

本章經文以敬拜為祭的最後一方面，是慷慨的捐輸，把神賜給我們的財物和別的福氣與他人分享（13：16）。我們自然曉得教會有「克己捐」，我們也都奉獻金錢去幫助遠在世界他方正在捱餓的人。可是在你所居住的社區裏，也有神需要幫助的兒女，藉著光顧一次雜貨店或給他們帶一些保暖的衣物，今天你就可以向他們伸出援手。當你如此行，受惠者與施與者就一同得福。

　　正如我們所見，忠誠的信心是多面向的，它超過忠心、勇敢、敬拜，而涵蓋基督徒整個生命。根據希伯來書說，基督徒的信心不止相信一位「遠在天邊」的神，這信心也指在此世度日的每一天。

註1：「（至）聖所」（11節）屬作者譯文。
註2：《讚美詩》，第497首，《讚美上帝》。

「你當竭力在上帝面前得蒙喜悅，
作無愧的工人，按著正意分解真理的道。」提摩太後書2：15

第九編　結語

（來13：18－25）

道別

來13：18－25

> [18] 請你們為我們禱告，因我們自覺良心無虧，願意凡事按正道而行。[19] 我更求你們為我禱告，使我快些回到你們那裏去。
>
> [20] 但願賜平安的神，就是那憑永約之血、使群羊的大牧人——我主耶穌從死裏復活的神，[21] 在各樣善事上成全你們，叫你們遵行祂的旨意；又藉著耶穌基督在你們心裏行祂所喜悅的事。願榮耀歸給祂，直到永永遠遠。阿們！
>
> [22] 弟兄們，我略略寫信給你們，望你們聽我勸勉的話。[23] 你們該知道，我們的兄弟提摩太已經釋放了；他若快來，我必同他去見你們。[24] 請你們問引導你們的諸位和眾聖徒安。從意大利來的人也問你們安。[25] 願恩惠常與你們眾人同在。阿們！

我們來到作者所謂「略略……勸勉」的尾聲（13：22）。也許你不一定覺得這是一封短簡，但按巴克來稱，這信肯定是「探討永恆和無限真理的傑作」（Barclay, p. 231）。雖然不消一小時就能朗讀完畢，可是希伯來書卻以緊湊的十三章經文，討論了賜給人類啟示中最崇高的真理。

最後的八節經文分成三部分：一、作者向他的收信人提出代禱要求（18、19節）；二、他為他們禱告（20－21節）；三、最後的問

安（22—25節）。

　　有一點在第18至第21節至為突出：禱告是一條雙程路。作者不僅以基督徒領袖的身分為收信人祈禱，也請求他們為他祈禱。在此我們注意到一個教訓：儘管希伯來書的作者本人是領袖，也沒有看自己比其他基督徒高。這一點反映在全信中他一再稱他的收信人為「弟兄」（3：1、12；10：19；13：22），又以「我們的」和「我們」等字來形容他們共同的需要、問題、及福氣（2：3；4：1—3；7：26；9：24；10：20；12：1、28；13：13）。教會領袖容或承擔了不少蒙神委派的職責（13：7、17），但在天路上，他們是我們的客旅伙伴，彼此一同走向神的城。十字架腳下盡為平地，並無高低之分。

　　作者為希伯來人的代禱，有幾處要點我們需要注意。第一點，神是「賜平安的神」（13：20），對讀者來說這是意義重大的事實，因為他們的處境毫不平安，那不是一個能夠舒舒服服地作基督徒的時候，因此有人需要抵擋退出基督教的誘惑。但全本新約聖經的信息卻是，縱使在最困難的時刻，在最痛苦的處境，神仍然能夠給男男女女賜下心靈的平安。確切地說，只有祂才是真平安的源頭。

　　第二點，神的平安明顯與祂也是生命之主有關。基督徒所以能擁有平安，是因為他們到最後仍然是一無所懼的──就算是死亡也不怕。我們怎麼知道呢？因為神是使「我主耶穌從死裏復活的神」。有一個引人注意的事實：在全信中，惟獨來13：20直接提及耶穌的復活。托馬士‧休威特（Thomas Hewitt）解釋：「神因著永遠之約使基督復活，這一事實證明了基督的救贖之工已經得蒙悅納，祂的子民已經保證得到救恩。換言之，在信中所說有關基督的一切都是千真萬確的，因為都是神親自使之生效的。」

（Hewitt，p. 216）

　　默里也特別強調基督的復活在本書信論據的中心位置。他主張書信的結尾沒有必要言明耶穌的復活，因為「所有關乎耶穌復活的教導皆基於一個事實，就是死亡並且流血的祂，如今已經在天上活著（作我們的大祭司）。要是我們沒有學到我們的救恩不是靠耶穌的死，而是靠祂的生──靠祂的死，僅是通向復活生命的大門而已，那麼研究本書信就變得枉費功夫了，努力過真基督徒生活也將是徒勞無功。」（Murray, p. 558）

　　基督從死裏復活，證明了基督的祭蒙天父悅納，這一份悅納為基督徒的盼望與平安奠下基石。因著祂的祭我們有了一位救主；因著祂的復活，我們在天上有一位辯護人，「所以，我們只管坦然無懼地來到施恩的寶座前，為要得憐恤，蒙恩惠，作隨時的幫助。」（來4：16）藉著祂的死和復活，「凡靠著祂進到神面前的人，祂都能拯救到底；因為祂是長遠活著，替他們祈求。」（7：25）如一首古老詩歌宣稱，我們可以懷著感恩的心，因為我們所事奉的是一位「永活救主」，我們的平安建基在祂的復活，而這復活本身又緊緊地繫結於那「永約之血」（13：20），如羅馬書形容：「我們既因信稱義，就藉著我們的主耶穌基督得與神相和。……因為我們作仇敵的時候，且藉著神兒子的死，得與神和好；既已和好，就更要因祂的生得救了。」（羅5：1、10）因著基督在祂的死與復活裏為他們所做成的，以及祂以大祭司的身分正在天上為他們所成就的，基督徒應該是世上最平安的人。

　　在我們作者的禱告中要注意的第三點是，基督徒可以擁有平安，因為耶穌是「群羊的大牧人」（13：20）。這是神在舊約聖經中的一個形像，突顯了祂對其兒女的眷顧，因為失去牧人的羊是無助的。

要謹記的第四點是，神樂意且能「在各樣善事上成全」跟從祂的人，好叫他們遵行祂的旨意（13：21）。祂不僅賦予他們能力，更「藉著耶穌基督」在我們「心裏行祂所喜悅的事」。基督徒從來不是孤身一人去行神的旨意。這裏的思維似乎跟以下兩節經文同出一轍：「因為你們立志行事都是神在你們心裡運行，為要成就祂的美意。」（腓2：13）「我比眾使徒格外勞苦；這原不是我，乃是神的恩與我同在。」（林前15：10）作為基督徒，我們在一生的天路上與神同行。祂不僅以屬靈的恩賜裝備我們，還藉著祂活潑的恩典使我們得力。

本書信最後的四節經文同時包含了問安和一個祝福的結語。從某些方面看來，那個問安似乎顯得格格不入，因為希伯來書不像別的書信那樣，以個人問候語作為卷首語。我們現有的這個文獻，其開首恰似一篇講章，其結束則像一封書信。

構成這一格外獨特的結構的原因，在來13：22出現。經文稱本書信為「勸勉的話」。我們在徒13：15中找到一個相似的表達，那裏清楚指明「勸勉的話」是指向一個群體解明聖經意義的一番話。我們在希伯來書頭十二章所讀到的，分明就是一篇寫下來的講章，作者在這篇講章之後再附加第13章，作為給一個搖擺不定的群體一點實用的勸勉。問安的部分為全文添上人情味，對於一份向讀者發出強硬警告的文獻（參閱6：4-8；10：26-31；12：25-29），這點人情味也許是需要的。

希伯來書祝福讀者得著恩惠作為全書的結語，這是相當合宜的。「恩」這字在希伯來書的較前部分給人留下深刻印象。本書信形容基督為他們受死是神給他們恩典的禮物（2：9），這禮物讓他們得以「來到施恩的寶座前，……蒙恩惠，作隨時的幫助」（4：16）。作者警告他們不可「褻慢施恩的聖靈」（10：29），也不

要「失了神的恩」（12：15），他們的心倒要「靠恩得堅固」（13：9）。當我們向著未知的將來進發，在一封瀰漫著神在基督裏為我們成就了萬事的書信中，有源源不絕的恩典作為結束祝福語，這真是鼓舞人心。希伯來書的好消息是，那位在過去已經為我們成就了萬事的神，那位如今藉著基督在天上的職事正為我們成就萬事的神，將會繼續照顧我們，我們要憑信心前進，直至最終到達神「所經營所建造的」城（11：10），即天上的耶路撒冷（12：22）。

「你當竭力在上帝面前得蒙喜悅，
　作無愧的工人，按著正意分解真理的道。」提摩太後書2：15

國家圖書館出版品預行編目資料

探索希伯來書 / 喬治‧賴特(George R. Knight)著；
周翠珊譯.-- 初版.-- 臺北市；時兆, 2009.09
　　　面；　　公分(聖經探索叢書；1)
譯自：Exploring Hebrews
ISBN 978-986-84921-5-8(平裝)

1. 希伯來文　2. 注釋

241.784　　　　　　　　　　　　98013211

探索 希伯
來書 Exploring
Hebrews

| 作　者 | 喬治‧賴特（George R. Knight） |
| 譯　者 | 周翠珊 |

董 事 長	胡子輝
發 行 人	周英弼
出 版 者	時兆出版社
客服專線	0800-777-798
電　話	886-2-27726420
傳　真	886-2-27401448
地　址	台灣台北市105松山區八德路2段410巷5弄1號2樓
網　址	http://www.stpa.org
電　郵	stpa@ms22.hinet.net

審　訂	沈金義
責任編輯	徐雲惠
文字校對	周翠珊、鄧繼依、徐雲惠
封面設計	時兆設計中心、林俊良
美術編輯	時兆設計中心、林俊良
法律顧問	統領法律事務所　電話：886-2-23212161

商業書店總經銷	東芝文化事業有限公司
電　話	886-2-82421523
地　址	台灣台北縣235中和市中山路二段315巷2號4樓

基督教書房總經銷	恩膏國際文化事業有限公司
電　話	886-2-82422081
地　址	台灣台北縣235中和市安邦街11號

ISBN	978-986-84921-5-8
定　價	新台幣280元
出版日期	2009年9月　初版1刷